D0796368

EL LIBRO
DE LA DISCIPLINA SUAVE

Cómo criar niños cooperativos,
educados y serviciales

SARAH OCKWELL-SMITH

EL LIBRO
DE LA DISCIPLINA SUAVE

Cómo criar niños cooperativos,
educados y serviciales

EDICIONES OBELISCO

Si este libro le ha interesado y desea que le mantengamos informado
de nuestras publicaciones, escríbanos indicándonos qué temas son de su interés
(Astrología, Autoayuda, Psicología, Artes Marciales, Naturismo,
Espiritualidad, Tradición…) y gustosamente le complaceremos.

Puede consultar nuestro catálogo en www.edicionesobelisco.com

Colección Psicología
EL LIBRO DE LA DISCIPLINA SUAVE
Sarah Ockwell-Smith

1.ª edición: febrero de 2020

Título original: *The Gentle Discipline Book*

Traducción: *Juan Carlos Ruíz*
Corrección: *M.ª Ángeles Olivera*
Diseño de cubierta: *Enrique Iborra*

© 2017, Sarah Ockwell-Smith
Primera edición en inglés publicada en Gran Bretaña en 2017 por Piatkus,
sello editorial de Little, Brown Book Group. Esta edición ha sido publicada por acuerdo
con Little, Brown Book Group, Londres, UK.
(Reservados todos los derechos)
© 2020, Ediciones Obelisco, S. L.
(Reservados los derechos para la presente edición)

Edita: Ediciones Obelisco, S. L.
Collita, 23-25. Pol. Ind. Molí de la Bastida
08191 Rubí - Barcelona - España
Tel. 93 309 85 25 - Fax 93 309 85 23
E-mail: info@edicionesobelisco.com

33614082029132

ISBN: 978-84-9111-557-1
Depósito Legal: B-242-2020

Impreso en los talleres gráficos de Romanyà/Valls S. A.
Verdaguer, 1 - 08786 Capellades - Barcelona

Printed in Spain

CÓMO UTILIZAR ESTE LIBRO

Lo ideal es que leas este libro por completo, para unos mejores resultados y un conocimiento más exhaustivo. Sin embargo, si buscas desesperadamente una «solución» específica, te recomendaría que empezaras leyendo los capítulos 1, 2 y 3, y que después pasaras al capítulo relacionado con tu problema concreto. Algunos de los escenarios del libro tienen relación con ciertas edades; sin embargo, las teorías que respaldan mis sugerencias son universales y, como tales, pueden aplicarse a niños de cualquier edad. En realidad, gran parte de todo ello puede utilizarse también para ayudar en tus relaciones con otros adultos.

Por último, con independencia de cuál sea tu problema, el capítulo 14 es aplicable a todo el mundo. Si no ejerces de manera consciente la disciplina, tus esfuerzos tal vez serán mucho menos eficaces. Por tanto, aunque pienses que el capítulo 14 no es para ti, te recomiendo encarecidamente que lo leas. De hecho, cuanto más irrelevante creas que es para ti, más probable es que necesites leerlo.

INTRODUCCIÓN

Me gustaría empezar permitiéndote compartir dos secretos. El primero es que los niños probablemente deseen no comportarse tan mal como lo hacen sus padres. El segundo es que casi todo lo que pensamos en la actualidad sobre disciplinar a los niños es erróneo.

Como madre de cuatro, puedo entender lo difícil que siempre es trabajar *con* tus hijos, en especial cuando amenazan con acabar con tu paciencia. Y la mayoría de nosotros no tenemos la posibilidad de concentrarnos sólo en el hecho de ser padres: hay facturas que pagar, trabajos por hacer y familiares ancianos a los que cuidar. Tenemos que equilibrar demasiadas cosas, a menudo más de lo que puede una persona. Así que puede ser fácil volver a antiguos patrones de gritos y peleas, tal vez un retroceso subconsciente a nuestros propios años de crianza. Sin embargo, la clave para la buena disciplina consiste en nuestra conducta y nuestras acciones, y a lo largo de este libro tendremos en cuenta gran parte de nuestros sentimientos y, sin duda, la autodisciplina importa. Un pensamiento alarmante, en efecto. No estoy diciendo que debas ser perfecto. Nada más lejos de ello. Yo he cometido muchos errores como madre; aún lo sigo haciendo. Y no hay problemas con los errores mientras aprendas de ellos. En realidad, en esto consiste la buena disciplina: con tu hijo y contigo mismo.

Mis objetivos con este libro son ayudarte a entender por qué los niños se comportan mal y cómo responder de una forma que sea efectiva y suave. Muchos de los métodos más comunes de disciplina de la sociedad no pueden reclamar ser ambas cosas.

El conocimiento actual de la disciplina está inclinado hacia antiguas comprensiones conductuales: la creencia de que los niños deben ser castigados y motivados para estar mejor. La realidad es que, mientras que la disciplina que se centra en el castigo y la motivación puede parecer que produce resultados rápidos, los efectos a largo plazo pueden dejar a los padres con un problema mucho peor del que tenían inicialmente.

Muchas personas preguntan si no castigar en absoluto conllevará que estamos consintiendo a nuestro hijo y dejaremos que nos pisotee. Ésa es mi principal pesadilla. Nuestra sociedad se encuentra atrapada en un estilo autoritario de ser padres y la idea de que, si los niños no son castigados por sus trastadas, llevarán la voz cantante y se volverán rebeldes y groseros. La verdadera clave para una mejor conducta consiste en trabajar con, no contra, tu hijo. Consideraos un equipo, en lugar de dos enemigos luchando el uno con el otro para ver quién puede «ganar».

Conocer *por qué* y *cómo* se comportan los niños debería situarse en el mismo comienzo de cualquier libro sobre cómo criar a los hijos y sobre la disciplina. Por esta razón, los tres primeros capítulos de este libro estudian la ciencia de la conducta y el aprendizaje. Una vez entendemos por qué los niños se comportan de cierta manera y lo que les lleva a aprender, somos conscientes con rapidez de que los métodos de disciplina más comunes en nuestra sociedad, actualmente, fracasan en su tarea y a menudo se quedan cortos en sus objetivos. En muchos casos, conducta «mala» no es el niño que nos desafía de manera deliberada, sino una indicación de que la conducta esperada de esos niños está en desacuerdo con lo que son capaces de hacer y sentir en cualquier momento determinado. Si hay que echar la culpa a algo, es a nuestras expectativas y exigencias poco realistas.

¿Qué ocurre con los modernos métodos de disciplina que se centran en motivar a los niños para mejorar, un método comúnmente empleado en las guarderías y las escuelas? Su principal defecto es que presuponen que los niños en realidad *pueden* hacerlo mejor. Pero ¿qué sucede si no pueden? ¿Qué ocurre si carecen de la capacidad y el desarrollo necesarios? Estas herramientas motivacionales sólo funcionarán si el niño tiene los requisitos necesarios para dar la vuelta a la situación. Y en muchos casos simplemente no los tiene. Por eso, el niño es castigado por no poder hacerlo mejor. Imagina el efecto que esto tiene en la autoestima. Esto es importante para todos los que tienen –o han trabajado con– niños, ya que la falta de autoestima suele encontrarse en la raíz de muchos problemas conductuales (esto se explica en profundidad en el capítulo 13). ¿Puede que el enfoque dominante en la mayoría de las fases de la educación empeore la conducta de muchos niños? El capítulo 5 examina los métodos disciplinares actuales en la educación y el cuidado de niños, antes de pasar a discutir por qué los enfoques dominantes están equivocados y, quizás lo más importante, lo que los padres pueden hacer para mejorar las cosas y eliminar cualquier efecto negativo.

En los capítulos 6 a 13 estudiaremos los puntos específicos de la disciplina. Muchos padres sufren en lo relativo a elegir el método que van a utilizar con sus hijos en cualquier momento. Estos capítulos facilitarán un poco las cosas cuando te presente mi idea de «¿Por qué? ¿Cómo? ¿Qué?». Es un método muy simple de asegurarse de que utilizas el mejor método de disciplina posible, basado en las consideraciones de *por qué* tu hijo se comporta de tal o cual forma, *cómo* puede sentirse y *qué* esperar obtener del hecho de disciplinarlo, algo que tendremos en cuenta a lo largo de estos capítulos.

Además de ofrecerte un marco de referencia que te permitirá convertirte en un experto en la conducta y la disciplina de tu hijo, he incluido algunas soluciones a problemas concretos. Éstas te ayudarán a empezar hasta que tengas confianza con la metodología y su aplicación. También he incluido secciones de preguntas y respuestas al final de cada uno de los capítulos específicos de la conducta. Las preguntas (procedentes de padres reales) y sus respuestas se concentran en soluciones de disciplina suave y, junto a mi marco de referencia de empoderamiento, te permitirán obtener lo máximo posible de este libro y saber cómo aplicar las técnicas a tus propios hijos.

• ¿Qué es la disciplina? •

A lo largo de los últimos años he planteado esta pregunta a muchos padres. Entre las respuestas más comunes se incluyen:

- establecer límites;
- guiar a los hijos;
- controlar la conducta;
- enseñar lo que está bien y lo que está mal;
- enseñar normas sociales y expectativas;
- ayudar a los niños a adaptarse a la sociedad;
- mantener seguros a los niños;
- los niños entienden las consecuencias;
- convertir a los niños en personas agradables;
- criar niños respetuosos;
- enseñar autocontrol a los niños;
- hacer cumplir los límites;
- enseñar a los hijos a ser «buenos».

El *Diccionario Oxford de inglés* define la disciplina como: «La práctica de entrenar a las personas a obedecer normas o un código de conducta, utilizando castigos para corregir la desobediencia». Esto concuerda con la idea de disciplina más comúnmente utilizada en la sociedad actual, donde todo consiste en castigos y en considerar desobedientes a los niños. Sin embargo, no siempre fue así; durante cierto tiempo hubo otra definición, una que se centraba en la enseñanza y el aprendizaje. La palabra «disciplina» se basa en el término latino *disciplina*, que significa «instrucción». *Disciplina*, a su vez, procede del latín *discere*, que significa «aprender». *Discipulus*, que nos aporta la palabra «disciplina», también procede del mismo término y hace referencia al alumno. Es posible que los discípulos más famosos sean los estudiantes de Jesús, que, por extensión, convierten a éste en el maestro. Creo que la mayoría estaría de acuerdo con que Jesús se describiera como amable en casi todas las historias de la Biblia.

• ¿Qué es la disciplina suave? •

La disciplina suave se concentra en enseñar y aprender en lugar de castigar, y en tener expectativas sobre la conducta de los niños que sean realistas, partiendo de su nivel de desarrollo cerebral. También consiste en el respeto mutuo y en trabajar *con* niños, no contra ellos. En la disciplina suave hay un equilibrio de poder: no sólo lo tienen los padres. Consiste en tener humildad y paciencia, y en ser consciente de tus propios desencadenantes y puntos débiles como padres y en no proyectar subconscientemente tus problemas sobre tu hijo. Consiste en establecer límites y en hacerlos cumplir con comprensión y respeto. La disciplina suave consiste en positividad y en planificar para el futuro. En inspirar a los hijos a ser mejores y a hacerlo mejor, mientras te esfuerzas por ser un buen ejemplo para ellos.

¿Qué *no* es la disciplina suave? No es permisiva; no es débil. No consiste en dejar que tus hijos se libren de todo y que se críen siendo caprichosos y consentidos. Sin duda, no es perezosa ni azarosa. Aunque mucha gente sepa cómo son las formas de criar a los hijos de forma dominante y permisiva, pocos conocen el verdadero significado de la educación autoritaria, la posición que adopta la disciplina suave.

Dominante

Los estilos de disciplina dominantes tienen expectativas increíblemente elevadas sobre la conducta de los niños, a menudo mucho más de lo que son capaces. Exigen que los niños «sean vistos, pero no oídos»: que se comporten de la misma forma que los adultos. Dejan poco espacio para la comprensión, la empatía o el entendimiento, etiquetan a los niños como «desobedientes» y se concentran en enseñar una lección. El padre tiene todo el control, y el niño, nada. Actualmente, los métodos de disciplina más comunes son dominantes e incluyen el aislamiento, ponerles de cara a la pared, la prohibición de salir de casa, las bofetadas/palizas, la humillación, el encierro, enviar al niño a su habitación y quitarle sus pertenencias.

Permisivo

La disciplina permisiva es un nombre poco apropiado, porque los padres permisivos raramente aplican disciplina. Éste es el estilo que deja a los niños «salirse con la suya». Las expectativas de conducta suelen ser demasiado bajas. Los padres permisivos a menudo dicen: «Ah, no puede evitarlo, es pequeño», cuando disculpan una conducta que en realidad no es apropiada para su edad. Raramente se imponen límites, si es que los hay. Esto suele deberse a que los padres temen hacer llorar al niño porque son tan comprensivos con él que nunca quieren molestarle.

Autoritario

Los métodos de disciplina autoritarios se mueven en una delgada línea entre el control de los padres y el del hijo. Cuando es apropiado, se le da el control al hijo; cuando no lo es, el adulto toma el mando. Las expectativas de conducta son realistas: no demasiado y no demasiado poco. La disciplina siempre se aplica con respeto y comprensión. Los padres no temen que su hijo llore, pero cuando lo hace, a menudo como resultado de la disciplina, se les reconforta.

Este libro se centra en los métodos de disciplina autoritarios, o, como me gusta llamarlos: disciplina suave.

• Convertirse en un gran profesor •

Piensa en cuando ibas al colegio. ¿Tenías un profesor favorito, alguien que te inspirase y motivase? ¿Tal vez alguien a quien admirases de verdad? Si pudieras describir su personalidad, ¿qué rasgos dirías que tenía? Apuesto a que era, entre otras cosas:

- inspirador;
- un buen modelo a seguir;
- paciente;
- de confianza;
- diplomático;
- culto;
- comprensivo;

- optimista;
- justo;
- cariñoso;
- creativo;
- divertido;
- accesible;
- humilde;
- siempre aprendiendo/actualizándose en su materia;
- fácil hablar con él (o ella);
- respetuoso;
- flexible;
- de amplias miras;
- firme;
- amable.

De hecho, si tuvieras que redactar un trabajo sobre el profesor perfecto, probablemente incluirías muchos de estos rasgos.

En los tres capítulos siguientes estudiaremos procedimientos con los que podrás perfeccionar tus habilidades innatas de profesor a fin de disciplinar mejor a tu hijo. Un buen profesor es alguien que permanece calmado, que controla su temperamento e inspira a sus alumnos siendo un buen ejemplo; de igual modo, lo más importante que puedes hacer como padre es exorcizar tus propios demonios infantiles, eliminar o reducir los factores desencadenantes y aprender a controlarte a ti mismo. Todo esto se trata con cierto detenimiento en el capítulo 14.

Y no temas preguntar cuándo la disciplina es realmente necesaria. Muy a menudo nos sentimos obligados a tener disciplina, no debido a una decisión consciente que hayamos tomado, sino porque subconscientemente creemos que debe ser así. Durante nuestras vidas somos conscientes de las expectativas de otros, estemos de acuerdo con ellas o no, y ninguna expectativa es más poderosa que la de nuestros propios padres o profesores. La disciplina suave consiste en llegar a ser consciente. Consiste en romper el ciclo de repetición que ha tenido lugar antes, sólo porque ésa es la forma en que ha sido siempre. Es pionera y permite cambiar de paradigma.

¿En qué consiste ser un buen estudiante?

Ahora piensa en algún buen estudiante que conocieras en el colegio. Alguien que siempre intentase hacerlo mejor. ¿Qué rasgos tenía? ¿Era...:

- motivado;
- concentrado;
- ambicioso;
- tenaz;
- resiliente;
- optimista;
- valiente;
- deseoso de aprender;
- buen trabajador;
- inquisitivo;
- un librepensador;
- confiado;
- ingenioso;
- proactivo;
- decidido;
- persistente;
- independiente?

Irónicamente, muchas de las cosas que consideramos tan difíciles de manejar en nuestros hijos –las conductas consideradas como «desobedientes» e indeseables para la sociedad– están enraizadas en rasgos que necesitan para aprender bien y lograr todo su potencial. Observemos la lista de nuevo y veamos cómo algunos de éstos pueden verse a una luz distinta:

- Motivado, ambicioso, decidido y tenaz: a un niño con estas cualidades también se le suele considerar «terco».
- Concentrado: esto puede significar un niño que «no escucha» (si le pedimos que haga algo cuando está implicado en otra actividad).

- Resiliente: un niño que «no aprende con los castigos».
- Valiente: un niño valiente puede considerarse «irrespetuoso».
- Deseoso de aprender: un niño que toca todo.
- Inquisitivo: puede pensarse en él como en alguien que hace preguntas molestas continuamente.
- Un librepensador: un niño que «responde con insolencia» o que pregunta «¿Por qué debo yo?».
- Ingenioso: un niño que se entromete «en todo».

Volver a configurar la conducta de tu hijo puede ayudarle a él y también a ti; entendiendo y aceptando que algunas de las cosas con las que luchas ahora pueden convertirse en rasgos maravillosos cuando crezca, puedes conseguir que tu relación con él sea mucho más fácil.

No se trata sólo de niños que son estudiantes o que están aprendiendo. Tú también estás haciéndolo. Los mejores profesores nunca dejan de aprender; y lo mismo es cierto del hecho de ser padres. No hay padres perfectos o que tengan todas las respuestas. Todos estamos aprendiendo todo el tiempo. La buena disciplina consiste en tener flexibilidad y humildad. Los papeles de profesor y estudiante se intercambian todos los días, a todas horas, especialmente cuando nuestros hijos nos enseñan algo importante. A veces, pueden incluso enseñarnos que la forma en que los estamos disciplinando no funciona, y como padres nuestra función es aprender de eso y adaptarnos. Como decía Walter Barbee, presidente emérito de la Family Foundation de Virginia:

«Si dices mil veces algo a un niño y sigue sin entenderlo, entonces no es el niño quien aprende lentamente».

Hay una gran diferencia entre disciplinar a corto plazo, hacerte la vida más fácil como padre, y disciplinar para que tu hijo crezca y se convierta en la persona que te gustaría que fuera en el futuro. Los métodos de disciplina más comunes actualmente están demasiado enfocados a corto plazo. Un enfoque más efectivo –y, sin duda, positivo– tiene en cuenta el futuro, además del presente.

Tú tienes libre albedrío. En cualquier momento puedes apartarte del camino trillado y caminar para crear un futuro mejor para tu hijo. ¿Pero cómo? Comienza creando un espacio entre la conducta de tu hijo y tu disciplina. Este espacio te permite tener tiempo para pensar en lo que estás haciendo y si tus acciones cumplirán tus objetivos como padre a largo plazo. Demasiados padres disciplinan con enojo y de forma reactiva. Si haces esto, siempre caerás en un estilo dominante, o en el de un mal profesor. Antes de disciplinar, siempre debes detenerte y preguntarte: «¿Por qué siento la necesidad de disciplinar a mi hijo?». Si la respuesta es distinta a «porque me gustaría que mi hijo aprendiera que lo que acaba de hacer no es apropiado, o hay una forma mejor de hacerlo», entonces no debes imponer disciplina.

No importa cuánta gente te esté mirando o lo que te diga la voz del interior de tu cabeza de tu propia infancia («Habrías recibido una bofetada o te habrían enviado a tu habitación si hubieras hecho eso»). La disciplina suave consta de decisiones conscientes. Sea cual fuere la situación en la que te encuentres, es obligatorio que tus acciones se realicen conscientemente. Y para ser conscientes tienes que detenerte y concentrarte. A esto me refiero cuando hablo sobre colocar un espacio entre la conducta de tu hijo y tu respuesta. Es fundamental para la disciplina suave y, como tal, respalda todo el principio.

De este modo, hay cinco pasos hacia una disciplina suave y eficaz:

- Conservar la calma.
- Expectativas adecuadas.
- Afinidad con tu hijo.
- Conectar y reprimir emociones.
- Explicar y ser un buen ejemplo.

Conservar la calma

Cuando tu hijo te saca de tus casillas y sientes que te estresas o te enfadas, no debes dedicarte a disciplinarle hasta que te calmes. Respira profundamente, retén el aire varios segundos y exhala poco a poco. Repite según sea necesario, hasta que puedas pensar con más claridad. A veces puede que tengas que esperar algún tiempo. Es decir, alejarte de tu hijo temporalmente, de forma que puedas pensar con más claridad.

Expectativas adecuadas

No castigaríamos a un pez por no poder caminar, o a un gato por no poder hablar. No obstante, muchos métodos de disciplina dominante castigan a los niños simplemente por ser niños, con un nivel de desarrollo cerebral apropiado para su edad. Antes de responder a las acciones de tu hijo, pregúntate: «¿Ha entendido lo que ha hecho? ¿Puede controlarlo? ¿Tiene desarrollo cerebral suficiente para hacerlo mejor?». Si la respuesta es «no», tu respuesta probablemente será muy distinta. (En el capítulo 3 explicamos lo que los niños son –y no son– capaces de hacer en cualquier edad determinada).

Afinidad con tu hijo

La disciplina suave requiere que separes tu aversión a la conducta de tu hijo de tus sentimientos hacia él. Demasiados padres confunden la conducta con el hijo. Tu hijo sigue siendo el mismo que amas con pasión, sin importar lo que haya hecho. Tener afinidad con alguien significa que tienes conexión con él y que existe comprensión mutua. Es esta comprensión, esta empatía la que te ayudará a disciplinar suavemente a tu hijo. Aférrate a ello, independientemente de lo que haya hecho tu hijo. Recuérdate cuánto le quieres e intenta visualizar sus acciones desde su perspectiva. Pregúntate por qué hizo lo que hizo. Y cómo se siente. Esto no sólo te ayudará a entender sus acciones, sino también a solucionar el problema y aplicar disciplina apropiadamente, además de conservar la calma.

Conectar y reprimir emociones

Antes compartí contigo dos secretos. El primero era que los niños probablemente preferirían no comportarse tan mal como lo hacen sus padres. Esto es verdad. En el capítulo 1 examinaremos las razones más comunes por las que los niños se comportan mal, y en el capítulo 3 tendremos en cuenta lo que sus cerebros son capaces de hacer a cualquier edad determinada. Sin embargo, en todas las edades, los niños necesitan que sus padres los guíen y que los ayuden a manejar sus sentimientos. Tenemos un nivel de desarrollo cerebral que ellos no tienen, ni siquiera cuando son adolescentes. Nosotros somos suficientemente maduros para «reprimir» algunos de los grandes sentimientos de nuestros hijos, así como los nuestros, para ayudarles a calmarse. Por supuesto, para hacer esto, tenemos que ocuparnos también de nosotros. El secreto de la inteligencia emocional es saber que ninguna emoción es un problema; lo que importa es cómo las manejemos. Hasta que tu hijo aprenda a manejar sus emociones, es tu función manejarlas externamente, mientras las dirigimos en la dirección del autocontrol. Para contener los sentimientos de tu hijo debes conectar con ellos. Tu comprensión y apoyo los guiará para convertirse en las personas que desean ser. La mejor disciplina tiene lugar cuando trabajáis en equipo.

Explicar y ser un buen ejemplo

Esta fase sólo puede tener lugar cuando tanto tu hijo como tú estéis tranquilos y bien conectados. Una de las principales razones por las que fracasa la disciplina es debido a la falta de una de estas cosas, o a veces a ambas.

Las explicaciones deben ser apropiadas para la edad. Tu comunicación con tu hijo necesita estar en un nivel que comprenda, y a menudo también aquí la disciplina se queda corta. Piensa con cuidado en cómo os comunicaréis. No sólo importan tus palabras, sino también cómo las dices. Tu hijo te observa, del mismo modo que te escucha. Si gritas, le indicas que no sólo está bien gritar, sino que es lo que debe hacer cuando se enfade con alguien o cuando alguien haga algo que no le gusta. Si tu hijo golpea a alguien, lo último que debes hacer es pegarle en nombre de la disciplina. Si lo haces, tu ejemplo le demuestra que pegar está bien y que es una forma deseable para solucionar diferencias y conflictos. Tu explicación y tu ejemplo deberían mostrar a tu hijo, de forma clara, cómo manejar las situaciones. Después de todo, como hemos dicho, los mejores profesores dirigen mediante el ejemplo. Lo mismo es aplicable a la disciplina.

Permitir que transcurra algún tiempo entre las acciones de tu hijo y tus medidas de disciplina te permite concentrarte en tu verdadero objetivo: enseñar a tu hijo a hacer y ser lo mejor. Por supuesto, tus enseñanzas deben ser flexibles. Todos los niños son únicos, y todas las situaciones, incluso con el mismo niño, son únicas. Trabajar dejando transcurrir algún tiempo debería ponerte en el buen camino. En los capítulos 6 a 13 cubriré muchos ejemplos distintos y situaciones específicas, todos teniendo en cuenta ese espacio de tiempo. Si no se incluye tu problema específico, trabaja cada punto con cuidado y casi siempre lograrás una solución eficaz y propia de una disciplina suave.

• ¿Cuándo debe comenzar la disciplina? •

Muchos creen que la disciplina es algo que debe introducirse durante los años de la primera infancia, pero que esa niñez debería estar «libre de disciplina». Sin embargo, todos los padres empiezan a disciplinar a sus hijos desde que nacen. La disciplina consiste simplemente en enseñar y aprender. Desde el momento en que tienes a tu hijo en tus manos le estás enseñando, igual que él te enseña a ti. Si le coges de determinada manera y llora, rápidamente aprendes a cambiar de posición. Tú le hablas y él te contesta con balbuceos. Eso es disciplina.

¿Debe comenzar la disciplina cuando tu hijo crezca? Seguramente no aplicarías disciplina a un adolescente tal como haces con un bebé. En realidad se conserva lo básico. Tus expectativas sobre la capacidad de desarrollo cambiarán con la edad, pero tu enfoque subyacente debería ser el mismo: una posición de comprensión, respeto y empatía.

Tú eres el mejor profesor que tendrá tu hijo. La mayor influencia de todas es la tuya. Cada minuto de cada día estás disciplinando a tu hijo; tal vez no seas consciente de ello, pero lo estás haciendo. Unos pequeños ojos te están mirando siempre y unos oídos te están escuchando. Pero, sea cual fuere la edad de tu hijo, independientemente de cómo hayas aplicado disciplina antes, siempre puedes cambiar. Nunca es demasiado tarde. La disciplina suave funciona para todo el mundo, con independencia de cuánto tiempo se haya practicado, porque está basada en las necesidades únicas de cada niño.

Entonces, ¿cómo hacerlo? ¡Sigue leyendo!

Capítulo 1

POR QUÉ LOS NIÑOS SE COMPORTAN MAL

En este capítulo examinaremos las razones más comunes del mal comportamiento, es decir, la conducta de los niños que se considera indeseable y difícil. Es imposible disciplinar de forma suave y eficaz sin conocer bien los desencadenantes del mal comportamiento. Muchos expertos se concentran en «solucionar el problema» sin ayudar a los padres a entender por qué sucedió. Cualquier disciplina que se concentre sólo en «la solución» en realidad hace que pierdas tu poder como padre. Recuerda que un buen profesor tiene un buen conocimiento de su materia, y para lograr esto debe antes ocupar el lugar del estudiante. Entender las razones para la conducta indeseable de tu hijo es el punto de arranque para saber cómo mejorarla. Por tanto, con el sombrero de estudiante puesto, penetremos en el mundo del niño e intentemos entender las cosas desde su punto de vista.

¿Alguna vez has tenido una rabieta? Como adultos tendemos a referirnos a nuestras rabietas como «perder el control», «explotar» o «colapsar». Se utilizan palabras similares para describirlas en los años de adolescencia. El hecho es que todo el mundo, con independencia de su edad, tiene que tratar con emociones abrumadoras en algún momento, y algunos las manejan mejor que otros. De hecho, solemos esperar de nuestros hijos una conducta de la cual nosotros mismos no somos totalmente capaces.

La vida es difícil y confusa. Todos tenemos mucho con que tratar día tras día, y si como adultos no tenemos un viaje perfecto en todo momento, entonces no tenemos derecho a exigir que lo hagan nuestros hijos. Por tanto, aceptar que tu hijo tendrá colapsos y rabietas, igual que te ocurre a ti a veces, tal vez sea el mejor procedimiento para avanzar. Resetear tus expectativas, comenzando con la línea base de que todo el mundo se comporta mal, es un excelente punto de inicio. A continuación nos llega la comprensión de por qué todos nos comportamos mal. La disciplina sólo llega después de esto, cuando intentamos calmar la mala conducta. Demasiadas personas saltan directamente a la fase de «solución» sin haber pensado en las causas y los porqués.

En el capítulo 3 estudiaremos las bases neurológicas de la conducta y cómo cambia esto durante la infancia. El cerebro humano difiere dramáticamente desde que se es un bebé hasta que se es un adolescente o un adulto, lo cual significa que es poco realista esperar que los niños se comporten del mismo modo que los adultos. Tal vez la mayor diferencia se encuentre en el área responsable del control de los impulsos y la regulación de las emociones, la razón por la que replantear las expectativas de la conducta, de forma que sean apropiadas para la edad, es tan importante para la disciplina suave. Sin embargo, durante el resto de este capítulo nos concentraremos en las causas no neurológicas de la conducta indeseable, aunque las dos cosas siempre estén relacionadas. Sin duda son desencadenantes medioambientales, pero el cerebro de un niño –bien sea un adolescente o un bebé– no es como el de un adulto, y esta falta de madurez siempre desempeñará una función en su comportamiento indeseable, simplemente porque no puede controlar sus acciones tan bien como lo puede hacer un adulto.

• Desencadenantes conductuales fisiológicos •

¿Has observado que algunos desencadenantes concretos de la conducta de tu hijo son de naturaleza fisiológica? Mis hijos tienen mucho peor humor cuando están cansados, tienen hambre o han pasado demasiado tiempo delante de una pantalla. También puedo detectar cuándo han tenido problemas con los amigos o en el colegio debido a su conducta. Conocer sus desencadenantes me permite prepararme para prevenir y –a veces– evitar cualquier mal comportamiento relacionado con esto. También me ayuda a no tomarme personalmente su conducta. Desde el punto de vista del niño, es útil que puedan reconocer y evitar los desencadenantes independientemente, sin ayuda parental, aunque sea función de los padres enseñarles a hacerlo al principio. Aunque los bebés, los niños en edad preescolar e incluso los que asisten a la guardería pueden entender los efectos negativos de ciertas conductas, es bastante improbable que siempre puedan evitarlos sin ayuda parental. Pero en la edad preadolescente (aproximadamente entre los ocho y los trece años) y en los años de adolescencia los niños pueden lograr evitar ciertos desencadenantes sin ninguna ayuda por parte de un adulto.

Por tanto, examinemos algunos desencadenantes conductuales comunes en niños de todas las edades. No están en ningún orden concreto, y la lista de ningún modo es completa. Recuerda que cada niño es único y que los desencadenantes reflejan esto; descubrir los desencadenantes de tu hijo es lo más importante.

Dieta

Para muchos niños, la dieta puede desempeñar un papel esencial en su conducta, y los padres suelen observar cambios significativos después de concentrarse en esto durante varias semanas. A pesar de la opinión habitual, el azúcar no hace que los niños sean hiperactivos. Sin duda no es saludable, pero se suele culpar de la mala conducta al «subidón de azúcar». A la inversa, unos niveles de azúcar bajos, o más bien los niveles bajos de glucosa en sangre, pueden afectar a la conducta. El cuerpo libera una cantidad compensatoria de adrenalina en respuesta al descenso de la glucosa sanguínea, llamado hipoglucemia. Esta cadena de eventos puede causar un cambio negativo en el comportamiento, un fenómeno que es una combinación de hambre y enfado, en gran parte causado por el cambio en los niveles de glucosa y de adrenalina. Asegurarse de que los niños evitan tener hambre puede tener un efecto positivo en la conducta.

Una cosa que, sin duda, tiene efecto sobre la conducta son los aditivos artificiales o «E» seguida de un número. En 2007, un estudio descubrió que el consumo de alimentos que contienen cualquiera de los seis aditivos siguientes aumentó la conducta hiperactiva en niños de edades comprendidas entre los tres y los nueve años:[1]

- Amarillo ocaso (E110).
- Amarillo quinolina (E104).
- Carmoisina (E122).
- Rojo allura (E129).
- Tartrazina (E102).
- Ponceau 4R (E124).

Entre las fuentes comunes que pueden causar hiperactividad en niños se encuentran los cereales de desayuno, las patatas fritas comerciales, los dulces, los palitos de pescado, los zumos y las medicinas infantiles. Si crees que tu hijo puede verse afectado, asegúrate de comprobar la lista de ingredientes del envasado del producto.

Pero no son sólo los aditivos los que pueden influir negativamente en la conducta. Las deficiencias en la dieta de los niños también tienen su importancia. En 2013, una investigación con casi quinientos niños de edades comprendidas entre los siete y los nueve años descubrió que los niveles bajos de omega-3, grasas poliinsaturadas de cadena larga, estaban asociados con un número mayor de problemas de conducta, mala capacidad para leer y una memoria peor.[2]

Si sospechas que la conducta de tu hijo puede empeorar por desencadenantes dietéticos, la forma de comenzar es con un diario dieté-

---

1. McCann, D.; Barrett, A.; Cooper, A.; Crumpler, D.; Dalen, L.; Grimshaw, K.; Kitchen, E.; Lok, K.; Porteous, L.; Prince, E.; Sonuga-Barke, E.; Warner, J. O y Stevenson, J.: «Food additives and hyperactive behaviour in 3-year-old and 8/9-year-old children in the community: a randomised, double-blinded, placebo controlled trial», *Lancet*, 370 (2007), p. 1560-1567.
2. Montgomery, P.; Burton; J.; Sewell, R.; Spreckelsen, T. y Richardson, A.: «Low blood long chain omega-3 fatty acids in UK children are associated with poor cognitive performance and behavior: a cross-sectional analysis from the DOLAB study», PLoS *One*, 8(6) (24 de junio de 2013).

tico, anotando todo lo que come tu hijo y su conducta, diariamente, durante un par de semanas. Esto puede ayudar para aportar ideas en cualquier reacción negativa de productos alimentarios, en especial los aditivos que comienzan por «E». Analizar su dieta también puede ayudar a destacar cualquier deficiencia nutricional. Lo ideal es que todas las necesidades nutricionales de tu hijo se cubran mediante la dieta. Las grasas poliinsaturadas de cadena larga, por ejemplo, se pueden encontrar en los pescados grasos, como la caballa, el salmón y el atún, así como la linaza, que pueden añadirse fácilmente a los cereales del desayuno. Muchos nutricionistas sugieren que, si la dieta de un niño es baja en estas grasas, se beneficiará con suplementos de omega-3, en especial si son propensos a la conducta hiperactiva.

Falta de sueño

¿Has observado algún cambio en la conducta de tu hijo cuando está cansado? Los bebés que se saltan una siesta tienden a tener mal humor, ser irritables y a veces torpes. Lo mismo es cierto en cualquier edad. Siempre puedo saber cuándo mi hijo adolescente ha tenido una mala noche por las mismas razones.

Pero ¿cuánto debe dormir tu hijo? Nadie lo sabe en realidad. Como mucho, los expertos pueden ofrecer más o menos un amplio rango para cada edad; sin embargo, las necesidades de sueño son únicas, y aunque algunos niños sobreviven perfectamente bien con ocho horas de sueño en un período de veinticuatro horas, otros pueden necesitar cerca de doce. La tabla inferior, basada en consejos de La Fundación Nacional para el Sueño de los Estados Unidos de América, es una buena guía para las necesidades de sueño por edad:

Edad	Necesidades medias de sueño por período de veinticuatro horas
1-2	11-14 horas
3-5	10-13 horas
6-13	9-11 horas
14-17	8-10 horas

Irse a la cama demasiado temprano, igual que demasiado tarde, puede significar que un niño no duerma lo suficiente. Si se les mete en la cama antes de que su cuerpo esté biológicamente preparado para dormir, las investigaciones muestran que tardan más tiempo en quedarse dormidos y más probabilidad de despertarse por la noche.[3] Una buena hora para irse a la cama para niños de menos de once años de edad es entre las ocho y las nueve. Los adolescentes, en cambio, están biológicamente preparados para dormirse mucho más tarde. Las investigaciones demuestran que los patrones de sueño de los niños de trece y catorce años de edad experimentan un retraso, una tendencia a dormirse más tarde.[4] Esto es aplicable a la hora de irse a la cama y a la de despertarse, con una hora típica de dormirse hacia las once de la noche. El problema en este caso es que a esta edad la mayoría de los niños necesitan al menos ocho o nueve horas de sueño cada noche, aunque se espera que se levanten para ir al colegio. El inicio temprano del colegio no concuerda con sus necesidades biológicas de sueño, lo cual significa invariablemente que acuden al colegio habiendo dormido muy poco, y este déficit de sueño puede crear muchos problemas conductuales.

Además de la hora de acostarse, el otro problema importante con el que tienen que luchar cuando intentan obtener suficiente sueño es la iluminación. Las investigaciones han demostrado que las fuentes de luz azules o de onda corta hacen pensar al cerebro que aún es de día e inhiben la secreción de la hormona del sueño, la melatonina.[5] Cualquier luz en la habitación de tu hijo que no sea roja (en términos de la luz emitida) puede inhibir su sueño. La luz roja es la única que no inhibe la secreción de melatonina. Y no es la iluminación convencional la

---

3. Lebourgeois, M.; Wright, K.; Lebourgeois, H. y Jenni, O.: «Dissonance Between Parent-Selected Bedtimes and Young Children's Circadian Physiology Influences Nighttime Settling Difficulties», *Mind Brain Education*, 7(4) (diciembre de 2013), pp. 234-42.
4. Carskadon, M.; Wolfson, A.; Acebo, C.; Tzischinsky, O. y Seifer, R.: «Adolescent sleep patterns, circadian timing, and sleepiness at a transition to early school days», *Sleep*, 15;21(8) (diciembre de 1998), pp. 871-881.
5. Wright, H. y Lack, L.: «Effect of light wavelength on suppression and phase delay of the melatonin rhythm», *Chronobiology International*, 18(5) (septiembre de 2001), pp. 801-808.

que causa problemas de sueño: las pantallas como los televisores, los teléfonos inteligentes y las tabletas también emiten grandes cantidades de luz azul. Por tanto, estos dispositivos mantienen a los niños despiertos debido a respuestas biológicas, además de la evidente tentación de jugar con ellos. Las pantallas no tienen cabida en la habitación de tu hijo, ni incluso en la hora o dos anteriores a acostarse.

Agobio ambiental

¿Alguna vez te has sentido verdaderamente agobiado por tu entorno? ¿Tal vez un lugar con muchos olores distintos, mucho ruido y montones de personas que chocan contigo? Personalmente considero que el metro de Londres es un asalto a mis sentidos, y siempre que viajo a esta ciudad permanezco irritada y cansada durante el resto del día.

Hace años dirigí una exhibición en un encuentro sobre bebés, en una sala que estaba iluminada por hileras de focos que colgaban del techo, llenando todo de alto nivel de luz artificial. Mi caseta estaba situada cerca del escenario donde tenían lugar diversas demostraciones de productos y exhibiciones de moda, todo ello acompañado por una música con un volumen alto, mientras el olor de los artículos de aseo personal, de aromaterapia y de especias, procedente de una caseta de comida cercana, llenaba el aire. Asistieron por lo menos mil personas, empujándose y llevando carritos de bebé y sillitas por las zonas más frecuentadas. Al final de la exhibición de cada día me marchaba a casa con un fuerte dolor de cabeza debido a la sobrecarga sensorial, mientras que casi todos los visitantes de mi caseta se quejaban de que sus hijos eran gruñones, llorones e irritables. Les dije a todos que miraran hacia arriba, a las brillantes luces, y que imaginaran cómo se sentirían si estuvieran reclinados en un carrito o una silla para bebé, y mirándolos fijamente durante toda la visita. Después les pedí que imaginaran que estaban rodeados por cientos de pares de pantalones que chocaban contra ellos y que intentaran dormir con la música tan alta y los llantos de otros niños en sus oídos. Y entonces les pregunté si ellos estarían irritables en la misma situación. A veces, ponerte en el lugar de tu hijo puede proporcionarte todas las respuestas que necesitas.

Ahora imagina cómo se siente tu hijo cuando llega a la escuela por primera vez, con cuatro o cinco años. En la guardería o nivel preescolar estaban acostumbrados a un pequeño espacio y probablemente menos niños. Cuando comienzan el colegio son, en primer lugar, los más jóvenes, normalmente de al menos cien niños. Los edificios son más grandes y el sonido está amplificado. ¿Resulta sorprendente que luchen con el sentimiento de estar por completo abrumados? Imagina pasar por esto de nuevo a la edad de once años. Comenzar la escuela secundaria es, con mucho, la transición más difícil para la mayoría de los niños. Si te encontraras en un nuevo entorno y esforzándote por dar sentido a todo, tal vez también descubrirías que te pones gruñón e irritable al final del día. Imagina que has estado intentando «mantener la calma» todo el día, pero ahora que estás en casa, con quienes quieres y en quienes confías, por fin puedes «dejar salir todo» y liberar tus verdaderas emociones. Muchos niños pasan por esto cuando comienzan en un nuevo colegio, pero sus padres no entienden por qué están irritables y son desobedientes cuando llegan a casa. Se quejan de informes escolares que hablan de un niño que es educado y maduro, pero en casa ocurre todo lo contrario. Esta conducta es muy normal: el niño por fin está en casa, llegado de la guardería o el colegio, y se siente seguro para demostrar sus sentimientos en presencia de personas a las que quiere y en las que confía. Para los padres, esto puede ser difícil de manejar, especialmente si creen que el niño está siendo «desagradable a propósito». De hecho, su conducta muestra el gran trabajo que están realizando los padres, haciendo que su hijo se sienta seguro y apoyado lo suficiente para demostrar sus verdaderas emociones.

Aunque la mayoría de los niños tendrán que luchar con sentimientos de estar abrumados en momentos específicos, hay otros que tienen problemas todos los días.

Las investigaciones han demostrado que uno de cada seis niños experimenta síntomas sensoriales auditivos y táctiles suficientemente serios para influir de manera negativa en la vida diaria.[6] Investigaciones pos-

---

6. Ben-Sasson, A.; Carter, A. y Briggs-Gowan, M.: «Sensory Over-Responsivity in Elementary School: Prevalence and Social-Emotional Correlates», *Journal of Abnormal Child Psychology*, 37 (2009), pp. 705-716.

teriores realizadas en Estados Unidos han demostrado que uno de cada veinte niños experimenta trastorno de procesamiento sensorial (TPS),[7] normalmente descrito como una desorganización de señales sensoriales y respuestas en el cerebro, que afectan a varios sentidos. Los niños con TPS pueden considerar difícil procesar los estímulos auditivos o táctiles, o hacer frente a las sensaciones. Esto puede manifestarse como una respuesta excesiva o demasiado pequeña. Por ejemplo, a algunos niños tal vez les resulte muy difícil soportar que ciertas telas toquen su piel, hasta el extremo de considerarlas insoportables. Algunos pueden considerar perturbador ciertas luces o sonidos, y otros posiblemente no procesen determinadas sensaciones, como el calor o el frío, y de este modo se exponen a situaciones peligrosas. No se conocen las causas del TPS; sin embargo, es posible que sea el resultado de una combinación de influencias y situaciones genéticas y ambientales.

Los síntomas del TPS suelen encontrarse dentro de un espectro, y algunos son más graves que otros. Cuando son bebés, los niños con TPS se suelen describir como «consentidos» o «con muchas necesidades». A menudo tienen problemas para dormir y comer, y puede que lloren para que los cojan, pero entonces se retuercen en los brazos de sus padres. También pueden ser extremadamente activos, pero lentos para conseguir logros físicos; en sus años de bebé, el entrenamiento con el cuarto de baño puede ser muy difícil. Cuando crecen, pueden continuar los problemas con la comida y el sueño, y experimentar más pataletas que la media porque se esfuerzan por luchar con la estimulación. El contacto corporal con los otros también puede ser complicado, y se dice que «sobrerreaccionan» a diversas experiencias. Pueden parecer mal coordinados y encuentran difícil dominar las habilidades motoras finas.

El tratamiento para el TPS es polifacético y a menudo incluye terapia ocupacional y un entorno terapéutico rico sensorialmente para ayudar a retar a los niños de una forma divertida y segura. Muchos padres también informan de éxitos sobre enfoques alternativos con

---

7. Ahn, R. R.; Miller, L. J.; Milberger, S. y McIntosh, D. N.: «Prevalence of parents» perceptions of sensory processing disorders among kindergarten children», *American Journal of Occupational Therapy*, 58 (2004), pp. 287-293.

terapias complementarias. Entre los objetos sensoriales que pueden ayudar a un niño a diario, sobre todo en el colegio, están la bisutería «dura» especial, las pelotas antiestrés y objetos «de manipulación» que ayudan en la concentración y cubren sus necesidades sensoriales de un modo socialmente aceptable.

Si sospechas que tu hijo sufre con los aspectos sensoriales de la vida más que sus iguales, tal vez te convenga hablar con el pediatra sobre la posibilidad de tener TPS. No hay puntos específicos que explorar; por lo general, tu instinto es el mejor indicativo.

Habilidades de comunicación verbal inmaduras

La incapacidad de un niño para comunicar verbalmente sus sentimientos y necesidades puede aumentar los problemas generados por otros desencadenantes; sin embargo, también puede ser un desencadenante por sí mismo, aunque no haya nadie presente.

¿Puedes imaginar cómo debe sentirse alguien al no poder comunicar sus puntos de vista, opiniones, necesidades básicas y emociones? Incluso algo tan simple como decir a alguien que te duele la cabeza. Por supuesto, esto es aplicable en su mayor parte a los niños más pequeños, aunque todos pueden tener problemas con la comunicación en algún grado, independientemente de su edad.

Los bebés se comunican llorando. Las rabietas son un ejemplo clásico de comunicación de los bebés y los niños en edad preescolar. En todos estos casos no hay desarrollo del lenguaje, y se recurre en su lugar a otros métodos. Pero tal vez te preguntes: ¿por qué los niños de más edad no se comunican verbalmente? ¿Tienen habilidades lingüísticas para hacer eso? Aunque tal vez puedan hablar o incluso escribir con fluidez, la comunicación emocional sigue siendo una de las últimas habilidades en desarrollarse, y muchos adultos incluso luchan para dominarla. Entonces, si a veces consideramos difícil expresar cómo nos sentimos porque nos faltan las palabras adecuadas, ¿cómo podemos esperar que lo hagan nuestros hijos? Por supuesto, esto supone que todos los niños están en un entorno en el que se aceptan las expresiones de sentimientos. Pero muchos no. ¿Cuántas veces has oído a los adultos decir cosas como «los niños grandes no lloran», «ahora estás bien, deja de llorar», «gran cobarde», «crece; deja de llorar; ya no eres un niño pequeño»? Lamentablemente, creo que son más comunes de lo que nos gustaría creer. Reprimimos tanto la expresión de las emociones en nuestra sociedad que no es de extrañar que los niños tengan problemas para comunicarse de manera eficaz.

Uno de mis dichos favoritos es «toda la conducta es comunicación». Con excesiva frecuencia, la gente rechaza la conducta no deseada en los niños como «desagradable». Muchos expertos en el acto de ser padres y profesionales de la salud aconsejan a los progenitores que ignoren el mal comportamiento (y si se considera que busca atraer la atención, esto se aplica mucho más). Sin embargo, yo defendería lo contrario. Si un niño busca con desesperación la atención parental, no tiene sentido ignorarlo. Es mucho más saludable prestarle atención: si eliminamos la causa eliminaremos la conducta. Actualmente, muchos consejos para padres ignoran la causa de la conducta del niño. Si tienen la sensación de que están enfermos, como mucho te limitas a ocultar su incomodidad castigándole por el mal comportamiento y recompensándole por el bueno. El problema subyacente no se elimina y volverá en algún momento de un modo distinto.

Por otra parte, empezar desde la posición de considerar la conducta como la comunicación de un problema sitúa a los padres en una posición muy distinta: la de trabajar con sus hijos para solucionarlo cooperativamente, en lugar de castigarlos por tenerlo desde el principio.

• Desencadenantes psicológicos de conductas •

Una falta de control sobre sus propias vidas

Los bebés y los niños pequeños tienen poco o ningún control sobre su vida cotidiana. ¿Qué elegirían realmente para ellos mismos? ¿Deciden cuándo irse a la cama? ¿Qué comen? ¿Cuándo comen? ¿Cómo pasan el día? En la mayoría de los casos, el control se encuentra en manos del progenitor.

Los niños mayores también deben afrontar una falta de control casi a diario. Los padres regulan cómo pasan su tiempo, qué alimentos comen, qué ropas se ponen e incluso cómo son sus habitaciones. La mayoría de las conversaciones entre padres y niños giran en torno al progenitor que está a su cargo. Este desequilibrio de poder y falta de autonomía para el niño puede hacer que se sienta oprimido, no escuchado y enfadado. El resultado es que el niño busca desesperadamente algo de control de cualquier forma que pueda, ya sea gritando, quejándose, agrediendo, siendo insolente, diciendo palabrotas o con rabietas. (Los capítulos 8, 9, 10 y 13 examinan el vínculo entre la búsqueda de control y la conducta indeseable).

Por tanto, demasiada conducta no deseada puede considerarse el intento desesperado del niño por recuperar cierto control sobre su vida y afirmar su autonomía. Las cuestiones sobre el cuarto de baño, la comida y el sueño suelen estar vinculadas a un problema de control. Permitir que el niño tenga el mayor control posible (apropiado para su edad y que permite seguridad) puede cambiar las cosas drásticamente.

Por otra parte, existe la idea de los límites. Dar más control a un niño no conlleva ser unos padres permisivos. Los niños necesitan límites para sentirse seguros y para saber lo que se espera de ellos, y aunque sea tarea suya ponerse a prueba, es nuestro trabajo como adultos establecerlos y obligar a cumplirlos. Un niño criado por un padre permisivo puede sentirse muy inseguro. Por eso, decidir los límites apropiados para tu familia es parte importante del acto de ser padres, y aplicarlos con tranquilidad y comprensión es otra parte.

Conducta indeseable en otros

¿Alguna vez has oído el dicho «lo que el mono ve eso hace»? Gritar, insultar y golpear son conductas que los niños toman de nosotros, de sus compañeros, de otros adultos, de la televisión y de otros medos. Si queremos criar niños amables, educados y tranquilos, tenemos que hacer estas cosas nosotros mismos. Si gritas a tus hijos, hay bastantes probabilidades de que sean gritones. Si das una bofetada a tus hijos cuando hacen algo mal, es probable que crean que está bien ser violentos con otros en nombre de la disciplina. Si ésta es la forma en que te criaron, puede ser una de las partes más difíciles de superar a la hora de ser padres, cuando no concuerda con cómo quieres educar a tus hijos. Si deseas que tus hijos crezcan con mejores cualidades que tú, debes elevarte por encima de esa parte de tu personalidad y modelar la conducta que ves en ellos. Esta idea es tan importante que he dedicado todo un capítulo (capítulo 15) a cómo puedes ser la persona que tu hijo quiere que seas.

¿Por qué importa tu conducta, y la de otros en torno a tu hijo, sean jóvenes o viejos? En la década de 1960, el psicólogo estadounidense Albert Bandura demostró el impacto importante de la imitación en los niños, especialmente en lo relativo a la violencia, con su infame experimento «Bobo Doll» y, más tarde, su teoría del aprendizaje social. El experimento de Bandura en 1961 incluyó a setenta y dos niños (treinta y seis niños y treinta y seis niñas), de edades comprendidas entre los tres y los seis años de edad. Los niños se repartieron en uno de los dos grupos experimentales, y cada uno emparejaba a un niño con un adulto. El primer grupo se conoció como el «modelaje agresivo». La mitad de los niños de este grupo se emparejaron con un adulto del mismo sexo que ellos y la mitad con un adulto del sexo opuesto. El segundo grupo se conoció como el de «modelaje no agresivo» y, una vez más, la mitad de los niños se emparejaron con un adulto del mismo sexo y la otra mitad con uno del sexo opuesto. También había un grupo control. Se llevó a todos los niños a una habitación con sus adultos. Un lado de la habitación tenía un trabajo manual y la otra mitad algunos juguetes pequeños, un martillo y un muñeco hinchable, conocido como Bobo Doll. En todos los grupos se dijo a los niños que no tocaran los juguetes de «adulto». En el grupo agresivo, los adultos acompañantes golpeaban el Bobo Doll con las manos y con el martillo. En el grupo no agresivo, los adultos acompañantes sólo jugaban con los juguetes pequeños e ignoraban el Bobo Doll y el martillo. Después de diez minutos, se sacaba a los niños de la habitación y se les llevaba a una nueva que contenía muchos juguetes distintos. Después de dos minutos, se les decía que ya no se les permitía coger los juguetes (esto se hacía para aumentar los niveles de frustración), pero que podían jugar con los juguetes en la sala experimental. A los niños se les llevaba entonces a la primera sala, en esta ocasión sin ir acompañados por un adulto. Los investigadores observaron cuántas veces cada niño demostraba violencia hacia Bobo Doll, ya fuera verbal o físicamente, con el martillo.

Sin sorpresas, Bandura y sus colegas descubrieron que los niños expuestos al modelo agresivo tenían más probabilidad de actuar de forma físicamente agresiva que los que estaban en el grupo no agresivo. También descubrieron que los niños tenían el triple de probabilidad de ser violentos que las niñas, y ambos tenían mayor probabilidad de ser violentos si se les emparejaba con un adulto del mismo sexo. Aunque se realizó hace cincuenta años, este experimento sigue demostrando el poderoso efecto de la conducta de imitación. Dicho en términos sencillos, todos somos modelos de conducta. Y, aunque esta investigación se concentraba en los adultos y los niños, el mismo efecto podía verse en los grupos de compañeros. Como he dicho, si queremos criar niños educados, amables y tranquilos, es importante que se encuentren cerca de quienes exhiban estas características.

Falta de conexión

La conexión, o más bien su carencia, puede ser la causa de los problemas conductuales de los niños a cualquier edad. Si no están bien conectados contigo, van a intentar solucionar eso, a menudo mediante procedimientos que querríamos que no hicieran. Y si perciben la falta de conexión, es menos probable que quieran hacer cosas para agradarte, ya sea ordenar su habitación o prepararse para salir de la casa a una hora que hayas especificado.

Los problemas en la conexión pueden manifestarse de muchas formas distintas. Por ejemplo, un bebé que comienza sus cuidados diarios por primera vez puede llorar con desconsuelo cada vez que le sueltan y se comporta de una manera considerada difícil en ausencia de sus padres; un niño en edad preescolar que acaba de dar la bienvenida a un hermano puede sufrir una regresión en su conducta en el aseo; un niño de ocho años, que asiste al colegio y que tiene padres y hermanos muy ocupados, puede que compita por la atención parental; y un adolescente que siente desconexión debido a un desacuerdo puede que ignore los deseos de sus padres y que desobedezca las normas de la casa. Todas estas situaciones pueden mejorarse dramáticamente observando la necesidad de conexión y respondiendo con tiempo, amor y atención.

La conexión es importante, tanto en el momento como a largo plazo. A corto plazo, el niño puede «comportarse mal» para reconectar contigo. Un niño pequeño podría golpearte o darte una patada en respuesta por no recibir suficiente atención cuando llevas mucho tiempo hablando por teléfono, por ejemplo. Los niños mayores pueden pasar más tiempo fuera de casa, ignorar las horas límite, no escuchar lo que les dices y meterse en problemas en el colegio, casi como una forma de atraer subconscientemente tu atención. Muchos padres se sienten tentados a responder gritando, castigando y enviando al niño a su habitación, con lo que incrementan el problema al eliminar la conexión que anhelan.

Una de las cosas más importantes que puedes hacer como padre es cultivar –y reparar, cuando sea necesario– el vínculo que tienes con tu hijo. Considera con atención los efectos de tu disciplina y pasa tiempo reconectando de forma habitual, sobre todo a diario. Una charla de quince minutos en la cama, diez minutos en el desayuno y una rápida charla por la noche es un buen comienzo. En nuestras ocupadas vidas, la reconexión suele pasarse por alto; irónicamente, incluso sacrificamos este tiempo especial para llevar a nuestros hijos a clubes y clases para contribuir a su desarrollo, cuando lo que suelen necesitar es pasar un rato con nosotros. El momento en que estemos agotados, al final de nuestros límites y preguntándonos antes por qué hemos tenido hijos, es precisamente el momento en que es vital reconectar. Esto no sólo ayudará a reducir cualquier conducta no deseada a corto plazo, sino que también permitirá a tu hijo sentir que él y tú formáis parte del mismo equipo, lo que origina menos conductas no deseadas a largo plazo. Los niños siempre deberían sentirse amados de manera incondicional. Puede que no te guste su conducta, pero le quieres y, sin importar lo enfadado y agotado que te sientas, es vital que sepa esto, especialmente en un momento en que tus reacciones pueden demostrar lo contrario.

Déficit infantil: cuando a los niños no se les permite ser suficientemente niños

Los niños de todas las edades necesitan tiempo para ser niños. Precisan jugar, jugar, jugar y jugar algo más. Hay mucho tiempo para que más adelante los niños trabajen, escriban redacciones, hagan exámenes y utilicen ordenadores y dispositivos electrónicos. Estas cosas raramente tienen un lugar verdadero en la infancia, en especial en los primeros años anteriores a la adolescencia. Estamos tan preocupados sobre quiénes serán mañana que olvidamos darles tiempo para que sean niños hoy. Es un error enorme.

Los niños, incluso los adolescentes, no están programados para sentirse tranquilos y concentrarse durante horas. Se supone que van a moverse y explorar el mundo en torno a ellos. Jugar no es un derroche de tiempo o algo que se tiene que hacer cuando se completa «el material importante». Es el material importante. Los niños dan sentido a su mundo mediante el juego. Aprenden ideas científicas, experimentan, teorizan, trabajan ideas complicadas y a menudo alarmantes, y conceptos emocionales, mediante la seguridad que aporta el juego. Si se lo negamos les estaremos quitando su habilidad de aprendizaje más importante. En el capítulo 5 examinaremos la educación y por qué crea tantos problemas no cubriendo las necesidades de los niños. Actualmente, la falta de juego y comprensión de cómo juegan los niños (explicados en el capítulo siguiente) es una de las causas principales de los problemas de conducta en ellos. Nunca debemos subestimar lo importante que es para ellos subir a un árbol, saltar sobre charcos, nadar en el mar y correr por el campo. Todo esto no debería perderse a expensas de los exámenes del colegio y las tareas diarias.

Baja autoestima

No es una coincidencia que escriba sobre la autoestima justo después de mencionar la educación. Para un niño que está peor dotado académicamente, o alguno que tenga problemas para «encajar en» un sistema en el que deben conformarse y obedecer, cada día supone nuevos golpes para su confianza. Actualmente, el éxito queda demasiado medido por ganar la competición, ser elegido por el equipo, obtener notas altas en los exámenes o hacer los mejores deberes para casa. Por tanto, se pone demasiado énfasis en el esfuerzo y en el resultado, y para los niños que luchan con el sistema o consideran difícil aprender, esto es un verdadero problema.

Lo mismo puede decirse de la «charla paterna». Con frecuencia elogiamos el éxito y pasamos por alto el esfuerzo realizado, a pesar de los frecuentes fracasos. Cuando un niño acaba de aprender a atarse los cordones de los zapatos a menudo respondemos con palabras como «buen chico», «bien hecho» o «chica lista». Pero ¿qué ocurre con las doscientas veces que intentaron atarse los cordones y no pudieron? ¿No merecen reconocimiento? Tal vez incluso más, por la decisión de no abandonar, a pesar de la ausencia de logros. Éste es el enfoque que adoptan los métodos de disciplina en nuestros días, como veremos en el capítulo 5. En ambos casos, la autoestima del niño está en peligro, lo que significa que empiezan a pensar que son inútiles, que no tiene sentido intentarlo porque no pueden hacerlo mejor. ¿Cómo se comportan cuando se sienten tan mal? De las formas que consideramos tan difíciles.

Una vez más, sabemos que hay muchas cosas subyacentes a la conducta indeseable. Y la clave para una disciplina eficaz es trabajar con la causa raíz, en lugar de reafirmar el control, que oculta el problema y no soluciona nada. Porque debemos recordar que siempre hay una razón en la conducta de tu hijo.

• Mitos comunes sobre el mal comportamiento •

Aunque hay muchas causas genuinas fisiológicas y psicológicas de la mala conducta en los niños, lamentablemente hay también muchos mitos y, para disciplinarse con eficacia, es importante que los conozcas.

Tal vez el mayor malentendido en términos de desencadenantes de conductas indeseables sea los efectos de las hormonas. ¿Has oído alguna vez que los niños pequeños, entre que son bebés y los cuatro años, experimentan un incremento de la testosterona? Sin duda parece una buena explicación para la difícil conducta que afrontan muchos padres de niños pequeños, y sospecho que por eso está tan extendida. Sin embargo, lamentablemente, no es cierto. La testosterona es un andrógeno importante (más conocido como hormona sexual) producido tanto por los varones (en los testículos y las glándulas adrenales) como por las mujeres (en los ovarios y las glándulas adrenales). Desempeña un papel esencial en la densidad ósea y la masa muscular, además del desarrollo más evidente de características sexuales. Las investigaciones han demostrado que, justo después del nacimiento, los niveles de testosterona de los niños son de alrededor de 120 ng/dl, aproximadamente la mitad que un varón adulto.[8] Después se elevan de manera significativa hasta unos 260 ng/dl entre el segundo y el tercer mes, pero más tarde empiezan a disminuir muy poco a poco. En el momento en que el niño tiene seis años, las investigaciones muestran que sus niveles de testosterona son extremadamente bajos y siguen así hasta que se aproxima a la pubertad. Por tanto, el único subidón de testosterona que está bien documentado es el que tiene lugar en los primeros meses de vida.

Hay más investigaciones que respaldan esto, concluyendo que «el análisis estadístico no demostró cambios en la concentración de testosterona en la saliva en el período de vida preadolescente, con la excepción de una disminución insignificante a la edad de siete años, y un incremento insignificante a la edad de nueve años en chicas... En general, puede concluirse que los niveles de testosterona en la saliva, en nuestros sujetos prepuberales, permanecieron estables».[9]

¿Significa esto que la testosterona no influye nunca en la conducta? ¿Ni siquiera durante y después de la pubertad? Sin duda, muchos la culpan de muchos aspectos de la conducta del chico adolescente. No obstante, las investigaciones parecen indicar que los efectos, si los hay, son muy escasos.

En 2014, se realizó una revisión sistemática de cincuenta y tres estudios, que incluyó a chicos de edades comprendidas entre los nueve y

---

8. Forest, M.; Cathiard, A. y Bertrand, J.: «Evidence of Testicular Activity in Early Infancy», *Journal of Clinical Endocrinology and Metabolism*, 37(1) (2009).
9. Ostatníková, D.; Pastor, K.; Putz, Z.; Dohnányiová, M.; Mat'ašeje, A. y Hampl, R.: «Salivary testosterone levels in preadolescent children», *BMC Pediatrics*, 2(5) (2002).

los dieciocho años de edad, y principalmente enfocada en cualquier relación entre los niveles de testosterona y la agresividad.[10] Los resultados no confirmaron que los niveles de testosterona en los chicos tuvieran relación con alguna conducta indeseable, en especial la agresividad, mientras que los autores concluyen: «Hay datos longitudinales insuficientes de alta calidad metodológica para confirmar actualmente que los niveles de testosterona variables durante la pubertad están asociados significativamente con el estado de ánimo y la conducta en varones adolescentes». Si la ciencia no respalda el vínculo entre la testosterona y el estado de ánimo y la conducta negativos, entonces ¿qué les ocurre a los preadolescentes y los adolescentes, que empiezan a actuar de forma distinta en el inicio de la pubertad? Culpando a la testosterona, ya tenga el niño tres o trece años de edad, nos arriesgamos a ignorar lo que ocurre de verdad y, de muchas formas, en consecuencia, no logramos disciplinar de manera adecuada.

¿Y qué sucede con las chicas? ¿Cambia su conducta como consecuencia de la pubertad? ¿Juega el síndrome premenstrual (SPM) un papel importante en su actitud? Muchos padres atribuyen la conducta insolente, irritable y malhumorada en las chicas adolescentes «al período del mes». A pesar de esto, las investigaciones parecen mostrar que el SPM no es tan común como podemos creer.

Una revisión de cuarenta y siete estudios distintos, realizada en Nueva Zelanda en 2012, indicó que sólo el 15 % de las mujeres que tienen la menstruación experimentaban el SPM clásico, con un peor estado de ánimo al aproximarse la menstruación y un mejor estado de ánimo cuando ésta comenzaba.[11] Casi el 40 % de esos estudios no experimentaba ningún cambio del estado de ánimo relacionado con la menstruación, y otras experimentaron cambios en el estado de ánimo después de la menstruación, y no antes. Esto plantea la pregunta de si al SPM se le puede culpar de la conducta de las chicas adolescentes.

10. Duke, S.; Balzer, B. y Steinbeck, K.: «Testosterone and its effects on human male adolescent mood and behavior: a systematic review», *Journal of Adolescent Health*, 55(3) (Septiembre de 2014), pp. 315-322.

11. Romans, S.; Clarkson, R.; Einstein, G.; Petrovic, M. y Stewart, D.: «Mood and the menstrual cycle: a review of prospective data studies», *Gender Medicine*, 9(5) (2012), pp. 361-384.

La menstruación se considera muy negativamente en la sociedad occidental, con anuncios sobre productos para eliminar el dolor y el estrés de los períodos, lenguaje negativo utilizado para describir los períodos y referencias a la irritabilidad en las mujeres debido a «su momento del mes». En cambio, en muchas partes de Asia es parte aceptada de la vida cotidiana, igual que cualquier otra función corporal. No hay quejas ni negatividad. Las investigaciones han demostrado una interesante relación entre la cultura y el SPM. Las mujeres de Asia, donde el SPM no es una idea ampliamente debatida y aceptada, no informan del mismo nivel de problemas al aproximarse la menstruación que las mujeres de la sociedad occidental.[12] ¿Puede que ocurra que el SPM sea cultural en lugar de una teoría biológica? Con una ciencia que descubre tan pocos SPM verdaderos, ¿no estaremos pasando por alto las verdaderas razones por las que muchas chicas preadolescentes y adolescentes con frecuencia están irritables y ansiosas?

Los años de la pubertad y la adolescencia son, sin duda, momentos difíciles. Sin embargo, esto es más probable debido a los enormes cambios que los niños experimentan a esta edad. Entonces, ¿qué causa su comportamiento difícil? La vida. Los efectos emocionales de la pubertad. La dicotomía de querer crecer y ser independientes frente al deseo prohibido de seguir siendo pequeños y criados. Los años de la preadolescencia y la adolescencia imponen realidad en la cara de los niños mucho más rápidamente de lo que pueden manejar. Los cuentos de hadas de la primera infancia se hacen añicos, y en su lugar llega la realidad de que los padres tienen defectos y que el mundo en realidad es un lugar violento y alarmante de preocupación por el dinero, estrés e injusticia. Añadamos a esto las presiones del colegio, las discusiones con los amigos, intentar elegir una futura carrera, la ansiedad sobre los cuerpos cambiantes y la aparición de períodos en las chicas. ¿Es de extrañar que los preadolescentes y los adolescentes busquen desesperadamente su lugar en el mundo e intenten poseer algo de control y autoridad en casa, y que, como consecuencia, las relaciones con los padres

---

12. Marván, M. L. y Cortés-Iniestra, S.: «Women's beliefs about the prevalence of premenstrual syndrome and biases in recall of premenstrual changes», *Health Psychology*, 20(4) (2001), p. 276.

(que a menudo no buscan las razones reales y culpan a las hormonas) sufran? ¿O, siendo bombardeados por los estereotipos negativos que la sociedad tiene de ellos, intentan demostrar que son erróneos o sucumben ante ellos? Atribuyendo la conducta indeseable de nuestros hijos a los cambios hormonales podemos causarles daños, y a menudo pasamos por alto los problemas reales. Separar los hechos de la ficción siempre debería desempeñar una función en la disciplina suave y efectiva.

Como ha quedado claro en este capítulo, entender y, si es posible, evitar las causas de la conducta indeseable en tu hijo es el primer paso de la disciplina suave. Identificar alguno o todos los desencadenantes que pueden estar funcionando construye los fundamentos de la disciplina que utilizarás, ayudándote a detectar necesidades no encontradas previamente. Cuando se elimina un desencadenante, la conducta puede quedar extinguida de forma natural sin ninguna otra acción por tu parte, aunque no siempre es tan simple. Los desencadenantes pueden ser muy sutiles y difíciles de encontrar, pero tenerlos en cuenta, aunque no sean evidentes, siempre es un buen punto de arranque. Y en los capítulos siguientes examinaremos lo que puedes hacer cuando la causa es desconocida o inevitable.

Capítulo 2

CÓMO APRENDEN LOS NIÑOS

E n este capítulo retomamos la idea de enseñar y aprender. La disciplina suave tiene en cuenta las capacidades de los estudiantes. Para saber qué son capaces de aprender nuestros niños de la disciplina, debemos entender cómo aprenden. Como profesores, deberíamos conocer los procesos implicados en su aprendizaje, el entorno necesario para fomentarlo y cómo la forma en que aprenden puede tener consecuencias para la manera en que les enseñamos. ¿Recuerdas la lista de atributos que necesita un buen estudiante, que he descrito en la introducción (*véase* página 16)? Conforme progresemos en este capítulo, debes recordar esa lista. Sin duda, una idea de por qué ciertos atributos son necesarios para que tu hijo aprenda eficazmente puede ser muy útil.

Hay un malentendido en nuestra sociedad sobre que los niños aprenden mejor si se les castiga y se les humilla. La realidad no puede estar más lejos de la verdad. Si quieres que los niños se comporten mejor, tienes que conseguir que se sientan mejor.

¿Cómo te sentirías si te castigaran o humillaran en el trabajo? Probablemente pensarías que tu jefe es una persona tremendamente horrible y no te sentirías motivado para hacerlo mejor, ¿no es verdad? Quizás incluso te plantearas abandonar ese empleo y conseguir otro. En mi opinión, los niños que son castigados y humillados se sienten de igual forma, creo; sólo que ellos no cuentan con la oportunidad de abandonar a su familia. Es verdaderamente extraño que tratemos a los niños de formas que nunca toleraríamos nosotros mismos.

¿Por qué la mayoría de «expertos en tutelaje» sólo dicen qué hacer, dejando aparte el porqué. ¿Es una manera más importante de empezar? Para ser profesor debes estudiar cómo aprenden los niños antes de que ni siquiera empieces a enseñarles. No obstante, como padres, nos encontramos en una posición difícil al coger un bebé recién nacido en nuestras manos sin ninguna formación. Dedicar tiempo a entender cómo aprenden los niños permite que la disciplina sea infinitamente más fácil así como mejorar tu enseñanza y obtener resultados óptimos.

• Abraham Maslow y la motivación humana •[1]

Nadie puede aprender si no se satisfacen sus necesidades: un niño que va con hambre al colegio notará que es difícil concentrarse; un bebé que está cansado verá difícil jugar con su equipo de música; y un niño que se sienta muy molesto encontrará difícil escucharte cuando le hables. Al nivel más básico, tenemos ciertas necesidades físicas y psicológicas que deben cubrirse para que tenga lugar el aprendizaje. Que este aprendizaje acaezca en casa, en forma de disciplina, o en el colegio, en forma de educación, es irrelevante: sigue habiendo necesidades. Por tanto, antes de que ni siquiera comencemos a ver cómo aprenden los niños, debemos saber cuáles son esas necesidades.

En la década de 1940, el psicólogo estadounidense Abraham Maslow diseñó lo que llamó «jerarquía de necesidades». Creía que, para alcanzar el máximo potencial, los individuos tienen que conseguir cada nivel de esta jerarquía. Si se omite cualquiera de ellos, entonces es imposible que ese individuo se «autoactualice».

La jerarquía de Maslow funciona bien cuando pensamos en el aprendizaje, especialmente en los niños, porque nos ayuda a identificar y resolver cualquier necesidad no cubierta que pueda inhibir el apren-

---

1. Maslow, A. H.: «A theory of human motivation», *Psychological Review*, 50(4) (1943), pp. 370-396.

dizaje y, por ello, la disciplina. Cuando se ve en forma de pirámide, se hace evidente que antes tenemos que pensar en cómo se siente el niño para que desarrolle los rasgos de personalidad que esperamos ver.

Jerarquía de necesidades del niño

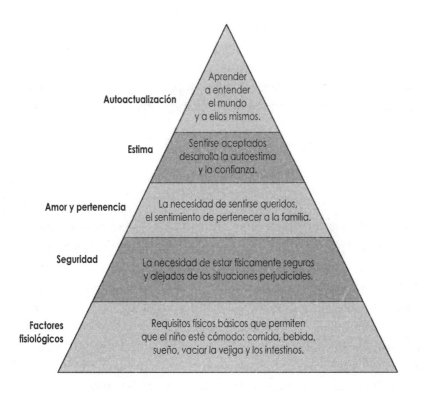

Comenzando por la parte inferior de la jerarquía, los niños, en primer lugar, necesitan cubrir sus necesidades fisiológicas y mantenerse seguros. Las necesidades fisiológicas, como la comida, el agua, una casa y ropa, son las cuestiones más básicas que tenemos para sobrevivir. La seguridad se concentra en proteger al niño del peligro y mantenerle alejado de los abusos. Sólo cuando estos dos elementos se satisfacen podemos pasar a la necesidad de amor y pertenencia, y después a la autoestima. Los niños tienen una necesidad innata de ser queridos y de sentirse parte de una familia. La pertenencia y la crianza contribuyen a desarrollar no sólo su autoestima, sino también su autorrespeto, que también le ayuda a tener un sentimiento de respeto por los demás. Cuanto todas estas necesidades están cubiertas, el niño puede convertirse en la persona que desean sus padres (actualización).

Utilizando la jerarquía de Maslow, podemos ver que los métodos de disciplina que se centran en la humillación o el castigo mediante formas de exclusión social (el aislamiento, colocarles en el último peldaño de las escaleras o enviarle a su habitación, por ejemplo) posiblemente no puedan contribuir a lograr la actualización. No podemos eliminar dos secciones de la pirámide y esperar alcanzar la cima. Un sentido del amor, de la pertenencia y el respeto son el fundamento de la buena disciplina; el fundamento es la autoestima: hay que dejarlo crecer y no destruirlo.

• Modelo a imitar •

En el capítulo 1 estudiamos el experimento de Bobo Doll, de Albert Bandura (*véase* página 35). El trabajo de Bandura nos demostró claramente que los niños aprenden de nuestro ejemplo, especialmente en lo relativo a la violencia. No podemos poner buenos ejemplos a los niños cuando:

- les golpeamos;
- les gritamos (o a otras personas);
- les humillamos o despreciamos (o a otras personas);
- ignoramos sus llamadas en busca de atención y ayuda;
- utilizamos palabrotas con ellos (o con otras personas);
- ignoramos las normas y las leyes;
- nos negamos a compartir algo con alguien;
- somos maleducados con alguien.

Si hacemos alguna de estas cosas, estamos diciendo inconscientemente a nuestros hijos que no sólo está bien comportarse así, sino que es deseable. En efecto, la disciplina es algo que hacemos cada día. Los niños nos observan en mayor medida de lo que nos escuchan. El modo en que nos comportamos hoy, mañana y todos los días establece un ejemplo para que lo siga tu hijo. Recuerda que debes mantener la calma, tener expectativas apropiadas para tu hijo y tener afinidad con él antes de empezar a disciplinarle mediante la conexión, la represión, la explicación y poniéndoles un ejemplo.

Por tanto, antes de que pensemos cambiar a nuestros hijos, deberíamos pensar en cambiarnos a nosotros mismos. Y esto forma parte de la razón por la que ser padres es muy difícil. (Examinaremos esta idea mucho más detenidamente en el capítulo 15).

Mentalidad de desarrollo

La psicóloga estadounidense Carol Dweck es famosa por presentar al mundo su teoría de las mentalidades y su influencia en el aprendizaje.[2] Las mentalidades son simplemente las creencias que tenemos sobre nosotros mismos y nuestras capacidades. Dweck describe dos mentalidades totalmente distintas: de crecimiento y fijas. Las mentalidades de crecimiento las tienen quienes piensan que los únicos límites para sus logros son sus esfuerzos. Creen que con trabajo duro y mucho aprendizaje se puede lograr prácticamente todo lo que deseen. Cuando comete un error, un individuo con mentalidad de crecimiento no se tomará las cosas personalmente; considerará que el error es algo circunstancial y lo verá como una oportunidad para aprender, en lugar de detenerse por falta de habilidad. Quienes tienen mentalidad de crecimiento tienden a ser más felices y más exitosos en su vida. Por el contrario, quienes tienen una mentalidad fija creen que sus capacidades y su inteligencia son innatas y grabadas en piedra. Se toman el fracaso y los errores de forma muy personal –como demostración de su falta de habilidad– y abandonan fácilmente, limitando su propio éxito debido a una profecía autocumplida.

Las mentalidades de todos serán fijas o en crecimiento en distintos momentos. Las dos no son mutuamente exclusivas, aunque, en general, se suele tener una tendencia a una más que a la otra. ¿Qué mentalidad crees que tienes en este momento en lo relativo a tu hijo?

---

2. Dweck, C. S.: *Mindset: The new psychology of success*, Random House (2006).

Analizar tus conversaciones con él puede darte una buena pista. ¿Dices cosas como «él está siendo tan desagradable que sólo quiero dejarlo, ya que nada de lo que hago parece marcar una diferencia?». O «ella está pasando por un período difícil en este momento?; es difícil, pero aún estamos aprendiendo y estoy seguro de que lo superaremos». El primero es un buen ejemplo de mentalidad fija; el último, una mentalidad de crecimiento. Y cualquier cosa en la que creas es probable que se haga realidad.

¿Puedes identificar una mentalidad determinada en tu hijo? ¿Cuál de las siguientes frases es más probable que diga? «Se me dan mal las matemáticas; no merece la pena intentarlo. Voy a suspender el examen de todas formas». ¿O «montar en bicicleta es complicado, ¿verdad? Me sigo cayendo, pero creo que podré hacerlo si lo sigo intentando».

¿Qué mentalidad crees que es más apropiada para una buena disciplina? Estimular a los niños, especialmente cuando cometen errores y toman malas decisiones, fomenta una mentalidad de crecimiento. El castigo, en cambio, retiene a los niños en un estado mental fijo. Empiezan a creer que son «malos» o «estúpidos» y, en última instancia, dejan de intentarlo porque aceptan que son lo que los demás les llaman. En lo relativo a la disciplina, una mentalidad de crecimiento enseña a los niños que pueden ser mejores y hacerlo mejor; que hacer algo mal hoy no significa que no puedan hacerlo bien mañana. Mejora su motivación y, como consecuencia de ello, su conducta.

No obstante, es importante aprender que los elogios, así como el castigo y la humillación, pueden tener un efecto negativo. ¿Elogias a tu hijo por ser «inteligente» o «brillante»? Al elogiar una habilidad innata puedes estar ofreciéndole una mentalidad fija. Para fomentar una mentalidad de crecimiento debes sólo elogiar algo que pueda cambiarse o el esfuerzo de tu hijo: «Vi que intentaste con todas tus fuerzas hacer ese rompecabezas. No lo terminaste, pero no hay problema, estoy seguro de que lo conseguirás la próxima vez». El elogio puede ser una herramienta de disciplina engañosa. Lo examinaremos más detenidamente en el capítulo 4.

• Estilos de aprendizaje •

¿Recuerdas cómo aprendías mejor en el colegio? ¿Escribiendo notas interminables? ¿Utilizando trucos mnemotécnicos para aprender hechos? ¿Viendo obras de teatro o vídeos? Aunque la idea de los estilos de aprendizaje es controvertida, y en efecto algunos no creen en ella, considero que puede ser útil cuando pensamos en la disciplina. La mayor parte de la disciplina convencional se concentra en el aprendizaje auditivo, con el padre dando instrucciones verbales (a menudo repetidamente). Esto puede funcionar bien si el niño aprende mejor mediante el oído, pero ¿qué ocurre si no es así? ¿Es suyo el problema por no adaptarse al estilo de disciplina que utiliza su padre? ¿O debería el padre cambiar su enfoque para acomodarse a las necesidades individuales de su hijo?

En su modelo VALK, el experto en educación Neil Fleming describe cuatro estilos de aprendizaje principales que pueden aplicarse a los niños:

- Visual.
- Auditivo.
- Leer/escribir.
- Kinestésico.[3]

Todos los niños tendrán una mezcla de cada estilo, pero normalmente predomina uno, y puede cambiar con el paso del tiempo.

Visual

Los aprendices visuales aprenden mejor viendo. Aprenden bien con las fotografías, las imágenes y la información gráfica. Tienden a destacar en el arte, la fotografía y el cine, y les encanta dibujar y experimentar con el color. Los aprendices visuales lo hacen bien cuando se les pide

---

3. Fleming, N. y Baume, D.: «Learning Styles Again: VARKing up the right tree!», *Educational Developments*, SEDA Ltd, 7.4 (noviembre de 2006), pp. 4-7.

que imaginen cómo es algo, dibujar mapas mentales y diagramas para explicar las situaciones. Las visualizaciones les resultan útiles y a menudo pueden imaginar cosas en su mente que otros no pueden.

Auditivo

Los aprendices auditivos aprenden mejor mediante el oído. Responden bien al acto de escuchar hablar a otras personas y a cualquier aprendizaje asociado con la música. Tienden a destacar cantando o tocando un instrumento, y tienen fuertes emociones en reacción a la música. Los aprendices auditivos lo hacen bien cuando se les pide que utilicen sonidos en una tarea, como, por ejemplo, configurando trucos mnemotécnicos o una rima.

Leer/escribir

Los aprendices por lectura/escritura aprenden mejor mediante palabras. Suele gustarles mucho la lectura y escriben muchas notas. Este estilo suele describirse como tener «facilidad con las palabras». Los aprendices mediante lectura/escritura lo hacen mejor cuando se les pide que lean o escriban sobre algo.

Kinestésico

Los aprendices kinestésicos aprenden mejor tocando, haciendo y moviéndose. Son «manitas» y les gusta tocar todo aquello que están aprendiendo, en lugar de leer las instrucciones. Suelen destacar en los deportes y les encanta moverse. Son las personas que «nunca están quietas». También les gusta hacer modelos. Lo hacen mejor cuando se les permite el movimiento que necesitan, que puede ayudarles a calmarse, y el movimiento y los gestos forman parte de su aprendizaje.

¿Cuál crees que es el estilo predominante de aprendizaje en tu hijo? Observar la conducta de tu hijo puede ayudar de verdad a entender su estilo de aprendizaje, y una vez que hayas hecho esto, podrás diseñar tu disciplina de forma que sea más efectiva significativamente.

Si tienes un aprendiz kinestésico, por ejemplo, no tiene sentido ofrecerle explicaciones extensas sobre lo que hace mal y qué debería hacer la próxima vez; sin embargo, puede responder realmente bien a un juego de rol. Los aprendices visuales, por el contrario, aprenden muy poco de un juego de rol, pero pueden beneficiarse dibujando un mapa contigo, para examinar otras formas con las que pueda comportarse la próxima vez. Un aprendiz de lectura/escritura probablemente no aprenda bien con un mapa mental, pero puede responder muy bien a la comunicación mediante pequeñas notas en su dormitorio y en el tuyo en forma de respuesta. Por último, un aprendiz auditivo puede que evite las notas, pero probablemente le gustará componer contigo una canción para ayudarle a actuar mejor la próxima vez.

A continuación ofrecemos algunas ideas relacionadas con la disciplina, basadas en distintos estilos de aprendizaje:

Visual
- Dibuja sencillos diagramas o dibujos animados para enseñar a tu hijo formas mejores de comportarse.
- Anímale a hacer dibujos para mostrar sus emociones.
- Utiliza visualizaciones para ayudar a calmar a tu hijo.

Auditivo
- Compón una canción para afrontar ciertas situaciones, por ejemplo, para cambiar los pañales a un bebé.
- Forma acrónimos o palabras mnemotécnicas para ayudarles a recordar cómo responder a situaciones complicadas, por ejemplo PST para «Permanece siempre tranquilo».
- Utiliza música de relajación para ayudarle a tranquilizarse.

Lectura/escritura
- Descubre libros especiales para ayudar a tu hijo a entender sus propias emociones y las de otros.
- Recomiéndale que escriba un diario, para registrar en él sus sentimientos cada noche.

- Escribíos el uno al otro notas especiales, explicando cómo os sentís.

Kinestésico
- Forma un juego de rol con lo que ha ocurrido y piensa cómo tu hijo podría responder de forma distinta.
- Anímale a limpiar o arreglar contigo lo que haya estropeado.
- Dad un paseo juntos para hablar sobre lo que ha ocurrido.

Trabajar con, en lugar de contra, el estilo de aprendizaje de tu hijo casi siempre proporciona una disciplina más eficaz. Y, cuanto más divertida y creativa sea tu solución, mejor. La mayoría de la gente tiene más de un estilo, por lo que no debes temer probar una mezcla de distintos enfoques: si algo no funciona, sigue adelante y prueba lo siguiente. Recuerda: estás intentando tener una mentalidad de crecimiento.

• Aprendizaje experiencial y esquemas •

Los niños aprenden por la experiencia. O, más específicamente, aprenden cuando reflexionan sobre algo que hacen o hicieron. Podemos contarles nuestras experiencias y ofrecerles consejos, pero sólo aprenderán de verdad cuando lleven a cabo algo por ellos mismos. La idea del aprendizaje experiencial es muy antigua. En el año 350 a. C., Aristóteles dijo: «Las cosas que tenemos que aprender antes de poder hacerlas las aprendemos haciéndolas». Y, en términos de disciplina, una vez más volvemos a la idea de ser un buen ejemplo.

Si queremos criar niños respetuosos, amables y educados, debemos comportarnos así con ellos. Los niños no aprenden a ser respetuosos en un entorno en el que no se los respeta. No aprenden a ser amables si no se les trata amablemente. Aprenden haciendo, reflexionando, y después haciendo de nuevo con una experiencia previa en mente.

¿Alguna vez te has preguntado por qué tu hijo hace algo, incluso cuando le has dicho que no lo haga y explicado por qué no debía hacerlo? Tal vez tu hijo de tres años de edad insistía en tocar la puerta del horno caliente, a pesar de decirle que no debía hacerlo. Decir que ocurrirá algo cuando hagas algo y hacerlo por ti mismo son dos cosas muy distintas. Sólo cuando el niño toque la puerta del horno y experimente el calor, entenderá y aprenderá de verdad.

En la década de 1950, el filósofo suizo Jean Piaget introdujo la idea de los esquemas, que describió como «una acción repetible y cohesiva que posee acciones componentes que están estrechamente interconectadas y dirigidas por un significado esencial». Dicho en términos sencillos, consideraba que los esquemas eran los bloques constructores del conocimiento: cómo los niños piensan y, en última instancia, aprenden. Piaget creía que un niño forma esquemas basándose en su experiencia de la vida. Por ejemplo, si descubría a una niña pequeña, con el cabello rubio, que era tacaña, podía presuponer que todas las niñas pequeñas con el cabello rubio son tacañas. Es sólo mediante las repetidas experiencias y exposiciones como aprenden que algunas personas son tacañas, independientemente del sexo, el color del cabello y la edad. Con el paso del tiempo, el niño construye cada vez más esquemas elaborados hasta que alcanza un punto de comodidad cognitiva o, en otras palabras, un buen conocimiento del mundo en torno a él. Sin embargo, hasta ese momento, podrían, justificadamente, experimentar cierto grado de asombro e incomodidad.

De forma confusa, el término «esquema» se utiliza en otros contextos del desarrollo del niño, de un modo que no está relacionado con la teoría de Piaget. Este otro significado describe un patrón repetitivo en la conducta de los niños pequeños, y se utiliza frecuentemente entre los educadores de niños pequeños y profesionales del cuidado de niños. Se identifican esquemas individuales específicos, en gran parte observados en los juegos de los niños, incluyendo lo siguiente:

Esquema de conexión

En este esquema los niños aprenden a conectar cosas. Quedarán absortos al construir vías de tren, pegando trozos de edificios o extendiendo sobre el suelo trozos de papel para formar un camino.

Esquema contenido

El esquema contenido tiene lugar cuando los niños colocan objetos en un contenedor de algún modo. Por ejemplo, tal vez pongan todos sus lápices de cera en una bolsa vacía o dentro de una caja grande.

Esquema envolvente

En este esquema, los niños aprenden a tapar cosas. Por ejemplo, pueden cubrir su oso de peluche con una manta o su comida con una servilleta.

Esquema posicionante

En este caso, los niños aprenden sobre la posición de un objeto en relación con otro. A menudo moverán su comida por diferentes posiciones sobre el plato, o quizás quieran sentarse en un sitio distinto de donde se les ha indicado.

Esquema de rotación

Este esquema consiste por completo en objetos que rotan. Los niños pueden quedarse absortos viendo funcionar la lavadora o el movimiento de las ruedas girando. A menudo intentarán dar la vuelta a cosas que creen que pueden rotar, como, por ejemplo, las manecillas de un reloj o una pelota sobre el suelo.

Esquema de trayectoria

Este esquema enseña a los niños cosas sobre el movimiento y la dirección: tirar cosas; por ejemplo, la comida desde su silla alta o agua en el aire, para observar su trayectoria.

Esquema transformador

Éste tiene relación con las propiedades cambiantes de los objetos. Los niños verterán zumo en su crema de avena y examinarán con sus dedos la transformación resultante. O bien puede que tiren arena desde su arenero sobre su cabello para sentir el cambio de textura.

Esquema transportador

Consiste en que los niños mueven objetos de un sitio a otro; por ejemplo, mover latas apiladas en un armario hacia un área distinta de la cocina, o empujar un carrito que contiene bloques de construcción desde una parte del jardín a otra.

No es de extrañar que muchos de estos esquemas puedan ser problemáticos para los padres. El aprendizaje del niño suele estar en desacuerdo con las normas sociales y las expectativas, y puede ser muy desordenado. Pero aunque te gustaría que tu hijo no vertiera zumo sobre su comida, que vaciara un paquete de toallitas para bebés y los pusiera todos en la taza del váter, o que cambiara de lugar el contenido del armario de la cocina, puedes estar tranquilo, porque estas conductas y otras parecidas son totalmente normales; también son bastante positivas e indicadoras de un aprendizaje enorme.

• Entorno para un buen aprendizaje •

Si queremos que los niños aprendan bien, debemos proporcionarles un entorno que haga posible ese proceso. Y lo mismo es aplicable a la disciplina suave. Cuando enseñamos a nuestros hijos a comportarse de forma apropiada, debemos tener en cuenta el entorno en el que vamos a hacerlo.

¿Cómo es un buen entorno de aprendizaje? Hablando en términos físicos, debería ser ordenado, pero inspirador. Debería permitir al niño tener un buen grado de autonomía, con herramientas de aprendizaje

situadas a su nivel, de forma que pueda alcanzarlas independientemente. Sin embargo, lo más importante de todo es que el entorno
debe ser tranquilo y alentador. El niño debería tener una sensación de
pertenencia. De hecho, la jerarquía de necesidades de Maslow también es aplicable aquí: su entorno debería ser tranquilo y alentador,
con un profesor comprensivo y bien informado que esté disponible
para escuchar y explicar cosas siempre que sea necesario.

Aplicar disciplina estando enfadados, ignorando las necesidades del
niño o apartándolo de ti nunca es eficaz, como no lo es en un entorno
educativo.

Disciplinar de un modo comprensivo que tenga en cuenta la autoestima del niño –y con una mentalidad de crecimiento, una comprensión
del estilo de aprendizaje de tu hijo y lo que necesite para alcanzar todo
su potencial– es el epítome de la disciplina suave.

También es esencial tener una buena comprensión de sus capacidades conductuales a cada edad, un tema que trataremos con cierta
profundidad en el capítulo siguiente.

Capítulo 3

CÓMO SE DESARROLLA
EL CEREBRO DE LOS NIÑOS

L a sociedad actual defiende la opinión de que los niños que se comportan mal están siendo desobedientes deliberadamente: que planifican y esquematizan para conseguir lo que quieren y toman una decisión consciente para comportarse de formas que no nos gustan. Pero ¿qué sucede si se comportan mal de forma no deliberada, sino porque no pueden hacer otra cosa?

Como he dicho, los métodos de disciplina más comunes se concentran en animar a los niños a hacer y ser mejores, de forma que se les motiva con recompensas si se portan «bien» y con castigos si se portan mal. Esto puede parecer sensato, pero conlleva un error enorme. Presupone que el niño no está motivado para ser «bueno» y que tiene capacidad para cambiar su conducta. Pero ¿puede que ya tenga la motivación? ¿Quizás ya quiera hacerlo mejor? ¿Y tal vez su cerebro –sus capacidades– se lo impide? ¿Se comporta de una manera determinada simplemente porque no puede hacerlo de ninguna otra? Los métodos de disciplina convencionales no pueden lograr absolutamente nada en este caso, excepto hacer que el niño se sienta peor.

La disciplina suave comienza con la posición de asegurar que lo que esperamos de nuestros hijos es apropiado para su edad y sus capacidades. En este capítulo echaremos un vistazo a alguna de las habilidades emocionales más comunes y cuándo podemos esperar que nuestros hijos alcancen un nivel similar al de un adulto. Esta comprensión de la neurología del niño nos ayuda en nuestros esfuerzos para disciplinarle, no sólo en términos de nuestras expectativas —¿castigamos al niño simplemente por tener un cerebro de niño?—, sino también según la forma de disciplina que elijamos. Los métodos más efectivos son los que tienen en cuenta las capacidades cognitivas del niño. Muchos enfoques convencionales no hacen esto.

• Cómo se desarrolla el cerebro •

Cuando nace un bebé, tiene 200 000 millones de neuronas y su cerebro es aproximadamente el 30 % del tamaño del de un adulto. Cada día crece alrededor de 1,5 gramos, y a la edad de dos años habrá alcanzado el 75 % de su tamaño final. Para ayudar a este rápido crecimiento, más de la mitad del consumo energético del bebé, procedente de la leche, es utilizada por el cerebro.

Durante los tres primeros años de vida, cada segundo se efectúan en el cerebro unas setecientas nuevas conexiones neuronales, o sinapsis. Estas conexiones sirven de «cableado» para el cerebro. En el momento en que el niño tiene tres años de edad, ha formado más de 1000 billones de sinapsis. Estas conexiones —formadas mediante una combinación de genética y experiencia vital— tienen un sentido vital para la futura arquitectura cerebral y una influencia significativa en la edad adulta. Como tal, el entorno en que vive el niño, que incluye sus relaciones con sus principales cuidadores, puede tener tanta influencia en su desarrollo cerebral como la genética. En última instancia, estas conexiones, o más bien aquellas que no se refuerzan habitualmente, se eliminan mediante un proceso llamado poda neuronal. La expresión «lo usas o lo pierdes» tiene un significado especial en este caso. Hacia los años de la adolescencia, las conexiones del cerebro ya se han reducido de 1000 billones a 500 000 millones, tras lo cual permanecen relativamente estables durante la edad adulta. Aunque sigue siendo posible formar nuevas conexiones neuronales a cualquier edad, es mucho más difícil en la edad adulta, especialmente en lo relativo a cambiar la conducta, en comparación con los primeros años. Lo mismo es cierto de la poda neuronal, que prosigue durante la vida, pero no hasta el extremo en que tiene lugar en la infancia.

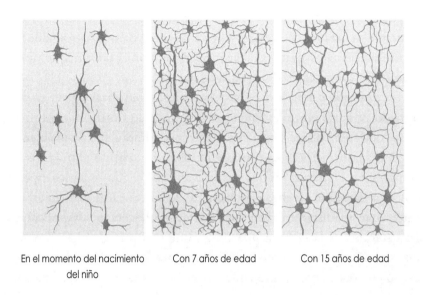

En el momento del nacimiento del niño   Con 7 años de edad   Con 15 años de edad

Por tanto, para que sus cerebros se desarrollen hasta llegar a su potencial completo, los niños necesitan un entorno de apoyo, una diversidad de experiencias enriquecedoras y amor. Quienes carecen de esto, experimentan algo conocido como «estrés tóxico». Las respuestas fisiológicas causadas por los niveles de estrés repetidamente elevados influyen en el desarrollo del cerebro y, en este caso, las conexiones neuronales más afectadas son las de las secciones del funcionamiento cognitivo superior, como, por ejemplo, el pensamiento crítico y analítico, además del control de los impulsos y la regulación de las emociones.

En el momento del nacimiento, los bebés son muy sensoriales, con las áreas cerebrales responsables de la vista, el oído, el olfato, el tacto y el gusto relativamente bien conectadas. Estos sentidos les permiten tener seguridad y vincularse con sus padres. También experimentar el mundo, con nuevos eventos sensoriales que proporcionan un enriquecimiento que más tarde hace que el cerebro se desarrolle. Durante los primeros años, el cerebro funciona bien en las partes más primitivas. En el momento de su nacimiento, el tronco del encéfalo está bien desarrollado y regula sus sistemas corporales, un proceso conocido como homeostasis. El lóbulo temporal y el sistema límbico del bebé, responsables de las emociones y del oído, también funcionan bastante bien, igual que su lóbulo occipital, encargado de la vista, y su cerebelo, responsable del movimiento. Además, el lóbulo parietal del bebé, responsable del tacto y del lenguaje, está bastante bien desarrollado. Las conexiones en esas partes del cerebro crecen con el paso del tiempo y maduran cuando el niño llega a la edad escolar.

En cambio, el lóbulo frontal y la corteza prefrontal siguen siendo inmaduros hasta la adolescencia tardía. El lóbulo frontal es el primero de los dos en madurar, y está vinculado con la resolución de problemas y con la clasificación y categorización para dar sentido al mundo. En el momento en que el niño tiene doce años de edad, podemos esperar que esta parte del cerebro esté bien conectada. La última sección del cerebro en madurar, durante los años de adolescencia y los primeros veintitantos, es la corteza prefrontal, que controla el juicio, los impulsos y la regulación emocional. Hasta que esta sección del cerebro esté bien conectada, es razonable esperar que el niño, o el adolescente, carezca de juicio y autocontrol.

• Desarrollar la regulación de las emociones •

Regular nuestras emociones es una capacidad propia de la madurez. Como adultos, podemos presionar los botones de pausa de nuestros cerebros cuando nos sentimos tentados a gritar, insultar o actuar violentamente contra alguien. Si nos sentimos ansiosos o asustados, podemos discutir sobre nuestra incomodidad emocional racionalizando o difundiendo nuestros sentimientos. Sin embargo, los niños no tienen estas capacidades, al menos no al mismo nivel que los adultos. Y esta diferencia en la capacidad de regulación de las emociones es la causa de mucho estrés para los padres que esperan que sus hijos tengan las mismas capacidades que ellos. De hecho, la autorregulación tarda años en desarrollarse, y llegar a saber por qué tu hijo ataca verbalmente, cuando tú eres capaz de permanecer calmado, es otro de los fundamentos de la disciplina suave.

Control de los impulsos

Imagina que te encuentras en una tienda llena de filas y filas de bolsos de diseño, o en una sala de exposiciones llena de coches deportivos. Puedes oler el cuero de los bolsos y tienen tu estilo favorito en veinte colores distintos, y parece que cada uno de ellos lleva tu nombre; o filas de relucientes coches deportivos nuevos que están pidiendo ser conducidos, con su pintura tan inmaculada que refleja tu imagen, y tú sólo sabes que los motores rugirían como un orgulloso león. ¿Cuál sería tu primer instinto? Apuesto a que querrías coger los bolsos e inhalar el olor a nuevo. O tal vez querrías poner tu mano sobre el capó de un coche, imaginando la potencia que hay debajo. El tacto es muy importante cuando compramos. ¿Cuál fue la última vez que compraste una prenda de ropa sin tocarla antes para sentir la tela, por ejemplo?

Ahora imagínate que tienes tres años de edad y que estás en la sección de gafas de un gran hipermercado. Cada objeto delicado está reluciendo bajo las luces, emitiendo arcoíris en todas las direcciones. ¿En qué medida querrías tocar esas cosas tan bonitas? Tal vez te separases de tus padres mientras estaban distraídos y sentiste la fresca suavidad del cristal bajo tu mano. Entonces, eres un poco brusco y la tienda se llena del sonido de cristales rotos. O quizás tus padres te localizaran antes de que llegaras a esa sección, te gritaran «¡No toques nada!» y te apartaran de allí.

Hay muy poca diferencia entre las dos situaciones, aparte de ser mucho más difícil romper bolsos y coches deportivos. La cautivadora belleza de las cosas que no podemos tener nos afecta a cualquier edad. Sin embargo, los niños de tres años tienen el inconveniente añadido de una ausencia biológica de control de los impulsos. Para ellos, cada día está repleto de fruta prohibida. Piensa en lo frustrante que debe ser que te digan «no» una y otra vez, hasta sentirte abrumado, fuera de control y rodeado por la tentación, cuando simplemente no puedes controlar tu respuesta. No es de extrañar que quieran tocar cosas furtivamente, ¿verdad?

Relacionada con el control de los impulsos está la idea de la respuesta dominante. Ésta es una respuesta inconsciente, casi automática, a un estímulo, y es la más común y rápida. En los bebés es llorar, claramente. En los bebés de más edad puede decirse que será llorar o tener una rabieta. En otros niños puede ser lloriquear, mientras que en los adolescentes puede ser gritar o con muestras físicas de ira. La razón de que esto esté relacionado con el control de los impulsos es que resulta casi imposible para un niño, desde que es un recién nacido hasta llegar a la adolescencia, controlar su respuesta dominante y reaccionar de una forma más aceptable socialmente, si no tiene un control de los impulsos adecuado. A veces, los niños que siempre gritan o lloran simplemente no pueden evitarlo.

Pensamiento crítico, analítico, abstracto e hipotético

Como adultos, somos capaces de analizar nuestros propios pensamientos y trabajar para tranquilizarnos cuando estamos ansiosos, asustados, enfadados, abrumados, tristes o estresados. Normalmente podemos suavizar nuestros sentimientos utilizando una mezcla de pensamiento crítico, analítico e hipotético. Pensar crítica y analíticamente conlleva considerar un escenario, por qué ocurrió, cómo se sienten los demás, cómo reaccionamos nosotros y si esa reacción fue apropiada, sin tener que basarnos en experiencias reales para hacerlo. Disponer de pensamiento hipotético y abstracto significa que podemos reflexionar sobre lo que puede ocurrir en el futuro como resultado de nuestras propias acciones o las de otra persona. Es la falta de estos procesos de pensamiento sofisticados la causa de muchos colapsos emocionales y conductas desagradables en niños de todas las edades.

Una buena analogía para un colapso emocional –o una rabieta, si hablamos de niños muy pequeños– consiste en imaginar un cazo de agua sobre un fogón. El gas está a tope y el agua pronto empieza a hervir. Pronto hierve por todas partes, saliéndose por los bordes del cazo. El gas sigue estando a tope, por lo que el agua sigue hirviendo hasta que el cazo se queda seco. Eso es un colapso o rabieta. Abandonado a sus propios recursos, tal vez en un momento de aislamiento o de castigo, el «cazo» de un niño seguirá hirviendo hasta que la fuente se agote o que el niño esté tan seco que se queda «vacío». Algunos pueden pensar que los castigos –o cualquier otro método de «disciplina» en el que los sentimientos del niño y su conducta se ven ignorados (con la falsa creencia de que esto lo evitará en el futuro)– son eficaces. Sin embargo, ¿cómo puede el niño aprender algo, que es el verdadero objeto de la disciplina, si se deja que se agote o se seque?

El aislamiento u otra acción similar se basa en castigar las malas acciones del niño excluyéndole de quienes quiere. La idea es que, mientras están excluidos, van a considerar lo que han hecho mal, cómo hicieron sentir a la parte afectada y cómo pueden comportarse la próxima vez. Cuando han hecho esto y están tranquilos, se les permite abandonar el área de exclusión. Parece muy simple, ¿no es verdad? Pero la mayoría de los niños socialmente excluidos se encuentran entre las edades de los dos y diez años, y la neurociencia muestra que en ninguna de estas edades es capaz de manejar el pensamiento complejo que requiere el método de disciplina. Para que analicen su conducta y lancen hipótesis sobre cómo pueden comportarse en el futuro, deben tener un firme entendimiento del pensamiento concreto; o, más bien, necesitan un buen nivel de pensamiento crítico, analítico e hipotético. Estos procesos de pensamiento pertenecen al dominio del lóbulo frontal del cerebro, que, como explicamos antes, no está maduro hasta justo antes de que el niño llegue a sus años de adolescencia.

Los niños consideran difícil pensar lógicamente de forma abstracta –es decir, sin claves visuales que manipular– hasta que llegan, por término medio, a su undécimo cumpleaños. Es sólo en ese momento cuando sus procesos de pensamiento se asemejan más a los de los adultos en términos de sus capacidades de resolución de problemas y habilidades para pensar críticamente. La facilidad para manipular y predecir diferentes resultados mediante el pensamiento hipotético es quizás uno de los últimos procesos de pensamiento «adulto» en aparecer. Sin un nivel apropiado de conectividad neuronal en la parte frontal del cerebro, encargada del pensamiento, un niño es incapaz de los procesos de pensamiento exigidos por los castigos que se le aplican. Ellos no pueden (y no hacen) analizar su conducta y considerar resultados futuros. Como máximo, se sentarán o permanecerán tranquilos porque han aprendido que es la única forma en que se les permite volver a reunirse con sus amigos y seres queridos.

El desarrollo de la empatía

La empatía es la capacidad de reconocer e identificarse con los sentimientos y emociones de otros. Quienes son empáticos tienen mayor probabilidad de mostrar conductas prosociales o altruistas. La empatía empieza a desarrollarse desde el nacimiento, mediante una mezcla de experiencia y maduración del cerebro; sin embargo, no alcanza niveles comparables a los presentes en los adultos hasta que el niño tiene edad de ir al colegio. Por tanto, en los niños muy pequeños se espera una falta de empatía.

Un bebé que se resista a compartir algo, por ejemplo, es completamente normal. Muy a menudo, aunque un niño se sienta molesto y esté llorando, el que se niega a compartir será incapaz de empatizar con los sentimientos del otro niño o de comprender las consecuencias de sus propias acciones. Reconociendo esto, rápidamente nos damos cuenta de que tiene poco sentido reprender a un niño por no compartir.

A mediados del siglo xx, el filósofo suizo Jean Piaget introdujo el concepto de egocentrismo,[4] una fase normal del desarrollo psicológico que pasan los niños y que explica la incapacidad para comprender los pensamientos y sentimientos de otras personas. (Es importante distinguir aquí esto de ser egotista, que es un rasgo indeseable de la personalidad adulta). Piaget creía que todos los niños de menos de siete años son extremadamente egocéntricos, y que sólo entre las edades de siete y doce años empiezan a alejarse de esa posición. Otros creen que el egocentrismo sigue estando presente después de esto,[5] aunque investigaciones con estudiantes universitarios[6] han demostrado también que el egocentrismo es evidente al final de la adolescencia, y que las chicas son más egocéntricas que los chicos. (Podría decirse que el sentido del

---

4. Pronin, E. y Olivola, C. Y.: «Egocentrism», en N. J. Salkind., *Encyclopedia of Human Development*, 1 (2006) Thousand Oaks, CA, SAGE Reference, pp. 441-442.

5. Goossens, L.; Seiffge-Krenke, I. y Marcoen, A.: (1992) «The many faces of adolescent egocentrism: Two European replications», *Journal of Adolescent Research*, 7(1) (1992), pp. 43-58.

6. Rycek, R. F.; Stuhr, S. L.; McDermott, J.; Benker, J. y Swartz, M. D.: «Adolescent egocentrism and cognitive functioning during late adolescence», *Adolescence*, 33(132) (1998), pp. 745-749.

egocentrismo en adolescentes puede ayudar a desarrollar la sensación de autoidentidad).

A finales de la década de 1970, dos psicólogos, David Premack y Guy Woodruff, llevaron más allá la idea del egocentrismo al introducir la teoría de la mente, que se basa en el desarrollo cerebral y la maduración del niño, que conllevan que empiezan a entender que no todo el mudo piensa y siente igual que ellos. Por tanto, hasta que la teoría de la mente está suficientemente desarrollada, es bastante difícil para los niños apreciar las consecuencias de sus acciones. (Premack y Woodruff también se preguntaron si los chimpancés tenían teoría de la mente).

Varios experimentos famosos siguieron a este trabajo, incluida la «prueba Sally Ann», que se concentraba en la teoría de la «falsa creencia» como forma de poner a prueba la teoría de la mente.[7] Suponía presentar a los niños dos muñecos, llamados Sally y Ann. A los niños se les pedía que recordaran los nombres de los muñecos, y veían que Sally «salía» de la habitación. Mientras estaba fuera, Ann cogió una canica del bolso de Sally y la escondió en su caja. Sally después volvió, y a los niños se les preguntaba: «Sally quiere su canica. ¿Dónde la buscará?».

La respuesta correcta, en el sentido de que refleja comprensión de las creencias de Sally, es evidentemente que busca en su bolso, puesto que Sally no sabe que Ann ha cambiado de sitio la canica. Sin embargo, el 85 % de los niños de menos de cuatro años responden incorrectamente a esta pregunta, diciendo que Sally buscará la canica en la caja de Ann: lo que los investigadores llaman una «falsa creencia». Este sencillo experimento muestra con claridad que los niños pequeños tienen que esforzarse para ponerse en el lugar de otra persona, debido a su teoría de la mente o empatía infradesarrolladas.

Alrededor de los cuatro años de edad tienen lugar cambios vitales en la teoría de la mente cuando los niños empiezan a poder interpretar con precisión el contenido de las mentes de los demás, especialmente los estados de sus creencias. Es en esta fase cuando podemos esperar que su conducta sea más empática y prosocial. Dicho en términos

---

7. Baron-Cohen, S.; Leslie, A. M. y Frith, U.: «Does the autistic child have a "theory of mind"?», *Cognition*, 21(1) (octubre de 1985), pp. 37-46

sencillos, no debemos esperar que un niño comparta cosas hasta que llegue a la edad escolar. Reajustar nuestras expectativas sobre los niños, incluso en la adolescencia, es increíblemente importante.

Entonces, ¿cómo funciona la empatía? Cuanto más empáticos y respetuosos seamos con ellos, en mayor medida los niños crecerán siendo así con otras personas. El concepto de mente-mentalizante es simplemente la capacidad de un padre o cuidador de ser empático con su hijo, y entender que tiene sentimientos propios importantes. Las investigaciones han demostrado que las madres que muestran más mente-mentalizante crían niños con una teoría de la mente mejor establecida y mayores niveles de empatía.[8] En este momento es importante revisar la idea de castigar a un niño por no compartir. Cualquier castigo muestra una falta de empatía desde la perspectiva del adulto, y a menudo una falta de comprensión del desarrollo normal del niño. Cuando consideramos que es probable que una conducta no empática desencadene lo mismo en un niño, se hace evidente que necesitamos encontrar otras formas de manejar los problemas, como, por ejemplo, el hecho de que los niños compartan algo.

Asunción de riesgos

¿Alguna vez te has preguntado por qué los adolescentes hacen tantas cosas estúpidas? ¿Alguna vez ibas conduciendo y un niño de trece, catorce o quince años corría delante de tu coche?

Dos tercios de los niños implicados en accidentes de tráfico, cuando implican a peatones, son chicos, mientras que el grupo de edad más frecuente es el de doce a quince años. ¿Por qué ocurre esto? En primer lugar, las investigaciones indican que la hormona masculina testosterona aumenta la conducta de asunción de riesgos, lo cual hace que los chicos tengan mayor probabilidad de meterse en conductas peligrosas

---

8. Milligan, K.; Khoury, J.; Benoit, D. y Atkinson, L.: «Maternal attachment and mind-mindedness: the role of emotional specificity», *Attachment and Human Development*, 17(3) (2015), pp. 302-318.

que las chicas.[9] Y, en segundo lugar, los cerebros de los adolescentes tienen el motor de un coche deportivo, pero los frenos de un mini.

El cerebro del adolescente se siente atraído por las situaciones peligrosas, y a menudo muestra poca atención por la seguridad; está configurado de forma que los adolescentes no perciben el peligro del mismo modo que los adultos. Desde su punto de vista, esto es bueno. Les ayuda a aprender, desarrollarse y crecer, especialmente a sus cerebros. Sin embargo, desde el punto de vista de sus padres, es la causa de mucha ansiedad. Las investigaciones han demostrado que los adolescentes tienen una probabilidad mayor de implicarse en conductas peligrosas si la actividad tiene un peligro desconocido para ellos; por ejemplo, no sabe cuáles son las posibles consecuencias ni por qué pueden ser peligrosas.[10] Sin embargo, cuando se conoce el riesgo, es menos probable que se impliquen en conductas peligrosas que los adultos. Esto es posible que se deba a la forma en que el cerebro adolescente procesa la información. El desarrollo del pensamiento racional ocurre antes que el del pensamiento hipotético, lo que significa que los adolescentes pueden procesar y actuar con la valoración del riesgo de algo que conocen, por ejemplo, el sexo seguro. Sin embargo, cuando el riesgo es desconocido, consideran mucho más difícil plantear hipótesis que los adultos. Permitir a los adolescentes pensar y experimentar el peligro en una situación segura y supervisada parece ser la forma más obvia de ayudarles a permanecer seguros.

• Desviaciones de la conducta neurotípica •

Como hemos visto, los cerebros de los niños son diferentes de los cerebros de los adultos, y esto presenta muchas dificultades para nosotros

9. Peper, J.; Koolschijn, P. y Crone, E.: «Development of risk taking: contributions from adolescent testosterone and the orbito-frontal cortex», *Journal of Cognitive Neuroscience*, 25(12) (diciembre de 2013), pp. 2141-2150.

10. Tymula, A.; Rosenberg Belmaker, L.; Roy, A., Ruderman, L.; Manson, K.; Glimcher, P. y Levy, I.: «Adolescents' risk-taking behavior is driven by tolerance to ambiguity», *Proceedings of the National Academy of Sciences of the United States of America*, 109 (42) (2012), pp. 17135-17140.

como padres. A veces, cuando el cerebro del niño se desvía de la norma, estos retos pueden ser aún más pronunciados. En estos casos, la conducta del niño puede requerir atención muy específica, como pueden indicar diversos trastornos. Los tres que tienden a recibir más atención son el trastorno de déficit de atención con hiperactividad, el trastorno oposicional desafiante y los trastornos del espectro autista. Estos trastornos son los más comunes en lo que se refiere al tratamiento de la conducta no neurotípica. Examinémoslos brevemente uno a uno.

Trastorno de déficit de atención con hiperactividad (TDAH)

El TDAH se caracteriza por una atención inconsistente. Entre los síntomas más comunes están los períodos prolongados de inquietud, no quedarse quieto, la impulsividad y distraerse fácilmente. Pueden ser evidentes a cualquier edad, pero a la mayoría de los niños se les diagnostica entre las edades de seis y doce años. El TDAH se investiga y debate ampliamente, pero sigue siendo un enigma. Las investigaciones han demostrado una gran diferencia entre el Reino Unido y Estados Unidos en el número de diagnósticos de TDAH, y estos últimos informan de una cantidad cuatro o cinco veces mayor a la del Reino Unido, teniendo en cuenta la población.[11] ¿Significa esto que hay más niños afectados en Estados Unidos? Improbable. La respuesta más realista es que el diagnóstico se hace más libremente en Estados Unidos, aunque en ambos países las tasas de TDAH están aumentando. (En Estados Unidos, entre el 7 y el 11 % de los niños son diagnosticados de TDAH, mientras que en el Reino Unido esta cifra está cercana al 2 %).

Hay cierta controversia en relación con el diagnóstico del TDAH. Algunos consideran que es un trastorno psicológico, a menudo el resultado de una «mala relación con los padres», mientras que otros creen que no existe en absoluto y que la conducta difícil se debe a una

---

11. Russell, G.; Rodgers, L.; Ukoumunne, O. y Ford, T.: «Prevalence of Parent-Reported ASD and ADHD in the UK: Findings from the Millennium Cohort Study», *Journal of Autism and Developmental Disorders* (enero de 2014), pp. 31-40.

mala dieta o a un sistema educativo opresor, y es, como tal, un problema creado culturalmente. Sin embargo, la opinión actual basada en pruebas es que el TDAH tiene una causa biológica, radicada en el cerebro. Esta variación neurológica da como resultado que el niño desarrolle una diferencia en la cognición respecto a lo que es neurotípico.

La investigación con imágenes cerebrales de adultos que fueron diagnosticados de TDAH cuando eran niños, algunos de los cuales aún sufren los efectos, mostró que había una diferencia significativa en las redes neuronales por defecto entre quienes tenían síntomas de TDAH y los que no.[12] La red neuronal por defecto es un sistema cerebral, compuesto de varias áreas relacionadas, que permanece más activo cuando una persona no se deja distraer por lo que tiene alrededor y se encuentra en un estado de ensoñación despierto. Los sujetos que ya no mostraron síntomas tenían redes neuronales por defecto similares a las personas que nunca habían sufrido TDAH. Estudios posteriores mediante imágenes cerebrales mostraron que el metabolismo del cerebro es más lento en el cerebelo y las áreas de la corteza frontal del cerebro que controlan el movimiento, la atención y el juicio.[13]

Los cerebros de los niños con TDAH demostraron ser un 5 % más pequeños comparados con los de los niños no afectados. Por último, los niños con TDAH demostraron tener niveles inferiores de dopamina, una sustancia química que transmite señales en el cerebro. Entre otras funciones, la dopamina está implicada en el control motor. Esto significa que un niño con TDAH se suele mover mucho más que los niños neurotípicos, y es probable que les cueste permanecer en situaciones donde se requiere que estén sentados quietos y en silencio, debido a su peor control de los impulsos. Los niños con

---

12. Aaron, T.; Mattfeld, E.; Gabrieli, J.; Biederman, T.; Spencer, A.; Brown, A.; Kotte, E.; Kagan, S. y Whitfield, G.: «Brain differences between persistent and remitted attention deficit hyperactivity disorder», *Brain*, (10) (junio de 2014).
13. Ellison-Wright, I.; Ellison-Wright, Z. y Bullmore, E.: «Structural brain change in Attention Deficit Hyperactivity Disorder identified by meta-analysis», *BMC Psychiatry*, 8: 51 (2008); Kobel, M.; Bechtel, N. y Specht, K.: «Structural and functional imaging in attention deficit/hyperactivity disorder: does the temporal lobe play a key role?», *Psychiatry Research*, 83 (2010), pp. 230-236.

TDAH pueden requerir informes e intervenciones especializados de equipos médicos y terapéuticos, además de la disciplina parental.

Trastorno oposicional desafiante (TOD)

Los niños diagnosticados con TOD con frecuencia exhiben una conducta airada, vengativa e irritable. También tienden a discutir y desafiar a las personas que representan la autoridad.

El TOD suele tener lugar en familias con un historial de TDAH y otros trastornos del estado de ánimo, aunque si esto indica una causa genética o ambiental sigue sin conocerse. El TOD puede tener como consecuencia lesiones o deformidades en el cerebro, aunque no existen suficientes investigaciones para apoyar o refutar esto. Igual que en el caso del TDAH, puede haber también un funcionamiento anormal de los neurotransmisores del cerebro. Los estudios han descubierto que hay un patrón de activación atípico en la sección frontal del cerebro, que es responsable de la conducta socialmente aceptable, el control de los impulsos y el juicio.[14] Para que tenga lugar un diagnóstico, el niño debe haber mostrado la conducta desafiante durante al menos seis meses.

Trastornos del espectro autista (TEA)

Se calcula que once de cada mil personas tienen algún trastorno del espectro autista. No hay causa conocida del TEA, aunque es probable que esté implicada una combinación de factores genéticos y ambientales.

El autismo se caracteriza por dificultades tanto en la comunicación verbal como en la no verbal, problemas con las interacciones sociales y una conducta que suele ser repetitiva. En los niños, los síntomas normalmente empiezan a mostrarse en los dos primeros años. En bebés, entre los posibles síntomas de autismo se incluyen:

---

14. Baving, L.; Laucht M. y Schmidt, M.: «Oppositional children differ from healthy children in frontal brain activation», *Journal of Abnormal Child Psychology*, 28(3) (junio de 2000), pp. 267-275.

- evitar el contacto visual;
- ausencia de balbuceo;
- no utilizar ni responder a las expresiones faciales, como, por ejemplo, la sonrisa;
- no hacer gestos ni aceptarlos, como, por ejemplo, darse la mano;
- no imitar las expresiones faciales, los sonidos y las palabras;
- no gustarle que le cojan y acunen, y no adelantar los brazos para que le cojan;
- no implicarse en juegos con personas;
- no seguir la mirada ni el señalamiento de otras personas;
- no responder a su nombre;
- no hacer ruido, ni llorar, para llamar la atención de los padres;
- no hablar ni utilizar palabras.

Los niños con autismo pueden tener grandes dificultades para dormir y muestran patrones de sueño muy alterados. Pueden considerar increíblemente difícil quedarse dormidos, o es posible que se despierten con frecuencia por la noche; o bien pueden sufrir ambos problemas. Puede haber también problemas con su conducta, en especial en contextos sociales, y pueden mostrar lo que muchas personas consideran conducta «mala» o «desagradable» en consecuencia. Por último, pueden tener dificultades con un exceso o un déficit de alimentación, que suele estar relacionado con problemas en sus sentidos corporales. El autismo también puede venir acompañado de discapacidad para aprender.

En el autismo están afectadas muchas áreas y funciones diferentes, y no hay un patrón neurológico claro. Las investigaciones sugieren que estas diferencias en el cerebro comienzan en una fase muy temprana de la vida, probablemente antes de nacer.[15] Los científicos han descubierto que, inmediatamente después del parto, los cerebros de bebés con autismo crecen más deprisa de lo normal; sin embargo, el crecimiento se ralentiza después, durante la infancia.[16]

---

15. Arndt, T.; Stodgell, C. y Rodier, P.: «The teratology of autism», *International Journal of Developmental Neuroscience*, 23 (2-3) (2005), pp. 189-199.
16. Geschwind, D.: «Advances in autism», *Annual Review of Medicine*, 60 (2009), pp. 367-380.

También han especulado sobre si el autismo se debe a un exceso de movimientos inusuales de las neuronas[17] o a una formación anormal de las sinapsis –o conexiones– del cerebro. Entre muchas otras hipótesis, también se cree que el neurotransmisor serotonina puede desempeñar cierta función.[18] Probablemente exista una multitud de distintas causas neurológicas del autismo, combinadas con otros factores fisiológicos.

Síndrome de Asperger

El síndrome de Asperger es una forma de autismo. Las personas con síndrome de Asperger tienen dificultades con las habilidades sociales, especialmente la comunicación, la interacción y la imaginación. Se dan cuenta de que les resulta difícil entender las conversaciones, las expresiones faciales y otro tipo de lenguaje corporal, además de los chistes y las ironías. A veces, quienes tienen síndrome de Asperger no logran reconocer los detalles sociales, como, por ejemplo, no interrumpir una conversación o involucrarse en una «cháchara informal», aunque suelen tener menos problemas con el habla que quienes tienen autismo, y normalmente no experimentan los mismos problemas de aprendizaje. Los niños con síndrome de Asperger también pueden experimentar dificultades sensoriales (sobre e infrarreactivos) y problemas para vivir de manera espontánea (sin seguir una rutina rígida), y a veces pueden tener obsesiones e intereses intensos.

Evitación patológica de la demanda (EPD)

Igual que quienes tienen síndrome de Asperger, las personas con EPD pueden tener dificultades en las situaciones sociales y con la comunicación. Sin embargo, suelen a tener mejor comprensión y ejecución de las habilidades de comunicación. Pueden tener que esforzarse con las expectativas y las demandas, normalmente cuando se sienten ansiosos

---

17. Schmitz, C. y Rezaie, P.: «The neuropathology of autism: where do we stand?», *Neuropathological Applications in Neurobiology*, 34 (1) (2008), pp. 4-11; Persico, A. y Bourgeron, T.: «Searching for ways out of the autism maze: genetic, epigenetic and environmental clues», *Trends in Neuroscience*, 29(7) (2006), pp. 349-358.
18. Levy, S.; Mandell, D. y Schultz, R.: «Autism», *Lancet*, 374, (9701) (2009), pp. 1627-1638.

debido a una falta de control. Debido a esto, pueden descubrir que la vida cotidiana les resulta complicada y, a menudo, es posible que se comporten de forma obsesiva y compulsiva, y sufrir cambios en el estado de ánimo. La personalidad de alguien con EPD puede parecer bastante controladora y dominante, sobre todo cuando se siente ansioso; sin embargo, por otra parte, pueden ser increíblemente enigmáticos, por lo general en momentos en que se reduce su ansiedad. Igual que el autismo y el síndrome de Asperger, la EPD es probable que esté causada por diferencias en el cerebro y la genética, en combinación con factores ambientales.

Criar a un niño que no sea neurotípico puede ser muy complicado, especialmente en lo referente a la disciplina, por lo que si sospechas que le puede ocurrir esto a tu hijo, consúltaselo a tu médico de familia y pide ayuda y consejo. La disciplina suave es apropiada para todos los niños, pero a veces se necesitan ideas e intervenciones especializadas si tu hijo tiene un problema específico. Hay muchas organizaciones que pueden aportar ayuda y consejos; encontrarás algunas enumeradas en la sección de recursos de la página 253.

Comprender cómo se desarrolla el cerebro de un niño es uno de los puntos básicos de la disciplina suave. Lamentablemente, muchos de los métodos de disciplina más comunes en la actualidad no están al tanto de esta fase de la vida del niño, algo que examinaremos con más detenimiento en el capítulo siguiente. La disciplina suave eficaz debería siempre tener en cuenta el nivel actual de capacidad cognitiva, tanto cuando se busque la causa de su conducta como si se desea encontrar una respuesta apropiada.

Capítulo 4

EL PROBLEMA DE LOS MÉTODOS DE DISCIPLINA COMUNES

Por ahora debería quedar claro que muchas de las técnicas de disciplina comunes utilizadas actualmente no tienen en cuenta el desarrollo neurológico y el aprendizaje. Gran parte de los consejos que los padres dan a sus hijos cuando éstos se comportan mal tiene como objetivo sólo controlar su conducta en ese momento, no descubrir la razón subyacente. Los resultados son rápidos y el esfuerzo parental necesario para lograrlos es bastante pequeño –y ése es su principal atractivo–, pero es un enfoque a corto plazo, y se ha pensado poco en los efectos en los hijos dentro de diez, veinte o treinta años. Como ocurre con todo en la vida, las soluciones rápidas suelen tener riesgos. Las dietas rápidas, por ejemplo, han demostrado no sólo que son poco saludables, sino que también hacen ganar más peso a largo plazo. Lo mismo ocurre con la disciplina de soluciones rápidas: los efectos a largo plazo no merecen ninguna mejora a corto plazo.

Como hemos explicado, la disciplina suave consiste en un aprendizaje y una enseñanza eficaces, dejando espacio entre las acciones de tu hijo y tus reacciones (*véase* página 12), y ser conscientes de cómo tu disciplina ayudará a moldear el individuo en que esperas que se convierta tu hijo en los próximos años. Por tanto, en este capítulo examinaré algunas de las técnicas de disciplina más comunes utilizadas en la actualidad, sus defectos y si tienen potencial para ser usadas de forma más amable e inmediata. Las situaciones de conducta específicas se examinan en los capítulos siguientes.

• Métodos de disciplina de solución rápida ineficaces •

Empecemos examinando los métodos más comunes que no tienen lugar en la disciplina suave. No sólo son ineficaces a largo plazo, sino que también pueden causar daños y un aprendizaje más difícil en el futuro. Son diametralmente opuestos a lo que esperas hacer al ejercer de padre consciente y respetuoso.

Los castigos, el hecho de ignorarlos, el aislamiento y las recompensas son los pilares de muchos estilos muy populares de ser padres. Examinemos por qué son una forma inadecuada de disciplina.

El problema de los castigos

Los buenos profesores inspiran a los niños a mejorar dándoles confianza. Cuando se castiga a los niños, no se les estimula para mejorar. En su lugar, sienten una desconexión con sus padres: «Si mi madre me quisiera, no me golpearía, gritaría ni me enviaría a mi habitación». En el capítulo 1 explicamos cómo esto puede ser un desencadenante de mala conducta. No tiene sentido para la disciplina hacer que los niños se desconecten más: todo lo que se consigue es aumentar el potencial para una conducta más indeseable haciéndoles sentir peor.

Para los niños, la forma en que actúas con ellos es una clara demostración de tu amor por ellos. Si les tratas mal, a menudo supondrán que ya no te preocupas por ellos. Este sentimiento está compuesto de castigos que se basan en la exclusión social, como aislarlos o mandarles que se coloquen al fondo de las escaleras. La conducta indeseada puede cesar temporalmente, pero sólo de esa manera. Además, no tiene lugar un verdadero aprendizaje. Todo lo que el niño ha aprendido, mediante un proceso de condicionamiento, es que tu castigo se asocia con una conducta determinada, y que para evitar el castigo debe evitar la conducta. Pero no ha aprendido a manejar una situación más eficazmente, a ser más sociable o a tener mejores costumbres y respetarte más.

El castigo no enseña más que a tener miedo, y una vez que se desvanece el miedo de la amenaza, vuelve la conducta, o resurge de un modo ligeramente distinto. Asimismo, aunque es bastante fácil castigar a los niños pequeños, cuando se aproximan a la adolescencia y empiezan a ganar altura ya no es tan efectivo.

Condicionamiento clásico y operante

Gran parte de la disciplina convencional funciona mediante un proceso de condicionamiento clásico u operante. Ambos son procesos de asociación, pero ninguno estimula un cambio subyacente en las creencias o un deseo de cambiar en los niños.

Condicionamiento clásico

El condicionamiento clásico es un efecto descubierto por el psicólogo Iván Pávlov. Explica el aprendizaje de una nueva conducta mediante el proceso de asociación en tres fases distintas:

- **Fase 1:** conlleva un estímulo incondicionado y una respuesta condicionada. Éstos producen una respuesta natural, no aprendida. Por ejemplo, saltar desde un trampolín puede hacer que un niño ría. La fase 1 también incluye algo conocido como estímulo neutro, algo que no tiene efecto de manera natural. Por ejemplo, un jardín sólo puede no suscitar una respuesta a menos que venga acompañado por el estímulo incondicionado, en este caso el trampolín.

- **Fase 2:** conlleva que el estímulo natural se asocia con el estímulo incondicionado. Éste entonces se convierte en un estímulo condicionado. Sin embargo, se pueden necesitar varias repeticiones para que el estímulo se convierta en condicionado.

- **Fase 3:** el estímulo condicionado se asocia con el estímulo incondicionado y ahora forma una respuesta condicionada. En el caso de las risas, los trampolines y los jardines, el niño ahora se reirá cuando esté en un jardín, incluso en ausencia de un trampolín.

Cuando lo ponemos en relación con la educación de los niños, podemos ver cómo el condicionamiento clásico puede suscitar una conducta (la respuesta condicionada). Sin embargo, esto no ocurre debido a un cambio en la motivación o una verdadera comprensión del impacto de su conducta. Basándose en esto, puede decirse que la disciplina basada en el condicionamiento clásico no es eficaz ni apropiada.

Condicionamiento operante

El psicólogo B. F. Skinner creía que el condicionamiento clásico era demasiado simplista y que no explicaba adecuadamente la conducta de los humanos. Afirmaba que era mejor examinar la causa de una conducta determinada y sus consecuencias. Esto se denomina condicionamiento operante.

El condicionamiento operante defiende que la conducta que se refuerza se fortalece, y que la que no se refuerza se extingue. Son estas respuestas, o lo que llamó operantes, lo que le interesaba a Skinner. Describió tres tipos de operante:

- **Operantes neutros.** Estas respuestas, procedentes del entorno o de otras personas, tienen un efecto neutro. No fortalecen ni extinguen una conducta.
- **Reforzadores.** Estas respuestas, procedentes del entorno o de otras personas, aumentan la probabilidad de que se repita una conducta.
- **Castigos.** Estas respuestas, procedentes del entorno o de otras personas, reducen la probabilidad de que se repita una conducta.

En el caso de la conducta infantil, por lo general utilizamos reforzadores, en forma de recompensas, y castigos. En ambos casos, las respuestas suscitan una respuesta del niño extrínsecamente motivada, es decir, manipulación conductual mediante factores externos. La conducta motivada extrínsecamente, como la que procede del condicionamiento operante, es buena para el cumplimiento a corto plazo. Sin embargo, sólo cuando la conducta es motivada intrínsecamente –cuando la motivación procede del interior del niño y aprende cómo hacerlo mejor– vemos cambios a largo plazo.

Castigo físico

El castigo físico, a veces conocido como castigo corporal, concuerda en gran medida con la clase de «castigo» del condicionamiento operante. Los padres que defienden las bofetadas, las azotainas, los golpes o cualquier otra acción parecida solían intentar que el acto fuera menos agresivo, afirmar que enseña respeto a los niños. No obstante, piensa en nuestra definición de «buen profesor»: ¿crees que se les tendría en estima si golpearan a los alumnos? ¿Si tu pareja te pega, sirve para que la respetes?

A pesar de las afirmaciones de quienes están a favor de la disciplina física, una investigación que examinó la conducta de 160 000 niños sugiere que el castigo físico aumenta la agresión, la conducta antisocial, las dificultades cognitivas y los problemas de salud mental.[1] No sólo la ciencia indica que el castigo físico de los niños es perjudicial, sino que también se ha descubierto que los niños que han sido golpeados tenían mayor probabilidad de desafiar a sus padres. En otras palabras, es ineficaz y crea más problemas. En su investigación, los resultados de Elizabeth Gershoff, profesora asociada en la Universidad de Texas, respaldaban que «pegar estaba asociado con resultados dañinos involuntarios, y no estaba vinculado con el cumplimiento más inmediato o a largo plazo, que son los resultados deseados por los padres cuando disciplinan a su hijo».

---

1. Gershoff, E. y Grogan-Kaylor, A.: «Spanking and Child Outcomes: Old Controversies and New Meta Analyses», *Journal of Family Psychology* (7 abril de 2016), archivo epub anterior a la publicación.

El problema de las recompensas

Partiendo de que el castigo es un mal regulador de la conducta infantil, podríamos presuponer que las recompensas son una buena alternativa. Después de todo, a todo el mundo le gusta las recompensas. Nos hacen sentir bien. ¿Estamos seguros de que el hecho de que los niños se sientan bien mediante recompensas es la solución?

Ignorar lo malo y recompensar lo bueno forma la base de muchos casos de crianza de los hijos actualmente. A los padres se les enseña a hacer un drama ante los niños, a añadir elogios y a ofrecer recompensas cuando se comportan de forma deseable. Una búsqueda rápida en Internet revela 726 000 entradas para el término «tabla con pegatinas» y 1 030 000 para «gráfico de recompensa». Las recompensas son un gran negocio en la actualidad. Las pegatinas se suelen utilizar para calmar a los bebés, detener las rabietas, animar a los niños a comer, a ordenar sus habitaciones, y mucho más. A la mayoría de los niños pequeños les encantan las pegatinas y, para el padre, no sólo son aparentemente eficaces, sino que también son baratas. Los niños mayores suelen ser recompensados con salidas especiales, juegos, dulces y, a veces, dinero.

Recompensar la buena conducta parece un juego en que se gana siempre, tanto para los padres como para el hijo. Los padres producen la conducta deseada en el hijo, y el hijo se siente bien con el trato. Sin embargo, por desgracia, los efectos positivos son superficiales. Las investigaciones científicas indican que este método aparentemente inocuo de control conductual puede no provocar la respuesta de aprendizaje deseada en nuestros hijos. Más importante es que las pegatinas de recompensa pueden en realidad influir en la conducta de tus hijos. La investigación que examina a los bebés descubrió que a quienes se les da una recompensa por una tarea era menos probable que la repitieran una segunda vez sin ofrecerles el premio, en comparación con los niños que no habían recibido una recompensa al principio.[2] Esto sugiere que las conductas de los niños pequeños están motivadas

---

2. Warneke, F. y Tomasello, M.: «Extrinsic rewards undermine altruistic tendencies in 20-month-olds», *Developmental Psychology*, 44(6) (noviembre de 2008), pp. 1785-1788.

intrínsecamente y se ven dañadas cuando se ofrece una recompensa extrínseca. Las recompensas son una forma de condicionamiento operante porque son reforzadores. Pueden controlar temporalmente a un niño mientras se les ofrece algo, pero no hacen nada por aumentar la motivación intrínseca: si eliminamos la recompensa, el niño ya no se comporta de la forma que deseamos.

Estudios posteriores investigaron la relación entre el uso de recompensas y la susceptibilidad de los niños a sus efectos negativos.[3] Los niños y sus padres estaban juntos, en parejas, asignados al grupo de control (no se ofrecían recompensas) o a uno de los cuatro grupos experimentales (cada uno de los cuales incluía una recompensa de algún tipo). A los niños se les pidió que ayudaran a su padre en una tarea, que podía ser cualquier cosa especificada por el experimentador.

Cuando la tarea se completó, a los niños se les dio la oportunidad de volver a ayudar, con la diferencia de que en esta ocasión no se ofrecía ninguna recompensa. Los investigadores descubrieron que los niños que fueron recompensados trabajaron bien en la primera tarea, pero era mucho menos probable en la segunda que quienes no habían recibido ninguna recompensa. También descubrieron que los niños que fueron recompensados y cuyas madres se mostraron positivas sobre la recompensa ayudaron más que los que recibieron una recompensa, pero cuyas madres se mostraron neutrales o negativas sobre el tema. A partir de esto, el investigador concluyó que el efecto de la recompensa puede estar también fuertemente vinculado a las acciones y las creencias maternales.

Como muestra la mayoría de las investigaciones, las recompensas pueden producir resultados rápidos, que es la razón por la que son tan populares para los expertos en crianza de hijos que vemos en la televisión. Entran en una casa donde las rabietas y las lágrimas están al orden del día y, al parecer, cambian la conducta de los niños en menos de tres días, a menudo ofreciendo recompensas por la «buena» conducta. Estos resultados inmediatos son buenos para la televisión, pero lo que no vemos es lo que ocurre una vez que las cámaras dejan

---

3. Fabes, R. A.; Fulse, J.; Eisenberg, N., *et al.*: «Effects of rewards on children's prosocial motivation: A socialization study», *Developmental Psychology*, 25 (1989), pp. 509-515.

de rodar. Después de la rápida mejora inicial, es bastante probable que el niño sólo se comporte bien cuando le ofrecen recompensas.

Las recompensas que aumentan la motivación extrínseca pueden también tener temporalmente un efecto muy negativo en la motivación intrínseca. Eso significa que, cuanto más recompenses a tu hijo por algo, menos probable es que repita la conducta. O, como dice el escritor y educador Alfil Kohn,[4] cuanto más queramos que nuestros hijos hagan algo, más contraproducente será recompensarles por hacerlo».

No tiene lugar un aprendizaje cuando los niños son disciplinados utilizando recompensas; el niño simplemente cumple porque sabe lo que se le ofrece. No aprende a diferenciar el bien del mal ni a convertirse en una mejor persona. Por eso muchos padres que utilizan tablas de premios tienen que seguir empleándolas, o recurrir a métodos cada vez más extremos de lo que de manera clara es un soborno para potenciar la conducta que quieren ver en sus hijos. Y aunque pueda ser sólo una pegatina hoy, ¿cómo consigues que un niño de trece años haga lo que le pides? Utilizando pequeñas recompensas cuando el niño es pequeño estarás creándote grandes problemas para cuando sea mayor.

Yo cometí el error de utilizar una tabla de recompensas con mi primer hijo. Encargamos una con su personaje favorito, Thomas the Tank Engine, y la pegamos con orgullo en la puerta de nuestro frigorífico. Usábamos grandes puntos rojos extraíbles, y cada vez que se comportaba de una forma que nos gustaba poníamos una pegatina sobre las vías del tren. Las pegatinas se colocaban con algarabía y aplausos, y le explicábamos por qué se las había ganado. Durante un tiempo, las pegatinas funcionaron y su conducta mejoró. Más tarde, olvidamos la tabla de recompensas. Si no estábamos en casa parecía estúpido añadir una pegatina cuatro horas después, cuando llegábamos a casa. Si nos íbamos de vacaciones, lo hacíamos sin la tabla y el espacio de dos semanas parecía generar una pérdida de interés. Mi hijo es un chico maravilloso, encantador y de buena disposición; sin embargo, casi siempre se le tenía que pedir que hiciera las cosas varias veces, y aún pregunta con frecuencia: «¿Qué me darás si lo hago?».

---

4. Kohn, A.: *Punished by Rewards: The Trouble with Gold Stars, Incentive Plans, A's, Praise and Other Bribes,* Houghton Mifflin, 2000.

Tal vez esto no tenga relación con la tabla de pegatinas, pero parece demasiada casualidad.

Utilizar las recompensas con los niños da como resultado, en última instancia, una conducta «si... entonces». Por ejemplo, «si me dejas salir con mi amigo, entonces haré mis deberes» o «¿si me como la cena, entonces me darás algo de chocolate?». Cada frase «si... entonces» nos adentra en un territorio cada vez más complicado y se hace más difícil reparar el daño hecho a la motivación intrínseca de tu hijo. Si te gustaría criar a un niño que quiere ayudar a la gente por ninguna otra razón que el hecho de que le guste hacerlo, o que trabaje con ahínco en el colegio simplemente porque disfruta superándose a sí mismo, entonces debes evitar las recompensas en la medida de lo posible.

Los efectos negativos de las recompensas no sólo están relacionados con los niños. Lo mismo es aplicable a los adultos. Investigaciones recientes han descubierto que algo conocido como memoria prosocial, recordar hacer algo para ayudar a otras personas, se ve negativamente afectada por las recompensas materiales.[5] Los investigadores creen que la competición entre ganar cosas para uno mismo, por un lado, y ayudar a los demás, por otro, genera un problema en la memoria, en lo relativo a la conducta prosocial. Esto tiene sentido si consideras los objetivos en competición entre las ganancias para uno mismo (recompensas) y el altruismo (ayudar a otros).

Distracción·

Si preguntas a padres cómo afrontan las rabietas y los comportamientos difíciles, más del 50 % dirá que normalmente intentan distraer a su hijo para que se concentre en otra cosa. En principio esto parece una buena estrategia. El niño se tranquiliza, lo mismo que el padre, se evitan las situaciones difíciles y todo el mundo está más contento. ¿No es verdad?

---

5. Brandimonte, M. y Ferrante, D.: «Effects of Material and Non-Material Rewards on Remembering to Do Things for Others», *Frontiers in Human Neuroscience*, 9 (diciembre de 2015), p. 647.

La distracción puede ser una de las herramientas para disciplinar más perjudiciales si se usa muy a menudo. Evita que los niños sientan, se expresen y, por tanto, manejen las emociones y, lo más importante, no les enseña nada útil para el futuro. Los niños aprenden una conducta socialmente aceptable y cómo autorregularse al permitírseles expresar cómo se sienten en un entorno seguro o, más en concreto, en presencia de alguien a quien quieras.

Imagina esta situación: acabas de descubrir que tu pareja te está engañando. Has llamado a tu mejor amigo con lágrimas en los ojos y has acordado verte con él en el parque de tu ciudad, para que pueda reconfortarte. Ahora imagínate a los dos sentados en un banco del parque. Comienzas a contarle tu historia a tu amigo y, mientras lo haces, tu labio superior empieza a temblar y a continuación lloras. Cuanto más hablas, más lloras, hasta que lo haces de forma incontrolada. Tu amigo puede responder de una de estas dos formas:

- **Respuesta 1:** tu amigo te abraza y te dice amablemente: «Todo va bien. Yo estoy aquí contigo, descárgate». Lloras con algo de más intensidad y las lágrimas siguen fluyendo durante otros diez minutos, pero al final tienes una leve sensación de alivio. Te sientes bien cuando dejas salir todas tus grandes emociones.

- **Respuesta 2:** tu amigo, en voz alta y con mucho entusiasmo, señala a los árboles y dice: «¡Mira una ardilla! ¿Puedes ver cómo sube al árbol?». Miras a tu amigo desconcertado mientras dice: «Mira, un puesto de helados. ¿Vamos y compramos un helado?». Te sientes tan conmocionado que dejas de llorar cuando empezáis a caminar juntos hacia el puesto de helados.

¿De qué forma quieres que reaccione tu amigo? Por muy bueno que sea el helado, supongo que prefieres la respuesta 1. Pero ¿por qué? Probablemente porque nos sentimos bien si nos escuchan cuando estamos tristes o disgustados. Nos sentimos bien al tener a alguien a quien queremos y confiamos en que nos ayudará con nuestros sentimientos. Nos sentimos bien al saber que no estamos solos en esa situación. Y, en última instancia, cuando se acaban las lágrimas, nos sentimos mejor por habernos descargado. Cuando nos distraemos se nos niega todo esto.

De igual modo, cuando distraes a un niño de sus emociones, impides que descubra que no hay problema con ellas. Le niegas la oportunidad de aprender a regular sus emociones, así como de que aprenda cómo manejar solo una situación difícil. Quizás lo más importante es que la distracción estimula al niño a reprimir sus emociones. Las emociones reprimidas pueden tener como consecuencia una de dos respuestas: internalización o externalización. Las investigaciones han descubierto que algo menos del 30 % de los niños experimenta conducta internalizada, y el 25 % experimenta una conducta externalizada en algún momento.[6] Sin embargo, esta conducta, o tendencia a ella, se reduce con una relación parental fuerte. Se sabe que las conductas de internalización y externalización aumentan cuando los niños entran en la adolescencia.[7] Las investigaciones han mostrado también que quienes externalizan durante la niñez es más probable que internalicen durante la adolescencia. Cuando un niño internaliza sus grandes sentimientos –los lleva hacia dentro– suele sufrir como consecuencia una baja autoestima, ansiedad y depresión, y puede también relacionarse con trastornos alimentarios,[8] abuso de sustancias, daños autoinfligidos y suicidio.[9] Externalizar los grandes sentimientos –proyectarlos en el mundo– puede tener como consecuencia una conducta agresiva y violenta, tanto física como verbal. Permitir a los niños que liberen sus emociones

6. Cabaj, J; McDonald, S. y Tough, S.: «Early childhood risk and resilience factors for behavioural and emotional problems in middle childhood», *BMC Pediatrics*, 14 (1 de julio de 2014), p. 166.

7. Wertz, J.; Zavos, H.; Matthews, T.; Harvey, K.; Hunt, A.; Pariante, C. y Arseneault, L.: «Why some children with externalising problems develop internalising symptoms: testing two pathways in a genetically sensitive cohort study», *Journal of Child Psychology and Psychiatry*, 56(7) (julio de 2015), pp. 738-746.

8. Zeiler, M.; Waldherr, K.; Philipp, J.; Nitsch, M.; Dür, W.; Karwautz, A. y Wagner, G.: «Prevalence of Eating Disorder Risk and Associations with Health-related Quality of Life: Results from a Large School-based Population Screening», *European Eating Disorders Review*, 24(1) (enero de 2016), pp. 9-18.

9. Grøholt, B.; Ekeberg, O. y Haldorsen, T.: «Adolescents hospitalised with deliberate self-harm: the significance of an intention to die», *European Child Adolescent Psychiatry*, 9(4) (diciembre de 2000), pp. 244-254.

cuando tengan lugar puede contribuir a reducir más tarde la conducta indeseable.

Otro problema de la distracción es que a los padres se les impide que aprendan mejor su función. Si un padre siempre distrae a su hijo cuando surgen situaciones potencialmente difíciles, nunca tendrán oportunidad de poner en práctica procedimientos más eficaces para disciplinar. Esto se hace problemático cuando los niños no responden a la distracción y se necesitan enfoques alternativos, y también cuando son mayores y la distracción ya no funciona en absoluto, haciendo que el acto de ser padres sea mucho más difícil.

A menudo me preguntan si hay lugar para la distracción. Mi respuesta es siempre la misma: «Sí, a veces, pero hay que usarla con mucha moderación y nunca convertirla en una de tus estrategias principales como padres». Si, por ejemplo, te encuentras en un funeral con tu hijo, tiene sentido distraerle en lugar de dejarle que exprese sus sentimientos gritando o llorando. En estas circunstancias, la distracción tal vez sea la mejor opción. Pero estas ocasiones son muy raras. (Consultar el capítulo 14, donde explico mi regla de 70/30: si te impones como objetivo no distraer a tu hijo al menos el 70 % del tiempo, creo que no hay problema en hacerlo el resto del tiempo, cuando la situación exija una solución rápida y silenciosa a los grandes sentimientos y la conducta difícil).

• Métodos de disciplina potencialmente suaves •

«No todos los métodos de disciplina convencionales son negativos e ineficaces»: estarás encantado de escuchar estas palabras. Hay algunos enfoques que, con una pequeña modificación, encajan muy bien en la filosofía de la disciplina suave. Examinémoslos.

Elogios

Los elogios son muy parecidos a las recompensas en lo relativo a la disciplina. Pueden considerarse reforzadores en lo referente al condicionamiento operante. No tienen por qué enseñar nada al niño. Si un niño hace algo bien, los elogios lo recompensan. Si no agrada al padre, entonces la ausencia de elogios comienza a actuar como un castigo. Si un niño se acostumbra a recibir una gran cantidad de elogios, puede convertirse en más «necesitado» por ello, y su autoestima puede pasar a depender de las opiniones de otras personas. Un niño con problemas de autoestima suele ser un niño que no se comporta bien.

El psicólogo infantil Haim Ginnot dijo un comentario muy famoso: «Los elogios, como la penicilina, no deben administrarse caprichosamente. Hay normas y precauciones que dirigen el uso de las medicinas potentes: normas sobre la hora de tomarlas y la dosis, precauciones sobre las posibles reacciones alérgicas. Hay regulaciones similares sobre la administración de medicina emocional».[10] Usados con cuidado y precaución, los elogios pueden ser una herramienta útil de disciplina; sin embargo, la mayoría de las aplicaciones normales de disciplina no son cuidadosas ni precavidas.

Los elogios eficaces —es decir, que tienen un efecto positivo sobre el comportamiento del niño, tanto a corto como a largo plazo— tienen las siguientes características que los diferencian de los elogios ineficaces o perjudiciales:

Específicos

Muchos padres dicen «¡Bien hecho!» si su hijo les enseña un dibujo que acaba de terminar. Pero ¿qué significa esto? Como mucho, es confuso para el niño. ¿Qué es lo que ha hecho bien? ¿Usó colores bonitos? ¿Pintó hábilmente? ¿Hizo un cuadro realista? «Bien hecho» no tiene sentido, utilidad ni valor. No ayuda al niño a aprender, ya que fracasa a la hora de decirle qué ha hecho de lo que debe sentirse orgulloso. Si te gusta la forma en que tu hijo ha dibujado un gato en un cuadro, entonces dile: «Me encanta tu gato. ¡Parece tan feliz!».

Basado en el esfuerzo y enfocado en el aprendizaje

Como dije antes, si un niño ha estado intentando atarse los cordones de sus zapatos durante tres meses, pero sólo le felicitas y le elogias

---

10. Ginott, H.: *Teacher and Child*, Avon Books, 1975.

cuando por fin lo consigue por primera vez, estás pasando por alto todo el duro trabajo previo realizado. El esfuerzo es mucho más importante que los logros. Elogiar el esfuerzo y concentrarse en lo que el niño ha aprendido le ayuda a desarrollar una mentalidad de crecimiento (*véase* página 49): «Has intentado con mucho esfuerzo atarte los cordones hoy; ¿qué crees que debes cambiar para hacerlo más fácil?». Elogiar a un niño simplemente por sus logros, por otra parte, desarrolla una mentalidad fija (*véase* página 49). Aprende que el esfuerzo no importa a menos que logre resultados, y si no los consigue, puede que tampoco se esfuerce. Elogiar sin pensarlo pasa por alto el potencial para un crecimiento futuro. Si un niño no consigue algo, concéntrate en cómo puede reflexionar sobre el éxito de futuros aprendizajes: «Obtuviste una nota excelente por ese trabajo. ¿Qué crees que has hecho bien en esta ocasión?».

Cualidades variables

Los niños sólo deben elogiarse por cosas para las que tengan el poder de cambiar. «Eres tan guapo», «eres tan inteligente» y «mi chica bonita» pueden tener efectos potencialmente negativos. El niño no puede cambiar su aspecto ni su inteligencia innata, por lo que elogiarle por cualidades que están del todo fuera de su control lo debilita. Lo que ocurre cuando crece y se siente insatisfecho con su aspecto puede ser algo por lo que se le ha elogiado una y otra vez durante su infancia. ¿Qué ocurre cuando tiene que esforzarse en el colegio después de que le has estado llamando inteligente durante tanto tiempo? Como mucho, no te creerá y, en el peor de los casos, puede añadirse a cualquier decepción o sentido del fracaso que sienta.

Recuento de hechos

El recuento de hechos es exactamente lo que parece: comentar las acciones de tu hijo, tal como podrías comentar un partido de fútbol o una carrera de Fórmula 1: «Oh, Ben está construyendo una torre realmente grande... uno, dos, tres; guau, puedo contar diez bloques de altura»; u «Olivia está jugando con los coches de juguete, creo que va a hacerlos correr... Me pregunto cuál ganará». El recuento de hechos puede parecer extraño al principio, ya que no es una forma especialmente natural de hablar. Sin embargo, las reacciones de tu hijo harán que valga la pena el esfuerzo y, con el paso del tiempo, la técnica se hace mucho más natural.

Hacer preguntas

Hacer preguntas a un niño puede no ser un elogio directo, pero puede ayudarle a sentirse válido y orgulloso. Si está haciendo construcciones de juguete con bloques, pregúntale: «¿Qué estás construyendo? Parece divertido». O ¿por qué decidiste hacer azul la casa? ¿Por qué quisiste construir una casa?». Las respuestas demuestran que tu hijo está interesado en lo que está haciendo, y este interés ayuda a desarrollar su autoestima, para que pueda pensar que su madre y su padre están al tanto de lo que hace.

Valorativo o descriptivo

Con los elogios valorativos, al niño se le ofrece una profunda información, por parte del padre, sobre lo que ha hecho y por qué el padre lo valora. Esto le permite entender por completo el elogio y asimilarlo. El elogio valorativo es descriptivo, por lo que, en lugar de decir a tu hijo: «Eres una chica muy buena», describes claramente lo que te hace feliz: «Te vi recoger todos los juguetes y meterlos en su caja; ahora todo está perfecto y ordenado, ¿verdad? Eso nos permitirá tener mucho más espacio para jugar juntos después». Este tipo de elogio hace que el niño se sienta reconocido y valorado.

Los elogios son tal vez una de las cosas más difíciles de cambiar cuando empiezas a disciplinarlo de una forma suave. A la mayoría de nosotros nos han educado con elogios durante toda nuestra vida, ya sea de nuestros padres, de nuestros profesores o de nuestro jefe. Romper este hábito es difícil, por lo que hay que hacer una excepción. No hay problema si te equivocaste y elogiaste involuntariamente; tan sólo sé consciente de lo que has dicho y promete intentar utilizar un elogio más eficaz en la siguiente ocasión. Con el tiempo llegará, pero normalmente los primeros meses, incluso años, son difíciles. La clave a la hora de usar los elogios como una forma de disciplina suave es recordar que se basen en el esfuerzo, no en los resultados, y que sean específicos y descriptivos.

Consecuencias

La definición del diccionario de «consecuencia» es: «Un resultado o efecto, normalmente molesto o desagradable». Las consecuencias forman parte de la disciplina, especialmente las principales versiones suyas. La promesa subyacente a las consecuencias, en la mayoría de las formas de disciplina, consiste en enseñarle al niño que sus decisiones y conductas tienen resultados indeseables. Cada vez que hagan (o no hagan) algo –por lo general relacionado con una petición de los padres– se supone que aprenden que el resultado de su conducta es indeseable para ellos, siendo la idea que ellos después intenten evitar la consecuencia modificando su conducta. De muchas maneras, las consecuencias pueden considerarse un castigo. La razón para esto es que hay una línea muy fina entre las consecuencias eficaces que sirven para enseñar a los niños y ser mejores, y la que les hacen sentir mal sin tener por qué enseñarles algo, debido a su incapacidad para pensar de forma crítica, analítica e hipotética (*véase* página 106).

Utilizadas incorrectamente, las consecuencias pueden inclinar la balanza del poder hacia los padres. Esto puede parecer atractivo, pero no cumple la descripción de un profesor bueno y eficaz. Recordar que una sensación de falta de control es un desencadenante para la conducta indeseable en los niños también nos ayuda a entender por qué las consecuencias pueden ser una herramienta de disciplina ineficaz que tiene potencial para empeorar el comportamiento, no mejorarlo. La clave para usar las consecuencias de modo suave es considerar el efecto que esperamos lograr, y si es justo, apropiado para su edad y proporciona una buena oportunidad para aprender. En términos de ser apropiado para la edad, como regla general, el uso de las consecuencias es más adecuado para los niños mayores debido a las habilidades cognitivas necesarias para procesarlas. Si tienes alguna duda, es mejor evitarlas.

Examinemos algunas de las consecuencias más comunes en uso actualmente, y si pueden considerarse suaves y eficaces, y si hay alternativas mejores.

Consecuencias ilógicas

En muchos casos, las consecuencias son del todo ilógicas. Es decir, no hay relación directa entre lo que el niño tiene o no tiene y lo que el padre se propone como consecuencia. Si la consecuencia no está claramente relacionada con la conducta del niño, puede ser confusa y considerada como un castigo. Este castigo con seguridad no es el efecto deseado. Es probable que los niños castigados con consecuencias ilógicas sientan resentimiento hacia sus padres, lo cual, como hemos visto, puede causar una desconexión o una conexión frágil. La relación fracturada entre padre e hijo tiende entonces a empeorar la conducta del niño. Si no hay ninguna oportunidad de aprender clara y lógica, el niño no modificará su conducta interna y permanentemente, y es probable que repita la conducta no deseada, o algo similar. Las consecuencias ilógicas son moralizantes y carecen de comprensión e intuición.

Los padres que utilizan consecuencias ilógicas suelen encontrarse en una batalla de voluntades con su hijo. A menudo terminan generando tantas consecuencias —quitarle cosas, prohibirle ciertas actividades y enviarle a su habitación— que el niño se convierte en casi inmune, y puede que piense: «Bueno, he perdido todo lo que me gustaba, pero no importa lo que haga ahora». La conducta indeseable puede continuar y, con el tiempo, empeorar.

Entre los ejemplos más comunes de consecuencias ilógicas se encuentran los siguientes:

- El niño se niega a ordenar su habitación, por lo que se queda sin paga una semana.
- El niño se niega a hacer los deberes, por lo que los padres le prohíben asistir a la fiesta de cumpleaños de un amigo.
- El niño golpea a otro niño del grupo de juego, por lo que el padre le dice que no le comprará su revista semanal en el supermercado el próximo día.

En cada uno de los casos anteriores, las consecuencias no tienen relación con la conducta. En realidad son sólo un castigo, del que el niño no aprende en ningún sentido. Y, en su mayor parte, el padre no intenta comprender la motivación o las razones de la conducta de su hijo. En efecto, al niño se le castiga simplemente por luchar contra algo. Esto tiene el potencial de estimularle a internalizar sus sentimientos, lo cual genera un mayor grado de inquietud, que puede explotar en forma de algo más grande en el futuro.

Consecuencias lógicas

Las consecuencias lógicas funcionan con los niños, no contra ellos. Están libres de juicio y ayudan a tomar decisiones y aprender. Funcionan con un sentido de respeto mutuo. Cada consecuencia lógica es una oportunidad para aprender y ayuda a los niños a dar sentido a la forma en que funciona el mundo. Se aplica firmemente, pero también de modo justo y comprensivo, si su premisa es sólida y suave. Sin embargo, el problema es que muchos padres las utilizan mal aplicándolas a niños que son demasiado pequeños para poder entenderlas.

Las consecuencias lógicas, por definición, se basan en un niño que tiene un buen entendimiento del pensamiento lógico. También requieren cierto grado de pensamiento hipotético. En el capítulo 3 aprendimos que estas habilidades cognitivas están asociadas con el lóbulo frontal del cerebro (*véase* página 62), la última sección en madurar por completo. Los niños no tienen un buen grado de pensamiento lógico e hipotético hasta que entran en la pubertad. Esto no significa que carezcan de estas habilidades por completo cuando son más pequeños, sino que serán muy inmaduros. Para aplicar eficazmente las consecuencias lógicas, el niño debe tener al menos siete años de edad.

Las consecuencias lógicas pueden funcionar bien con niños mayores, en especial los que se acercan a la adolescencia. Lo ideal es que el niño participe en la elección: pregúntale cuál cree que debería aplicarse o dales varios para elegir uno. Cuanto más se implique el niño con la consecuencia, mejores serán las oportunidades de aprendizaje. Sobre todo, las consecuencias se acordarán por anticipado con el niño.

A continuación, algunos ejemplos de consecuencias lógicas:

- Tu hijo está escuchando música en voz alta en la sala de estar, mientras que tú estás intentando hacer una llamada telefónica importante. Dejas la llamada en espera y le explicas tranquilamente que te estás esforzando por hablar. Le preguntas a tu hijo si prefiere bajar el volumen de la música mientras hablas por teléfono, o que la apague y se vaya a otra habitación para poder escuchar la música al mismo volumen.

Con esta consecuencia dejas claro que la conducta actual de tu hijo no puede seguir igual; sin embargo, has mostrado comprensión por el hecho de que está disfrutando de la música. Le has dado dos alternativas que tienen en cuenta tus necesidades. Has permitido a tu hijo elegir la opción que prefiera, dándole algo de autonomía. Por último, le has enseñado a respetar las necesidades de otros y especialmente que, cuando alguien tiene una conversación importante, debe guardar silencio.

- Tu hijo llega a casa del colegio y te dice que ha perdido su caja para el almuerzo por tercera vez ese mes. Le dices que tendrá que encontrar algo para llevar su almuerzo al colegio. Las opciones que tiene son encontrar la caja para el almuerzo, sustituirla por otra nueva comprada con su propio dinero o utilizar una vieja caja o un envase de plástico, hasta que encuentre la antigua o que tú tengas suficiente dinero para comprar otra nueva.

Aquí muestras comprensión hacia tu hijo, pero también has indicado que debe tener cuidado con sus posesiones, ya que no siempre pueden reemplazarse al instante. A tu hijo no le has reprendido, gritado o castigado, pero has dejado bien claro que no vas a salir a comprar una nueva caja para el almuerzo y le has dado opciones por si no está contento con ésta.

A continuación ofrezco un ejemplo de una consecuencia lógica que utilicé con mi hijo adolescente. A mis niños les permito una hora de pantalla al día, que suelen pasar jugando con la videoconsola. Por lo general puedo confiar en ellos para que apaguen la consola cuando se les acaba el tiempo, pero a veces tengo que recordárselo si están absortos en un juego. En una ocasión en concreto, yo estaba ocupada y olvidé recordarle a mi hijo que apagara la consola, aunque sospecho que él se había dado cuenta de que había pasado el tiempo. Cuando vi que había estado con la consola unas dos horas le dije que había terminado su tiempo y que tenía que apagarla inmediatamente. Se disculpó y yo le pedí que pensara en una consecuencia con la que se sintiera contento. Él contestó: «Bueno, si no disfruto de mi hora de mañana, compensará la hora extra que he tenido hoy». Entonces recordó que tenía un amigo que iba a venir a casa el próximo día y que habían planeado jugar un partido en la consola. Se alteró bastante con este pensamiento y me preguntó si podía pasar la hora al día posterior a la visita de su amigo. Estuve de acuerdo y, como acordamos, no tocó la consola dos días después.

A continuación, un ejemplo de consecuencia lógica que utilicé con mi hija preadolescente. No suele tener ordenada su habitación, y de vez en cuando tenemos que hacer una rápida recogida de cosas para poder ver el suelo de nuevo. Yo le había pedido que ordenara su habitación un sábado por la mañana y teníamos planes para salir a almorzar el mismo día. Le recordé que necesitábamos salir a las doce, y que su habitación debía estar recogida para entonces. Media hora antes de que saliéramos fui a comprobar cómo iba y la encontré sentada en su cama, leyendo un libro, con su habitación tan desordenada como siempre. Le dije que sólo faltaba media hora para salir, y que si quería venir a almorzar tenía que darse prisa. A las doce volví a la habitación para descubrir que no había hecho apenas nada. En ese momento le dije que no podíamos salir a almorzar porque su habitación seguía hecha un desorden y ahora no quedaba tiempo para ordenarla. Ella lloró y yo le pregunté si le gustaría ayudarme. Ella asintió. Pasamos las dos horas siguientes ordenando la habitación y, cuando terminamos, le pregunté si quería que le hiciera algo para comer, puesto que había dejado escapar la oportunidad de salir conmigo y no había comido aún. Durante el almuerzo en casa, hablamos sobre el hecho de que no habíamos salido a comer juntas y cómo la semana siguiente ella ordenaría su habitación en cuanto se lo dijera, por lo que podríamos hacerlo entonces.

Cuando decidas algo sobre tus consecuencias –sobre todo en compañía de tu hijo–, debe aplicarse de manera consistente cada vez que tenga lugar la conducta. Efectivamente, las consecuencias lógicas se convierten en los procedimientos que haremos cumplir en los niños de más edad.

Consecuencias naturales

Las consecuencias naturales tienen lugar como resultado natural de algo que el niño ha hecho o no ha hecho. Como tales, no las elige el padre ni el hijo. Son respuestas automáticas y rápidas que tienen un elemento de riesgo, y es este riesgo, cuando ocurre, lo que puede ayudar a configurar la conducta del niño (aunque algunas consecuencias naturales deben repetirse varias horas antes de que hagan efecto).

A continuación ofrezco algunos ejemplos de consecuencias naturales que pueden ser apropiadas para niños de más de tres años:

- Perseguir a una abeja: puede tener como consecuencia una picadura.
- Tocar un radiador caliente: dañará las manos.
- Jugar con una pelota cerca de una alcantarilla abierta: la pelota puede perderse para siempre.
- No ponerse el abrigo cuando hace frío: puede coger un resfriado.
- Un niño que diga algo malo puede ser excluido por sus amigos.
- No ponerse los zapatos en el jardín: puede pisar una espina.
- Jugar con una galleta cerca de una piscina hinchable: puede caer al agua y ser incomestible.
- Poner su juguete electrónico favorito en el cuarto de baño: el juguete no funcionará más.
- Correr demasiado rápido cuesta abajo: puede caerse.
- No quedarse quieto cuando un gato se sienta en su regazo: el gato puede caerse.
- No llevar capucha o utilizar un paraguas en la lluvia: se mojará.

Las siguientes son consecuencias naturales que claramente son demasiado peligrosas para permitírselas a los niños:

- Poner las manos en un fuego: tiene como consecuencia una quemadura.
- Correr por la carretera: puede tener como consecuencia ser atropellado.
- Tocar cuchillos afilados: puede tener como consecuencia sufrir un corte.

- Correr por el borde de una piscina: podría caerse.
- Molestar a un perro: puede que le muerda.

Debido a los riesgos que implican, las consecuencias naturales deben considerarse cuidadosamente en relación con la edad del niño. Generalmente, no son apropiadas para niños de menos de tres años, porque es improbable que entiendan la consecuencia y pueden, por tanto, correr el riesgo de tener algo desagradable como consecuencia. Sin embargo, cuando tienen tres años, las consecuencias naturales pueden utilizarse para que aprendan, pero sólo en situaciones en las que el peligro sea apropiado para la edad y seguro.

Las consecuencias naturales deben siempre ocurrir justo después del evento. Si se retrasan no son naturales. Asimismo, sólo se les debería permitir ocurrir si implican directamente al niño y a nadie más. Por tanto, por ejemplo, si vas a salir un día y tu hijo se niega a vestirse y pierdes el tren, esto no sólo les afecta a ellos: todos los miembros de la familia sufren.

Una consecuencia natural con la que muchos padres parecen luchar es la idea de que los niños no coman. La consecuencia natural de un niño que se niega a comer sería que se va a la cama con hambre. Si no quiere comer su cena porque no tiene hambre, no hay problema. Sin embargo, si decide que tiene hambre una o dos horas después, no se le debe negar la comida. De igual modo, si un niño no come la cena porque no le gusta la comida ofrecida, no se le debe negar otra comida. Si un adulto se niega a tomar una comida, tiene la opción de comer después, cocinando otra cosa o pagando para que se la traigan a casa. Los niños no tienen ese privilegio. Si mi hijo se niega a comer su cena, le pregunto por qué. Si la respuesta es que no tiene hambre, le daré la posibilidad de poner la cena en el microondas para que pueda calentársela más tarde. Si se niega a comer porque no le gusta lo que le ofrezco, entonces le sugiero otra cosa fácil y rápida. Nuestras alternativas habituales son cereales de desayuno o tostada con algo untado. Éstas son las únicas opciones, pero están siempre disponibles por si mis hijos no quieren comer lo que he preparado, aunque hayan pedido la comida. Negar la comida a un niño no es una consecuencia natural apropiada, es un castigo.

Consecuencias positivas

Las consecuencias positivas tienen lugar cuando un niño se comporta de una forma deseable y se le recompensa mediante un resultado natural no planeado. Por ejemplo, si estás ordenando la casa después de cenar y ellos te ayudan sin que se lo pidas, la tarea conllevará mucho menos tiempo y tal vez decidas que podéis ir al parque antes de ir a dormir.

El uso de consecuencias positivas puede reforzar y fortalecer la conducta positiva en los niños. Sin embargo, los padres deben ser conscientes de que, si la consecuencia positiva es planeada, se convierte en una recompensa, y las recompensas están cargadas de problemas, como hemos visto y volveremos a ver en el capítulo siguiente.

Las consecuencias pueden ser una ayuda útil para la disciplina si se usan correctamente de acuerdo con la edad. Usadas menos conscientemente, su efecto puede ser el opuesto al deseado. La tabla siguiente resume los diversos tipos de consecuencias:

Tipo de consecuencia	Recomendación de edad mínima	Temporización en relación con la conducta	¿Qué es?
Consecuencias ilógicas	Nunca	Suele ser demasiado tarde	Un castigo sin relación con la conducta del niño
Consecuencias lógicas	Siete	No más de unas horas	Un resultado relacionado directamente con la conducta del niño, elegida por el padre y/o el niño
Consecuencias naturales	Tres	Inmediata	Un resultado natural, automático, no elegido por el padre o el niño
Consecuencias positivas	No hay un mínimo	Inmediata	Un resultado positivo y automático no planeado con antelación. No elegido por el niño

Como hemos explicado en este capítulo, la disciplina convencional suele estar muy alejada del punto óptimo cuando pensamos en ella desde una posición consciente. Las técnicas defendidas son inapropiadas en relación con las capacidades psicológicas de los niños, y se les suele castigar pensando poco en las consecuencias a largo plazo. Muchos de los métodos tienen el potencial de *empeorar* la conducta, ya que desencadenan emociones difíciles en los niños. Volviendo a la idea de enseñar y aprender, y lo que esperamos mostrar a nuestros hijos, nos damos cuenta de que muchos métodos convencionales de disciplina son malos ejemplos. Sin un modelo a seguir, sin atributos positivos a los que aspirar, su conducta a menudo puede ir a peor. La lucha por el control sirve sólo para activar al niño, tal vez no inmediatamente, pero sí en los meses y años que están por venir.

Dicho esto, los enfoques convencionales no son todos malos. Es posible trabajar con algunos de ellos, configurándolos para encajar contigo y con tu hijo, con un poco de planificación y comprensión. (Hemos visto cómo pueden utilizarse los elogios y las consecuencias de un modo más eficaz y suave, por ejemplo). Esto es algo que me gustaría que tuvieras en cuenta cuando pasemos al capítulo siguiente, sobre educación convencional.

Capítulo 5

DISCIPLINA ESCOLAR

Saber que los castigos y las recompensas son malos procedimientos para disciplinar a los niños puede hacer que muchos padres estén confusos sobre los métodos utilizados en las clases, donde se ha insistido en las recompensas y los castigos –la motivación extrínseca– desde que existen los colegios. Puede que ya no podamos utilizar la vara ni las orejas de burro, pero, en la mayoría de los casos, la disciplina practicada en la escuela es una cuestión de hacer lo que siempre se ha hecho, con muy poco pensamiento para cualquier cosa externa a este sistema profundamente arraigado.

La disciplina escolar, sobre todo hoy en día, cuando las clases están abarrotadas y la reclutación y mantenimiento de profesores está decayendo, se concentra en gran medida en el control de multitudes. En este enfoque de disciplina para las masas, las necesidades individuales de los niños tienden a ignorarse. El énfasis está en el control y la conformidad; la escuela controla; los niños deben mostrar conformidad.

Esta observación no conlleva una crítica a los profesores ni a determinados colegios. Conozco personalmente a muchos profesores que siguen la disciplina suave; sin duda, aprendieron las mismas teorías de que trato en este libro en la universidad, mientras se formaban. Mediante la escolaridad de mis hijos he llegado a encontrar muchos que apoyan, son apasionados, les gusta educar, son inspiradores y el verdadero epítome del papel del «buen profesor» que hemos tratado aquí bastante. Estoy segura de que si fuera por ellos, los colegios serían muy distintos. Gran parte del problema nace de las exigencias del gobierno, que escamotean la autonomía que los profesores necesitan para disciplinar eficazmente y para lograr los estándares requeridos de ellos. Y las escuelas suelen establecer políticas de comportamiento que inhiben a los profesores de trabajar con sus estudiantes de la forma que les gustaría.

Incluso sin exigencias poco realistas, los profesores puede que tengan que esforzarse para controlar su clase debido a unos cuantos niños cuya conducta es tan mala que el tiempo necesario para disciplinarlos conlleva que su atención y enfoque sean muy pequeños para el resto de la clase. A veces, estos niños proceden de hogares donde no hay disciplina o la disciplina es autoritaria, donde el niño vive en un estado constante de miedo y rebelión. En otras ocasiones, los niños viven con necesidades educativas especiales no diagnosticadas, como el mal apoyo y el mal diagnóstico en la mayoría de las áreas. Algunos niños van al colegio sin abrigo, con ropas sucias y muertos de hambre, y requieren que el profesor se ocupe de ellos para que su desventaja no sea tan grande. Con todo esto, con montañas de trabajo burocrático, planificación de lecciones, tareas escolares y una mayor preparación de los exámenes, no es de extrañar que tantos profesores queden frustrados por no poder enseñar como quisieran. No debemos llamarnos a error: en la mayoría de los casos, la disciplina desfasada, ineficaz y no suave utilizada en los colegios actualmente no es culpa de los profesores.

Pero ¿cuáles son las consecuencias para nuestros hijos? Hemos llegado a una situación en que la motivación intrínseca de alumnos tan pequeños como los de cuatro años se ve dañada para controlarlos en un sistema roto e incluso más comprobado que no cubre ninguna de sus necesidades. Nos llevaría mucho tiempo alejarnos del actual régimen de recompensas/castigos, que, irónicamente, disminuye la individualidad necesaria para comenzar esta revolución.

Por ahora, en la sociedad permanece profundamente arraigada la creencia de que los niños se comportan mal en el colegio porque carecen de motivación para hacerlo mejor. Esta creencia lleva a los legisladores a utilizar las recompensas para aumentar la motivación a fin de comportarse de formas que se consideran deseables, y castigos para reducir la motivación para comportarse de maneras que se consideran indeseables. Este problema fundamental lo trata el escritor y experto en educación John Holt:

> La idea de que los niños no aprenderán sin recompensas y castigos, o en la inmoral jerga de los conductistas, «refuerzos positivos y negativos», suele convertirse en una profecía autocumplida. Si tratamos a los niños el tiempo suficiente como si eso fuera cierto, llegarán a creer que es verdad. Muchas personas me han dicho: «Si no hacemos que los niños hagan cosas, no harán nada». Incluso peor, afirman: «Si no estuviera hecho para hacer cosas, no haría nada». Es el credo de un esclavo.[1]

Aunque no queremos ser alarmistas, concentrarse sólo en lo positivo no sería realista, ni sin duda especialmente útil. La tarea de ser padres no siempre consiste en cosas positivas. Está llena de altibajos. Si utilizas, o piensas utilizar, la educación estatal, la disciplina en los colegios no es un problema que se pueda ignorar. Creo que la preparación y la comprensión son las claves para moverse bien en estas aguas, y en este capítulo trataré ambas cosas.

En primer lugar, quiero examinar los principales problemas de la disciplina escolar actual. Sin embargo, es importante que explique cómo puedes ayudar a tus hijos a afrontar el sistema y cómo puedes cambiarlo. Como he dicho muchas veces, eres el principal profesor de tu hijo; nunca subestimes tu propia importancia y el efecto que puedes tener sobre tu hijo, por encima de cualquier profesor.

• Disciplina escolar: los problemas •

Examinemos las principales presuposiciones y aplicaciones de disciplina con que puedes encontrarte –o tal vez ya lo hayas hecho– en el colegio.

---

1. Holt, J.: *How Children Fail*. Penguin Books, 1974.

La creencia incorrecta de la motivación

Si un niño se comporta mal en la escuela, la presuposición universal es que le falta motivación para hacer mejor las cosas. Si un niño no puede terminar sus deberes, o no se concentra durante las clases y chismorrea con los amigos, se suele presuponer, de nuevo, que debe ser motivado para que se comporte mejor. Normalmente, el niño terminará cubierto de pegatinas que dicen he escuchado bien hoy» o «he hecho bien la tarea hoy»; o llegará a casa con certificados de logros o será recompensando con puntos que pueden cambiarse por un regalo.

Si un niño perturba la clase, pierde los nervios fácilmente, o es verbal o físicamente violento, de nuevo se presupone que necesita que le motiven mejor. Podría ser retenido en la hora del recreo, después de la escuela, o incluso aislado o suspendido.

En todos los casos, el colegio ignora completamente el verdadero problema y castiga al niño por tener un problema. Aunque las recompensas tal vez no se parezcan a los castigos, lo son si permanecen más allá del alcance del niño. Se les puede decir: «No hiciste nada bien hoy, por lo que no recibes nada bueno». Concentrándose en la motivación, como hemos visto previamente (*véase* páginas 46 y 104), es un camino erróneo, porque el problema es más probable que consista en alguna capacidad.

Recompensar o castigar a los niños por una conducta determinada supone que existe la capacidad para cambiarla. Aparte de requerir un nivel enorme de pensamiento lógico e hipotético que puede no estar presente a una edad más joven (*véase* página 94), la idea de que un niño simplemente está desmotivado para cambiar y que ofrecerle una zanahoria proporcionará el incentivo necesario es errónea. La mayoría de conductas indeseables en el colegio están causadas por niños que experimentan dificultades, tal vez relacionadas con amigos, la casa, algo de naturaleza sensorial, concentración o una ausencia de comprensión. ¿Cómo solucionan estos problemas las recompensas y los castigos? No lo hacen. De hecho, es probable que hagan que el niño se sienta aún peor, destacando el hecho de que no tiene las habilidades necesarias para cambiar su conducta. Esto, a su vez, daña su autoestima y cualquier motivación intrínseca preexistente.

En el caso de un niño que no se concentra en el colegio –es decir, se mueve constantemente, habla durante las clases o tal vez sueña despierto–, la mayoría de los colegios expulsarán al niño de la clase por perturbarla, y quizás pidan a los padres que acudan para hablar con el tutor, haciendo un informe sobre el niño o incluyéndole en un esquema en el que se ofrece una recompensa por una conducta mejor. Cada uno de estos enfoques comienza con el supuesto de que el niño sabe cómo y, en efecto, puede cambiar su conducta. Y si no puede, entonces se le castiga. La acción correcta en este caso sería buscar la causa de la conducta. ¿Por qué no se concentra el niño? ¿Está cansado? ¿Puede ver y oír adecuadamente? ¿No tiene en cuenta el profesor los diferentes estilos de aprendizaje? ¿Se espera que el niño se quede sentado quieto durante demasiado tiempo? ¿Se beneficiaría de descansos habituales y que se le permitiera moverse o tener un objeto para manipularlo? ¿Comprende lo que se dice en las lecciones? ¿Se beneficiaría si recibiera clases particulares, para estar al mismo nivel que sus compañeros? ¿Cómo percibe el colegio? ¿Tiene confianza o sufre algún problema? ¿Hay alguna posibilidad de que el niño tenga algún problema o discapacidad relacionadas con el aprendizaje? Cuando las escuelas hacen estas preguntas pueden pensar en cómo ofrecer ayuda a medida. Cuando a los niños se les trata como individuos y se les ayuda a comportarse de forma más aceptable, es cuando realmente tienen lugar cambios. Los padres deberían preguntar en el colegio de su hijo: «¿Por qué se está portando así mi hijo?», antes de que la escuela se involucre con un «¿cómo vamos a motivar a este niño para que se comporte mejor?».

En el caso de un niño violento, o uno abusón, la escuela podría preguntar: ¿Por qué? ¿Por qué se comporta el niño de este modo? ¿Qué le ha hecho sentirse tan incómodo? ¿Están abusando de él? (Acosar a otros suele ser un síntoma de que el niño sufre acoso). ¿Se esfuerza por controlar su temperamento? ¿Echa en falta regular sus emociones y capacidades de inteligencia?». Hacer estas preguntas es reconocer que el niño está de algún modo sufriendo y ayuda a resolver sus problemas. Motivarle mediante castigos y recompensas no cambia su sufrimiento; simplemente añade más, castigándole por tener un problema.

Niños etiquetados y mentalidades fijas

Tal vez uno de los efectos más dañinos de los principios comunes de disciplina en la escuela sea las autocreencias de los niños y su autoestima. Irónicamente, muchos colegios hablan sobre enseñar a los niños a tener una mentalidad de crecimiento, pero su política relativa a la conducta fomenta tener una fija. Cuantos más niños sean castigados por su comportamiento (también mediante recompensas), mayor será la probabilidad de que desarrollen una mentalidad fija. Si el niño es incapaz de cambiar su conducta debido a una falta de capacidad, entonces pronto llegará a creer que es cualquier cosa que la gente diga sobre él; que esto es quien es. Los niños pueden etiquetarse fácilmente como desobedientes, difíciles, perturbadores o violentos, aunque estas palabras nunca las digan los profesores. Un niño que sufre constantemente por su conducta, y que sea tratado de forma distinta a sus iguales porque tiene la capacidad de cambiar, pronto pensará que no merece la pena intentarlo.

De nuevo, tomarse tiempo para descubrir la causa de la conducta del niño y trabajar con ella, en lugar de utilizar recompensas y castigos, ayuda a saber que alguien está de su lado. En este momento no tienen capacidad para cambiar ellos solos, pero en el futuro la tendrán, gracias a alguien que cree en ellos. Esta esperanza obra maravillas para su autoestima, y considerar que muchas «conductas inapropiadas» tienen lugar cuando un niño se siente mal, saber que obtienen ayuda puede ser un incentivo para la mejora, mientras se desarrollan las nuevas habilidades.

Examinemos más detenidamente algunos de los métodos de disciplina escolar más comunes y sus problemas. Cuando lo leas, pregúntate cómo ayudan al niño a cambiar su conducta y qué tipo de mentalidad fomentan.

Descansos y recreo

El tiempo de los descansos aparece con fuerza en los métodos de disciplina de la escuela. Los niños más pequeños pueden ponerse a hablar con el profesor, asimilar cosas que se perdieron durante la clase porque no estaban concentrados, o terminar los deberes que se dejaron sin terminar.

A veces tienen descansos simplemente porque el profesor los utiliza como castigo. Los niños mayores que se acercan a la adolescencia tendrán el mismo castigo, sólo que en este caso se llama detención del almuerzo. Las detenciones serán otorgadas para todas las formas de ser, desde el mal comportamiento hasta no hacer los deberes.

¿Cómo crees que se siente el niño cuando sus amigos están disfrutando de la pausa –jugando, charlando o incluso comiendo– y él, en cambio, está en una clase con un profesor? ¿Qué efecto crees que tiene la exclusión? ¿Le ayuda a aprender nuevas maneras o nuevas habilidades? ¿Qué ocurre si el niño tiene problemas que le llevan a moverse durante la clase y no concentrarse? En este caso el descanso perdido es perjudicial para lo que el niño más necesita, moverse libremente en exteriores. El castigo es completamente ilógico.

Clase y expulsiones escolares

Cuando los niños son pequeños, se les puede expulsar de la clase si se portan mal. A veces se les envía a sentarse en un pasillo, solos en una esquina de la sala o en el despacho del director. Cuando son mayores se les envía a salas de aislamiento o se les expulsa temporalmente del colegio. Es comprensible que los profesores tengan la obligación de proteger a todos los niños en la clase. También tienen la responsabilidad de proporcionar la mejor educación que puedan a todos sus alumnos. Nada de esto es posible con un niño que interrumpe constantemente.

Aunque parece tener sentido eliminar al niño problemático de la clase para proteger a los demás, se presupone que el niño excluido aprenderá de su castigo. Pero ¿cómo va a solucionar el problema subyacente que causa su conducta separando a un niño de su clase y de sus compañeros? ¿Qué les hace sentir? ¿Les motiva para hacerlo mejor y, en efecto, creen que *pueden* hacerlo mejor, o no?

Lamentablemente, expulsar de la clase o del colegio no mejora la conducta y puede empeorarla.[2] Es en especial perjudicial si el niño ya considera difícil adaptarse o ser comprendido, y la exclusión, de cualquier forma, a menudo incrementa la desconexión entre un niño y el sistema educativo. Las investigaciones han demostrado que expulsar a niños molestos de una clase no sólo les afecta a ellos, sino también a sus amigos y al resto de la red de trabajo.[3]

Sistemas escolares de recompensa

Las recompensas escolares tienden a ser increíblemente superficiales e ir contra todas las reglas que conocemos sobre los elogios efectivos. Casi siempre se concentran en los resultados y no en el esfuerzo, a pesar de las afirmaciones de que tienen como objetivo producir mentalidades de crecimiento.

Los certificados de logros y las recompensas son buenos ejemplos de elogio basado en los resultados. Los avisos del tiempo perdido, las escaleras conductuales, las nubes tristes y contentas y los semáforos son todos sistemas que se concentran en representaciones visuales de consecuencias conductuales, que pueden hacer que a los niños que son incapaces de portarse mejor se sientan excluidos de sus compañeros, y también avergonzados por encontrarse en un «mal» nivel. Estos sentimientos son realzados si las recompensas objetivo se basan en la clase –por ejemplo, una fiesta en clase o un premio–, y pueden añadirse a la falta de motivación intrínseca causada por las recompensas.

¿Cómo crees que se sienten los niños que tienen problemas con su conducta cuando no logran conseguir una recompensa? ¿O si su conducta hace que sus compañeros de clase no se lleven un premio? Y

---

2. Balfanz, R.; Byrnes, V. y Fox, J.: «Sent home and put off-track: The antecedents, disproportionalities, and consequences of being suspended in the ninth grade», artículo presentando en la conferencia «Closing the School Discipline Gap: Research to Practice», Washington, DC (enero de 2013).
3. Perrya, B. y Morris, E.: «Suspending Progress: Collateral Consequences of Exclusionary Punishment in Public Schools», *American Sociological Review* (5 de noviembre de 2014).

si un niño recibe una recompensa, ¿crees que lo motivará a conseguir otra, aunque las investigaciones digan lo contrario? ¿Cómo ayudan las recompensas a los niños, luchando debido a las habilidades o capacidades de que carecen, para comportarse de una forma aceptable para el colegio?

• ¿Cómo podrían cambiar los colegios? •

Cuando hablo sobre disciplina escolar, me suelen preguntar: «¿Entonces qué haría usted?». Muchos de los implicados en educación dicen que es muy difícil hacer esto de otro modo. Y estoy de acuerdo. Trabajar con tan poco apoyo, demasiadas exigencias de los gobiernos, con una ausencia de profesores y demasiados niños es duro. Pero no es imposible. La verdadera pregunta es: ¿los implicados en la educación tienen confianza en cambiar y el deseo y los esfuerzos necesarios para hacer lo que se requiere?

No tengo una solución mágica. No hay una respuesta sencilla. Sin embargo, hay varios elementos que, cuando se unen consistentemente, podrían suponer una forma eficaz de disciplina, junto con una gran educación.

Pasos para mejorar la disciplina escolar

1. **Formación.** Todos los profesores deben tener como objetivo trabajar las cualidades del «buen profesor», diseñadas en la introducción a este libro. Mejorar estas habilidades puede requerir que los profesores tengan más formación en psicología infantil y neurociencia, de forma que dispongan de un buen conocimiento de cómo se desarrolla el cerebro a cada edad y de qué habilidades cognitivas son capaces los niños en cualquier momento determinado. Además, deberían tener formación en estrategias de comunicación efectivas y en autorregulación de sus propias emociones. Todo esto debería añadirse a su formación inicial como profesores y continuar indefinidamente mientras practiquen su profesión.

2. **Conexiones**. Los profesores deberían intentar formar buenas conexiones con todos sus alumnos. Ésta es la mejor forma de reducir la conducta indeseada y de aumentar la motivación intrínseca en los niños. Si a éstos les gusta de verdad estar con el profesor, querrán agradarle y trabajar bien para él. Si la conexión profesor-estudiante es buena, entonces el profesor observará cuándo todo no todo esté correcto en el ámbito del niño y le ayudará antes de que aumenten los problemas. Una buena conexión permite a los niños hablar con sus profesores sobre lo que va mal, en lugar de ser visible a través de su conducta. El respeto mutuo es también un objetivo clave. Cuando los profesores respetan a sus estudiantes, éstos, a su vez, es más probable que respeten a los primeros.

3. **Descansos**. Los niños de todas las edades deben tener descansos habituales; lo ideal es que se programen al menos una vez cada hora. Estos descansos no necesitan ser largos; sólo cinco minutos en el patio de juego pueden marcar una enorme diferencia. Los descansos habituales pueden ayudar a la concentración, especialmente si a los niños se les motiva para que se muevan.

4. **Individualidad**. Los colegios deberían ofrecer oportunidades para que los niños expresen su individualidad. Todos los niños pueden destacar en algo, pero pocos destacan en todo. Encontrar el área de cada niño es importante para aumentar su autoestima. Darles la oportunidad de aprender una amplia variedad de temas y habilidades les permite sentirse valiosos y estimulados por algo, lo cual ayuda a aumentar su motivación intrínseca por aprender.

5. **Identificar problemas**. Si un niño se esfuerza, pero se comporta mal, es realmente importante descubrir qué capacidad o habilidad le falta. Cuando se haya identificado, se tendrá que trabajar con el niño, ya sea de manera individual o en un pequeño grupo, para mejorar o ganar capacidad o habilidad. Y, cuando se ha aprendido, la conducta no deseada disminuye de manera natural.

6. **Autonomía**. Los niños tienen muy poco control sobre su aprendizaje en el colegio, independientemente de la edad que tengan. Aumentar su autonomía y permitirles dirigir su propio aprendizaje siempre que sea posible puede tener un efecto muy positivo. Además, invitar a los niños a tomar decisiones democráticas como parte de una clase o grupo de compañeros puede darles un mayor sentido de pertenencia y autoestima.

7. **Comunicación**. Una fuerte relación con los padres es vital para todas las escuelas y todos los profesores. Es importante tener una comunicación habitual, abierta y transparente. Esto no debería ocurrir sólo por las tardes con los padres, y debe ser fomentado por ambas partes. Los profesores deberían sentirse apoyados por los padres, pero, de igual modo, aquellos deben apoyar, escuchar a los padres y solucionar los problemas colaborando.

8. **Aire fresco**. Independientemente de la edad que tengan, los niños necesitan salir fuera más y aprender de la naturaleza. Estar fuera y ser capaz de moverse libremente ayuda a la concentración, la motivación y la autoestima. El aprendizaje basado en la clase, a cualquier edad, está en conflicto directo con lo que necesitan los niños.

9. **Menos exámenes**. La constante amenaza de los exámenes puede tener un efecto terrible sobre los niños. Si hay que hacer exámenes, deben realizarse de una manera tranquila y sin estrés, en la medida de lo posible, sin empollar ni con listas interminables. Si los exámenes son una medida del colegio, y no importante para el futuro de los niños, entonces éstos y sus padres deberían saberlo, y no debería haber, en consecuencia, presión para obtener buenas notas.

10. **Menos deberes**. Los deberes restan mucho tiempo a los niños, cuando deberían estar relajándose, y no tienen impacto positivo en su educación. Si se imponen deberes, deberían ser divertidos y adaptados para los niños, sea cual fuere la edad. En lugar de hojas de ejercicios y papeles de preguntas fotocopiados, a los niños se les debería imponer proyectos y trabajo investigador que puedan disfrutar.

11. **Edad escolar**. La hora de comienzo del colegio debería retrasarse, preferiblemente a las siete, como hacen en Escandinavia, donde, por cierto, se informa de los mejores resultados educativos del mundo. Si no es posible, se debería retrasar al menos en los niños de menos de cinco años, especialmente si el niño ha nacido en verano. El colegio cuando acaban de dar las cuatro no es adecuado para las necesidades de desarrollo del niño.

12. **El día de colegio**. Las clases deberían empezar tarde para los adolescentes. Cuando los niños entran en la pubertad, sus relojes corporales experimentan un extraño cambio temporal. Biológicamente, necesitan acostarse más tarde. Se convierten en pájaros nocturnos de forma natural. Como consecuencia, también necesitan despertarse más tarde, lo cual es perturbado por el comienzo temprano de las clases. Las investigaciones muestran que los adolescentes suelen acostarse a las diez y media de la noche.[4] Las horas recomendadas de sueño para esta edad es de diez. Por tanto, no es natural para los adolescentes despertarse hasta las ocho y media. Una hora de comienzo más apropiada teniendo esto en cuenta sería entre las nueve y las nueve y media.

• ¿Qué ocurre cuando la disciplina en casa
y en el colegio son diferentes? •

Siempre que ofrezco seminarios sobre disciplina suave me preguntan: «¿Se puede combinar la escuela convencional con la crianza por parte de los padres? ¿La disciplina que se utiliza en la escuela no acaba con todo el buen trabajo que hacemos en casa?». Los niños pasan mucho más tiempo en casa con sus padres que en el colegio. Duermen una media de once horas por noche, lo que significa que pasan despiertos

---

4. Paksarian, D.; Rudolph, K.; Jian-Ping, H. y Merikangas, K.: «School Start Time and Adolescent Sleep Patterns: Results From the US National Comorbidity Survey-Adolescent Supplement», *American Journal of Public Health*, 105(7) (julio de 2015), pp. 1351-1357.

noventa y una horas a la semana. Con un día de colegio medio de seis horas y quince minutos, eso significa que están en el colegio alrededor de treinta y una horas, sólo el 34% de su tiempo despiertos. Y esto no tiene en cuenta las vacaciones escolares. Tú, por tanto, influyes más en su conducta, con mucho. Así que sí, es posible mezclar las dos.

Puede que nada de lo que he incluido en este capítulo resulte familiar a ninguno de los padres. Hay algunos colegios y profesores verdaderamente maravillosos, y tal vez has tenido suerte en encontrarlos. Si tu colegio no encaja bien con las descripciones ofrecidas en este capítulo, no desesperes, ya que hay formas en que puedes efectuar cambios.

El primer paso debería ser siempre hablar con el profesor de tu hijo sobre cualquier problema de disciplina. Si esto no da resultado, entonces una reunión con el tutor o director es lo siguiente de la lista. La mayoría de los colegios tienen su política de comportamiento en su página web para descargar; si el tuyo no la tiene, solicita una copia antes de reunirte con alguien. (Por cierto, si tienes que elegir un colegio para tu hijo, comienza siempre con su política de comportamiento). Acude a cualquier reunión con profesores con expectativas realistas; no podrás cambiar todo, pero podrías, por ejemplo, lograr un objetivo inicial, como que dejen de retener a tu hijo durante el tiempo de descanso. Priorizar tus asuntos es la forma de proceder. También podrías considerar unirte al consejo de padres para que se oiga mejor lo que dices, e incluso influir en la contratación de personal.

Hablar con la escuela no es tu única tarea. También debes hablar con tu hijo. Está bien si buscas tu propio método de disciplina en casa, pero debes explicarle a tu hijo por qué se espera que se comporte de forma distinta en el colegio. La mayoría de los niños pueden entender desde el principio que pueden conseguir pegatinas o certificados en el colegio, pero no son cosas que tengan lugar en casa. Ayúdales a valorar que has elegido el colegio al que asisten, y por tanto tienes que ser respetuoso con las normas, aunque no estés de acuerdo con ellas. Estas conversaciones, y la ayuda que les das en casa, pueden de verdad ayudar a tu hijo a aceptar mejor la disciplina escolar. De algún modo, es una maravillosa preparación para la vida por parte de tu hijo, especialmente para el mundo del trabajo.

• ¿Por qué los niños se portan de forma distinta en casa que en el colegio? •

¿Has observado que la conducta de tu hijo es muy distinta en la escuela que en casa? ¿Tal vez se comporta como un ángel en el colegio, pero tienes que luchar con él en casa? ¿O se porta mal en el colegio, pero no tienes ningún problema en casa?

Si no experimentas el mismo tipo de conducta del que informan los profesores de tu hijo, entonces es probable que el colegio sea el causante del problema, ya sea la gente, el entorno o las expectativas. Si te encuentras en esta situación, es importante que, junto con el colegio, descubras lo que influye en tu hijo y puedas solucionarlo.

Si te enteras de que tu hijo se porta mal en casa, pero en el colegio dicen que se porta perfectamente, entonces de nuevo es muy probable que el problema consista en el colegio. ¿Por qué ocurre esto? En pocas palabras, tu hijo finge portarse bien todo el día. Se ha «portado bien» y ha hecho lo que se esperaba de él en la escuela. Sin embargo, está actuando, y aunque muchos niños pueden hacer un buen trabajo al mantener las apariencias todo el día, cuando llegan a casa se quitan la máscara. Es como si dijeran: «Oh, gracias a Dios. Ya puedo dejar de fingir. Puedo ser yo mismo, ahora que estoy en casa con personas que me quieren».

Un niño que ha tenido problemas en el colegio dejará escapar su frustración, su ira y su tristeza cuando está en casa. Se siente seguro contigo. Sabe que puede ser quien quiera porque tú le quieres incondicionalmente. Por último, pueden descargarse. Dejar salir las lágrimas y la ira que han reprimido todo el día, y la pura frustración que han ocultado. No es que hayas hecho algo mal. Es simplemente que por fin se sienten capaces de ser su auténtico yo contigo, precisamente porque has hecho todo bien. Esta conducta puede ser difícil de soportar como padre, especialmente si necesitas «liberarte» después de un largo y duro día. Sin embargo, es el mayor cumplido que tu hijo puede hacerte. Cuando se colapsan dicen «te quiero. Me siento seguro contigo. Gracias por dejarme ser yo mismo». Intenta recordarlo la próxima vez que ocurra. Permite que fluyan las emociones. No intentes detenerlas. Es una cosa buena.

Por último, hay bastantes probabilidades de que tu hijo asista a una escuela con expectativas de conducta y métodos de disciplina muy distintos de lo que hacéis en casa. Pero, siempre que le apoyes, será mucho más adaptable de lo que piensas, independientemente de lo indeseable que pueda ser la conducta mostrada. Recuerda que puede haber elementos de la política de disciplina del colegio que puedes cambiar, ya sea mediante conversaciones con el personal o uniéndote al consejo de padres, si te sientes con fuerzas. Si tu hijo se esfuerza de verdad en el colegio o aún tienes que entrar en el sistema y no estás seguro de si es para ti, hay muchas opciones disponibles, desde escuelas gratuitas y democráticas, dirigidas por el estado, hasta escuelas privadas alternativas tipo Steiner y Waldorf para educar en casa o para los no escolarizados (educar en casa sin programas ni lecciones específicas).

El aspecto más importante en el que debes concentrarte es que lo que importa es su tiempo contigo. Incluso antes de que comience la escuela, tu hijo llevará por lo menos cuatro años en casa contigo: es un largo tiempo para enseñar prácticas de disciplina suave y crear un niño resiliente con la confianza y la independencia necesarias para prosperar en prácticamente cualquier situación.

Capítulo 6

AFRONTAR LA CONDUCTA
VIOLENTA Y AGRESIVA

Este capítulo, junto con el 7 y el 13, se dedicarán a aplicar lo que hemos aprendido hasta ahora a escenarios conductuales específicos. Si tienes un problema con un tema concreto, puedes pasar al capítulo relevante para obtener ayuda inmediata. Sin embargo, para una comprensión completa, vuelve atrás y lee todos los demás capítulos. Aunque pueden dedicarse a un tema, la información que contienen es muy valiosa.

De todos los problemas de conducta con los que luchan los padres, el comportamiento violento es el más difícil. Un niño que golpea, da patadas o muerde puede acabar con la paciencia del padre más tranquilo. Cuando un niño es violento, puede parecer que intenta de manera deliberada hacerte daño a ti o a otros, y es muy fácil tomárselo personalmente.

Muchos padres se preocupan porque temen que el niño siga siendo violento y se transforme en un adulto antisocial que se meta una y otra vez en problemas. Otros se preguntan qué diablos hicieron mal para generar tanta violencia.

• ¿Por qué son violentos los niños? •

En la mayoría de los casos, la conducta violenta en niños no es un reflejo de su crianza, sino más bien de una regulación emocional inmadura y de una dificultad de adaptarse en un entorno determinado o en algún lugar de la familia. Suele ocurrir cuando un niño se siente vulnerable, ansioso o fuera de control. No quiere decir que sean violentos: simplemente no pueden controlar sus reacciones. En todos los casos se ven atrapados en una respuesta de lucha o huida, en la que algo los activa, les causa molestias psicológicas, y su cuerpo –o, más en concreto, su sistema nervioso simpático– responde como si la vida estuviera amenazada. En ese momento la supervivencia es clave. El cuerpo se ve inundado de catecolaminas (hormonas del estrés), incluida la adrenalina. También segrega hormonas que incluyen el cortisol. Todas sirven para poner el cuerpo en alerta: se elevan la frecuencia cardíaca y la presión sanguínea, aumenta el flujo de sangre hacia los músculos esqueléticos y el cuerpo se prepara para la acción (luchar o correr).

Todos hemos experimentado esta respuesta y sabemos cómo nos sentimos al estar «en el filo» y a punto de explotar. Éste es el estado en que los niños violentos se encuentran casi a diario. La diferencia es que, como adultos, tenemos el desarrollo cerebral necesario para controlar nuestras respuestas. Si nos asustamos o enfadamos mucho, aunque podamos sentirnos desesperados por golpear algo, sabemos que no es socialmente aceptable y que normalmente podemos reprimirnos. Podemos hablarnos a nosotros mismos, hacer varias respiraciones profundas y responder de forma apropiada. Los niños no tienen las mismas capacidades; suelen ser violentos porque no pueden hacerlo mejor.

Entonces, ¿qué desencadena esta reacción en los niños violentos? Las causas son tan únicas como el niño. Cada uno tiene sus desencadenantes personales. No obstante, hay varias causas comunes:

Sentirse abrumado

Si un niño se siente desconectado de sus profesores, compañeros, amigos o, especialmente, padres, puede ser más propenso a la conducta violenta. Esto se agudiza si está desesperado por atraer más atención personal de un ser querido. Cualquier cosa que cause una desconexión, como la madre que vuelve a trabajar, un niño que da comienzo a los cuidados del día o la llegada de un nuevo hermano pueden hacerles vulnerables y puede haber como resultado una respuesta de lucha o huida. Necesitar más atención no es una cosa mala, como muchos creen erróneamente. Los niños precisan nuestra atención tanto como el aire que respiran. Si no consiguen suficiente y se sienten desconectados, a menudo vemos los resultados en su conducta.

Sufrir abusos

Un niño que golpea, da patadas o muerde a otros niños se suele considerar un abusón. Pero lo que los padres no suelen saber sobre los abusos escolares es que son un síntoma de lo que el niño sufriendo. De algún modo, los abusos les permiten recuperar la sensación de control. Si tu hijo está en el colegio y parece que acosa a otros, siempre investiga si él también está sufriendo acoso.

Modelar la conducta

Los niños son grandes imitadores. En el capítulo 1 explicamos la teoría de Albert Bandura sobre el modelaje social y cómo este efecto influye en toda la conducta. Independientemente de cómo se comporte tu hijo, siempre debes preguntarte: «¿Ha imitado esto de mí o de alguna otra persona que hay en su vida?». Por eso es tan importante aplicar disciplina de una forma tranquila y respetuosa en todo momento. Cómo te comportes con tu hijo es cómo él se comportará con otros.

Sin embargo, en este caso no tiene por qué haber alguien que cause la conducta. Si tu hijo está actuando violentamente, puede estar imitando algo que ha visto en televisión, en los juegos de ordenador, en un libro, en la guardería o en el colegio o, sin duda, en la conducta de sus compañeros.

• Cómo estimular para tener una conducta más apropiada •

¿Cómo podemos cambiar la conducta de un niño violento? Me gusta contestar esto con tres preguntas, ¿por qué?, ¿cómo?, ¿qué? Es un marco de referencia que utilizo para ayudarme a decidir sobre el enfoque más suave y la disciplina más eficaz a diversos problemas. Lo usaré en los capítulos siguientes.

- ¿Por qué se comporta el niño de esta manera? ¿Hay algo que haya desencadenado la conducta? ¿Es normal en términos de desarrollo?
- ¿Cómo se siente el niño? ¿Actúa de esta forma porque se siente mal?
- ¿Qué esperas enseñar al niño cuando lo disciplines?

Comencemos con el «¿Por qué?». ¿Por qué actúa el niño de esta manera? ¿Puedes encontrar la causa? ¿Se siente abrumado? ¿Necesita reconectar? ¿Carece de autonomía? ¿Le están acosando? ¿Carece de las habilidades de comunicación necesarias para expresarse en palabras? ¿Está imitando la conducta de otra persona? ¿Puedes eliminar los desencadenantes de su conducta? ¿Están simplemente comportándose de una forma apropiada para su edad, pero carece de habilidades de autorregulación?

A continuación, examinemos cómo se siente el niño. ¿Está asustado? ¿Siente que ya no le quieren, o que no le quieren tanto como a su hermano o a tu nueva pareja? ¿Está asustado porque le puedes abandonar? ¿Está desesperado llorando para captar tu ayuda o tu atención? ¿Se siente triste y abandonado por sus compañeros de colegio? ¿Se siente incompetente y carente de confianza y de autoestima en el colegio? Siempre hay un sentimiento subyacente que acompaña la conducta violenta.

Por último, piensa en lo que esperas conseguir desde la perspectiva de la disciplina. ¿Quieres simplemente detener la conducta indeseable, o deseas solucionar el problema del niño y ayudarle a manejar sus emociones? Hacerte estas preguntas te permitirá dirigir la disciplina que elijas. Dedicar algún tiempo al niño puede ayudarle a aprender conductas más adecuadas, y también ayudarse a sentirse apoyado. Trabajar en las habilidades y las estrategias de afrontamiento puede ayudarle a sentirse mejor y a mejorar su conducta. La disciplina no suave, como el aislamiento, ponerle de cara a la pared, cualquier otro tipo de castigo y quitarle sus privilegios, como el dinero que sueles darle, no ayuda a enseñar al niño las habilidades de las que carece. Si quieres cambiar su conducta, ayudarle a sentirse mejor y que aprenda una conducta más apropiada, siempre debes tener en cuenta por qué se comporta como lo hace y cómo se siente. Estas dos cosas juntas te dirán qué hacer.

En términos de disciplina apropiada, siempre deberías comenzar por la seguridad: la de tu hijo, la tuya propia, la de otros y la de objetos a tu alrededor. Normalmente, esto conlleva apartar al niño de un peligro potencial y de la posibilidad de dañar a otros. Cuando tú, tu hijo y otros estéis seguros, puedes trabajar sobre cómo responder. Hay dos opciones: la primera es una respuesta instantánea y la segunda es la respuesta a largo plazo.

Cuando piensas en el momento, necesitas pensar sobre cómo hacer cesar la conducta lo más rápidamente posible de un modo considerado y alentador. De forma tranquila y firme, dile a tu hijo que su conducta no es aceptable. Intenta que sea de una manera breve y concisa. Cuando se encuentran en modo de lucha o huida no harán caso a razonamientos y explicaciones extensas. Un simple «no te dejaré hacer eso» es suficiente por ahora; las explicaciones llegarán después, cuando el niño esté más calmado. Puede haber casos en que tengas que desplazar al niño o sujetarle para que no pueda dañarse a sí mismo o a otros; sin embargo, cualquier movimiento o sujeción debería ser lo más suave y respetuoso posible. Dile lo que estás haciendo, pero siempre dale la oportunidad de que lo haga él antes. Ahora es el momento de sentarse con él y ayudarle. Ofrécele un abrazo o limítate a sentarte cerca y escuchar, si no quiere que le toques. Permítele llorar todo lo que necesite y déjale claro que no hay problema en ello. Cuando esté tranquilo habrá llegado el momento de explicar por qué estuvo mal lo que hizo, y dile formas alternativas en que puede comportarse. Recuerda que le estás enseñando y que no hay lugar para la ira ni el castigo.

Desde una perspectiva a largo plazo, cuando el niño esté tranquilo, podéis, formando un equipo, averiguar formas en las que pueda manejar sus emociones de modo que no dañe a otras personas. Destácale que no hay problema en estar enfadado, pero que debe manejar su ira de una manera más efectiva. No le digas que no esté enfadado todo el tiempo; él no puede controlar cómo se siente y no hay nada malo en estar enfadado. En su lugar, ayúdale a que aprenda a manejar mejor sus sentimientos.

Hay algunos buenos libros en el mercado sobre esto (*véase* sección de recursos, página 253), pero a continuación hay algunos consejos que pueden ser útiles:

- Llevar una pelota de estrés en el bolsillo todo el tiempo.
- Contar hasta diez lentamente antes de responder.
- Hacerle una fotografía en algún lugar favorito, tal vez en vacaciones, y utilizarla para que se sienta contento.
- Imaginar lo que la otra persona sentirá si la agrede.
- Imaginar un «interruptor de la ira» en su mente y que desciende de arriba (rojo) a abajo (azul).
- Fingir soplar velas en una tarta de cumpleaños.
- Llevar una banda de goma en la muñeca.
- Cerrar los ojos, contraer los músculos de la cara con fuerza y después dejarlos relajar.
- Dar a su ira un nombre divertido y decirle «por favor, vete», cuando aparezca.
- Pedirte ayuda en cuanto empiece a sentirse enfadado.
- Repetir «estoy tranquilo» mentalmente diez veces.

Tu hijo también puede pensar en su propia técnica de afrontamiento. Si es pequeño, podrías leerle o inventar una historia sobre un niño violento y preguntarle si puede pensar en formas de ayudarle. Puedes practicar alternativas con él o pedirle que dibuje un mapa mental si es mayor. Incluso puedes decirle que te aconseje.

• Preguntas normalmente planteadas
sobre la violencia en los niños •

Hay cuatro preguntas que suelen hacerme sobre la violencia infantil. Me gustaría responderlas de una forma bastante específica para ofrecer algunas pistas, pero lo que no puedo decir es cómo considerar los «¿por qué?», «¿cómo?» y «¿qué?» para tu situación personal. Por ello, las respuestas que ofrezco a continuación deberían utilizarse junto a la comprensión de por qué tu propio hijo se comporta de este modo, cómo se siente y qué, en concreto, esperas obtener para disciplinarlo.

¿Cómo puedes hacer que un niño deje de morder a otros?

Si un bebé te muerde, es probable que se deba a una de tres cosas. En primer lugar, morder es algo habitual cuando a un niño le están saliendo los dientes y el dolor de sus encías se alivia mordiendo algo firme. En segundo lugar, el bebé tiende a explorar todo con su boca porque es un lugar sensorial, y morder carne puede hacerles sentir bien. Por último, pueden morder como expresión de afecto. Aunque esto puede parecer de todo menos afectuoso, para algunos bebés es una expresión de cuánto te quieren. ¿Le has dicho alguna vez a tu hijo: «te quiero tanto que te comería»? Eso es exactamente lo que hacen algunos bebés que muerden.

Si tu bebé te muerde, de forma suave pero rápida, retira la parte que te esté mordiendo; o bien apártale de ti mientras dices: «Ay, morder duele». Si tu bebé llora después de esto, lo que hará la mayoría, cógele, reconfórtale y dile «No pasa nada, te quiero», pero si vuelve a hacer lo mismo de nuevo, repite las palabras y las acciones. Desde la perspectiva de la disciplina suave, sería mucho más agradable poder decir «ten cuidado con tus dientes»; aunque ésa es una buena respuesta para los bebés que gatean, es demasiado compleja para los que aún no se desplazan. La mayoría simplemente te mirará y sonreirá o reirá nerviosamente. También debes cubrir su necesidad de morder; la bisutería para la dentición funciona muy bien para esto, en especial si la llevas encima y rediriges al bebé cada vez que muerda, o parezca que está a punto de hacerlo. Mientras lo rediriges, dile: «No dejaré que me muerdas, pero puedes morder esto». Puedes esperar tener que repetir esto muchas veces antes de que tu bebé lo entienda, pero, si eres constante, al final lo hará.

Los bebés que gatean o los que se encuentran a punto de asistir a la guardería, que muerden, normalmente indican alguna forma de estrés psicológico. Las razones más comunes para morder en este grupo de edad incluyen la necesidad de prestarle más atención, especialmente si acaban de tener un hermano. Puede que te muerdan a ti o a su nuevo hermano. En cualquier caso, la causa es la misma. Están diciendo: «Por favor, quiéreme lo mismo que hacías antes. Me está doliendo. Necesito tu atención». Morder en este grupo de edad también puede ser la respuesta del niño ante el hecho de sentirse abrumado o incapaz de aceptar que invadan su espacio personal. Esto ocurre muchas veces en la guardería y en los grupos de juegos. El niño dice: «No puedo seguir con esto. Por favor, dame el juguete y déjame solo». En este caso, morder es una respuesta de estrés y un mecanismo de protección para reducir los niveles de estrés. Por último, los niños de este grupo de edad pueden morderte debido a su frustración. Si les pides que hagan –o que dejen de hacer– algo, puede que muerdan como forma de decir: «Por favor, no me pidas que haga eso. No quiero. No puedo resistirlo».

Entender la causa es importante, evidentemente. Si eliminas el desencadenante, con rapidez reducirás el acto de morder. Mientras tanto, cuando el niño te muerda a ti o a alguna otra persona, dile de forma alta y firme: «Detente, no te dejaré que muerdas» y aparta al niño para que no muerda. En este momento no comiences una larga explicación de por qué es malo morder. El niño no se encuentra en el estado adecuado para razonar. Sé breve y claro. Cuando le hayas apartado, repite la frase: «No dejaré que muerdas», y prepárate para reconfortarle cuando inevitablemente llore. Cuando esté tranquilo, puedes explicarle por qué no debería morder y, por último, qué debería hacer en su lugar. Como con los bebés, el acto de morder en los niños pequeños puede tardar algún tiempo en «solucionarse» debido a su cerebro aún inmaduro. Es probable que sigan mordiendo y, cuando lo hagan, hay que repetir el mismo proceso. Con el tiempo, seguramente podrás reducir los desencadenantes y condicionar una respuesta distinta que no conlleve morder.

¿Cómo puedes hacer que un niño deje de golpear o de dar patadas a otros?

Dar patadas en los niños suele ser un reflejo de ira o miedo. Algo los activa para entrar en modo de lucha o huida y las sustancias químicas que inundan su cuerpo les impulsan a golpear o dar patadas; a «luchar» y no a salir corriendo. Cuando los niños se encuentran en este estado no tiene sentido hablar con ellos para que abandonen su conducta. El estado de alta alerta que domina su voluntad inhibe su capacidad para escucharte y racionalizar su conducta. Tu función en este momento es apartar a tu hijo de la persona a la que está golpeando. Apartarlo no sólo ayuda al otro a estar seguro, sino que también ayuda a tu hijo a distanciarse del factor desencadenante. En este momento, hay que decir firmemente: «No te dejaré que des patadas/golpes». Quédate con el niño mientras llora, grita o se retuerce, y repite de nuevo: «No te dejaré que des patadas/golpes». Cuando se haya tranquilizado, puedes explicarle por qué su conducta es inaceptable y qué debe hacer en su lugar. Es importante entender que no hay problema en que se enfade; tu objetivo no es impedirle que se enfade, sino ayudarle a liberar su ira de una forma más aceptable. Cuando esté tranquilo, habla con él sobre lo que ha ocurrido. Pregunta cómo se sentía y piensa en algunas maneras en que puedan disolver su ira sin hacer daño a otros la próxima vez.

Si el niño te ha golpeado o dado una patada porque no le gustaba lo que le pedías que hiciera, se aplica el mismo proceso, pero, cuando esté tranquilo, habla sobre alternativas a tu petición. Por ejemplo, si te ha golpeado o dado patadas porque se negaba a ordenar algo, podrías sugerir que le ayudas, o que pueda ordenar la mitad ahora y la otra mitad después de comer un tentempié. Es importante que no olvides tu petición inicial debido a su conducta. Detén la conducta violenta, siéntate con el niño mientras llora y después vuelve a tu petición.

Si el niño golpea o da patadas en la guardería o en el colegio, tu primer paso debería ser una reunión con su cuidador o profesor. Aunque puedas hablar sobre formas alternativas de reaccionar en casa y armar a tu hijo con una lista de mecanismos de afrontamiento, no puedes controlar lo que ocurre en el colegio o guardería, ni cómo van a responder los adultos que están allí. En primer lugar, debes averiguar lo que desencadenó la conducta y cómo la escuela o la guardería pueden ayudar a tu hijo a manejar una situación parecida la próxima vez, o reducir la posibilidad de que ocurra de nuevo. A continuación, deberías acordar con la guardería o escuela cómo responderán la próxima vez que tenga lugar la conducta, porque sin duda ocurrirá. Deberías acordar que tengan una conducta que sea similar a la manera en que tú manejarías la situación en casa; por ejemplo, apartando al niño de la situación y sentándote con él hasta que se tranquilice, antes de hablar sobre lo que ha ocurrido. Por último, deberías compartir los mecanismos de afrontamiento que has puesto en práctica en casa con los cuidadores o profesores de tu hijo, y pedirles que usaran métodos similares cuando vean pelearse a tu hijo. La comunicación y la consistencia entre el hogar y la guardería o colegio es vital. Debes estar preparado para trabajar juntos a fin de solucionar el problema con poca intervención por parte de ellos. Tristemente, esto es muy improbable que funcione, y sólo sirve para destacar el hecho de que la guardería o escuela forman parte del problema.

¿Cómo puedes detener a un niño que da patadas o golpea objetos?

Los niños que dan patadas y golpean objetos es probable que se sientan de forma muy parecida a los que dan patadas y golpean a personas. En muchos sentidos, la violencia hacia los objetos es mejor que hacia las personas porque nadie resulta dañado. Sin embargo, puede causar más problemas si el niño rompe objetos valiosos que pertenecen a otras personas o incluso en una tienda. Descubrir y trabajar con el desencadenante es, de nuevo, clave. Además, aceptar las emociones del niño, pero ayudarle a descargarse de una forma más adecuada es el objetivo último. Sin embargo, por el momento, tu principal propósito sería reducir el daño causado, desplazando a tu hijo o el blanco de su ira. Di firmemente: «No te dejaré que des patadas/golpees eso», y ayúdale a liberar sus sentimientos apartándote con él a un lugar más seguro y tranquilo. Cuando esté tranquilo, habla con él sobre por qué no era apropiada su conducta y procedimientos mejores para expresar sus emociones.

Para los preadolescentes y los adolescentes puedes también utilizar consecuencias lógicas, pidiéndoles que sustituyan los objetos dañados con su dinero o trabajando los fines de semana, si es posible.

¿Cómo puedes detener a un niño que arroja objetos?

Los niños pequeños que arrojan objetos no siempre lo hacen por estar enfadados. De hecho, es más probable que lo hagan debido a la fase del desarrollo en que se encuentran. Los niños que siguen cierto patrón (*véase* página 55) tirarán a menudo cualquier cosa que puedan porque están aprendiendo el movimiento de los objetos. Esta práctica les indica las reglas básicas, como la gravedad y la velocidad. Un bebé que gatea o un niño en edad preescolar que arroja objetos inapropiados probablemente necesite más entretenimiento físico. Cuando le veas a punto de tirar algo, di: «¡Detente! Sujeta eso, por favor». Diciéndole lo que quieres que haga, en lugar de gritar «no, no lo tires», estás haciendo más probable que escuche y responda porque te estás centrando en lo positivo, en lugar de en una orden vaga o negativa. También deberías darle la oportunidad de que arroje objetos seguros, como pelotas o bolas en el jardín. Si es posible, después de impedir que el niño tire algo, prosigue con una sugerencia segura: «No puedes tirar las cosas decorativas, pero podemos salir fuera y tirar tu pelota, si quieres».

Los niños mayores que tiran cosas cuando están enfadados deben ser tratados de la misma forma que cuando dan patadas o golpes a objetos. Diles firmemente que dejen de hacer lo que están haciendo, dales apoyo después y, cuando estén tranquilos, explícales las consecuencias de sus acciones.

El resto de este capítulo está dedicado a la correspondencia real entre yo misma y padres que han tenido que lidiar con una conducta violenta de sus hijos. Aunque estas cuestiones están relacionadas con niños de una edad específica, mis respuestas pueden aplicarse universalmente. Mientras las lees, intenta identificar la causa de la conducta (el «porqué»), entender cómo se siente el niño (el «cómo») y cuál sería una buena solución disciplinar (el «qué»).

P: *Nuestro hijo tiene cuatro años. Su hermana pequeña nació hace seis meses. Desde su llegada la he llevado en un canguro, la he alimentado con leche materna, he compartido la cama con ella y he tenido dificultades para que duerma. Es una niña pequeña y maravillosa, y muy feliz. Todo el mundo comenta lo feliz que es. Su hermano, por el contrario, no está contento. Nos pega a mí y a su hermana. Yo intento ignorarlo, pero me resulta difícil cerrarle las puertas para que el bebé esté seguro. También tira cosas. Es muy fuerte y puede hacernos daño fácilmente a las dos. Escupe y dice: «Ja, ¡acabo de escupir en el suelo!». Yo sólo digo: «Eso no está bien, pero si quieres hacerlo, entonces hazlo». Esta mañana le pregunté si quería venir conmigo a la parte de arriba de la casa para coger su ropa de la escuela, o si quería que yo la cogiera y la bajara. Decidió que fuese yo quien la bajara. Cuando subí empezó a gritar y a decir que le había dejado abajo. Le expliqué que le había dejado decidir, pero le dije que acababa de subir arriba y que le esperaba en lo alto de la escalera. Dijo: «No, ven y recógeme», a lo cual contesté: «No, esperaré en lo alto de las escaleras». Entonces gritó y tuvo una rabieta. Algo parecido ocurre diariamente. Ayer era él quien quería ayudar poniéndose los pantalones, cuando sé que puede hacerlo él mismo. Entiendo que esto es probablemente por verme hacer todo para su hermana, y debe ser doloroso para él. Pierde el control, no hace, intenta molestarnos y se enfada. Nosotros nos entendemos, pero creemos que somos un poco críticos son él y estamos intentando cambiarlo. Por ejemplo, nos ponemos nerviosos en lugar de estar tranquilos. Yo grito a veces, pero le pido perdón. Él es un chico maravilloso y creo que estamos arruinando su infancia porque parece no ser feliz. Entonces, en medio de todo, obtenemos un destello de nuestro niño pequeño. En la* escuela dicen que allí se porta bien y no parece enfadarse con otras personas.

R: Me parece que vuestro hijo se siente muy ansioso con su lugar en vuestra familia y por vuestros afectos. Esto ha ocurrido a la vez que hay otras cosas nuevas en su mundo, especialmente la escuela y el cambio en los horarios de sueño. Creo que está intentando desesperadamente recibir más atención de vosotros y se ha dado cuenta de que la forma más fácil de conseguirlo es haciendo cosas que a vosotros os disgustan. Prestarle toda la atención posible cuando esté tranquilo es el método a emplear en este caso.

Puedo entender que es realmente difícil tener tiempo para dos hijos, en especial cuando uno es tan pequeño, pero creo que necesitáis esforzaros para ser lo más atentos posible antes de que surjan problemas.

Os recomendaría que dediquéis algún tiempo cada día sólo a él. En primer lugar, cuando vuestra hija esté dormida, concentrad la atención en él. A continuación, cuando papá esté en casa, pídele que vaya a dar un paseo con tu hija, para dejarte sola en casa con tu hijo durante un mínimo de media hora, pero preferiblemente más tiempo. Otra alternativa es que salgas de casa con vuestro hijo mientras papá se queda en casa con vuestra hija. Durante este tiempo debéis concentraros en vuestro hijo todo lo posible y preguntarle qué le gustaría hacer. Podrías también poner un nombre a este tiempo entre mamá y su hijo, como «nuestro momento», de forma que lo desee cuando hagas referencia a él durante el día.

Es muy importante que en estos momentos estéis los dos solos. Llevar a vuestra hija en un canguro cuando tenga lugar no cuenta. Esto debería marcar una gran diferencia en su conducta y también te ayudará a ver de nuevo lo maravilloso que es él.

Mientras tanto, cuando golpee a su hermana, le diría firmemente: «Detente. No dejaré que pegues a tu hermana», después le cogería, le llevaría a un sofá y nos sentaríamos. Explícale por qué no puede golpearla, que puedes ver que está enfadada y que te gustaría ayudarle a calmarse. Aquí el instinto natural puede indicar coger a tu hija y abandonar a tu hijo; sin embargo, esto sólo refuerza el hecho de que tú y ella sois un equipo, excluyéndole a él. Por tanto, intenta tranquilizar a tu hija lo antes posible, pero concéntrate en tu hijo.

En lo relativo a escupir, yo le diría: «No puedes escupir en el suelo, pero puedes hacerlo en el lavabo. ¿Te acompaño al cuarto de baño?».

Es normal para un niño perder el control a esta edad. Tu hijo sólo tiene cuatro años. Puedo entender que pueda parecer muy grande cuando también tienes un bebé, pero en realidad no lo es. Su cerebro es aún muy inmaduro y considerará muy difícil controlar sus emociones. Debes ayudarle a entender que está bien volverse loco y triste, pero que no lo es golpear o escupir. Si llora, reconfórtale y dile: «Estás realmente enfadado. Puedo verlo. Está bien llorar; a veces resulta de ayuda». Me parece que tiene muchas lágrimas que necesita llorar. Cuanto más le permitas llorar, menos reprimirá los sentimientos en su interior y será más propenso a estallar.

P: *Cuando mi hija, que tiene cinco años y medio, se enfada, nos ataca de forma casi instintiva. Nos golpea a los dos y también a su hermano, que tiene cuatro años menos. Eso me afecta especialmente, ya que no quiero que este problema dañe su relación. Tampoco quiero que piense que la violencia es la forma de tratar con los sentimientos de enfado. También es bastante alarmante. Una vez me tiró un zapato a la cara, y en otra ocasión me golpeó en la boca y me abrió el labio. Ha golpeado a una o dos personas más, aunque lo hace principalmente con nosotros. Estoy preocupada por el hecho de que termine involucrándose en peleas cuando sea mayor. Me duele esto, ya que quiero ayudarla a tratar con sus sentimientos, en lugar de castigarla, pero también hay que dejarle claro que es una mala acción. Mi marido no es demasiado entusiasta de la crianza suave, pero es definitivamente la forma en que yo la trato. ¿Qué podemos hacer para ayudarla con su ira sin que haga daño a otras personas?*

R: Quiero que entiendas que no has hecho nada malo, ni has hecho que tu hija se comporte de esa manera. Los niños violentos pueden afectar a la confianza de sus padres y causar una gran ansiedad.

La ira en sí misma no es un problema; es sólo una emoción como cualquier otra, por lo que, por favor, no hagas sentir a tu hija que está mal enfadarse. Es como expresamos que algo nos importa. Necesitas recalcar de verdad este punto a tu hija. No hay problema en que tenga grandes sentimientos, y está bien que los exprese. De muchos modos, la violencia es una especie de respuesta refleja que tiene a ocurrir cuando nos sentimos asustados o amenazados de alguna manera. Este miedo puede tener un origen psicológico, y en muchos casos tu hija probablemente no sabrá por qué se siente así, ya que los desencadenantes a veces pueden ser subconscientes.

Creo que lo primero de todo es buscar cualquier cosa que pueda desencadenar la conducta de tu hija. ¿Encuentra dificultades para moverse en ciertos lugares o entornos? ¿Se ve afectada por el cansancio o el hambre? ¿Es más difícil de manejar si has apartado tu atención de ella durante un rato, o después de estar fuera? ¿Hay algo que desencadene la conducta en la escuela? ¿Tiene problemas con las clases o con sus compañeros? ¿Tal vez sufre acoso? A continuación, deberías trabajar de verdad en tu conexión con ella. No es tu hija lo que no te gusta, sino su comportamiento: son dos cosas muy diferentes. ¿Puedes salir todo el día con ella, las dos solas, y hacer algo divertido? Pasa tiempo trabajando de verdad tu vínculo con ella y ayúdala a saber que siempre puede hablar contigo, decirte lo que siente y pedirte ayuda.

A continuación, debes explicarle cómo hacen sentir sus acciones a otras personas. A esta edad aún no tiene muchas habilidades de empatía, por lo que tal vez no sea consciente del alcance de sus acciones. Después habrá llegado el momento de tener una charla con ella sobre cómo puede manejar su enfado de formas más aceptables. Ayúdala a observar cómo se siente cuando empieza a enfadarse. ¿Siente que su respiración se acelera? ¿Se pone tensa? ¿Se le seca la boca? ¿Empieza a sentir calor? Si nota los primeros síntomas tiene más probabilidades de controlar su respuesta. Ahora sugiérele algunas formas en que puede trabajar para reducir su ira sin atacar verbalmente. Esto consiste en ayudarle a tener respuestas alternativas, que pueden incluir:

- inspirar y espirar muy lentamente mientras cuenta hasta diez;
- cerrar sus ojos e imaginar algo que la haga realmente feliz;
- presionar con el pulgar y el índice de la mano derecha sobre la sección blanda de la piel que hay entre el pulgar y el índice de la mano izquierda;

- estirar una pulsera de goma de su muñeca;
- comprimir un trozo de plastilina que lleve en su bolsillo;
- repetir las palabras «estoy tranquila, estoy tranquila, estoy tranquila», una y otra vez en su mente;
- cerrar los ojos e imaginar un «marcador de ira» en su mente, imaginar que reduce el marcador, desde la parte roja («enfadado») hasta la parte azul («tranquilo»).

O tal vez ella tenga sus propias ideas.

La próxima vez que veas que se enfade, recuérdale: «No hay problema en que te sientas enfadada. ¿Recuerdas nuestra técnica especial de la que hablamos? ¿Te ayudo a practicarla ahora?». O, si no la coges a tiempo, apártala de lo que o de quien le haya hecho daño o, si eres tú, cógela suavemente de las manos y di: «No te dejaré pegar: duele». Después puedes decir: «No hay problema en estar enfadada, pero no está bien hacer daño a gente», después pasa a recordarle su técnica y pregunta si quiere tu ayuda para calmarse.

Aunque puede ser tentador excluirla del resto de la familia o castigarla de algún modo, especialmente si tu marido no defiende el estilo de la disciplina «suave», en último término no le enseñará nada. El castigo genera más desconexión entre vosotros y puede hacer que su conducta sea incluso peor. Trabajar con la ira suavemente es un proceso a largo plazo, por lo que no puedes esperar que las cosas cambien de la noche a la mañana. Sin embargo, si eres constante, verás cambios en los meses siguientes. No obstante, recuerda que no debes esperar que se extinga su ira y que siempre mantenga la calma. Eso no es realista. Estás enseñándole cómo controlar su ira de formas que no dañen a otros o a ella misma.

Ser el padre de «un niño violento» puede ser realmente duro. Demasiados padres se culpan a sí mismos y sienten vergüenza de la conducta de su hijo. Sin embargo, en realidad, casi todos los niños son violentos de alguna manera. Todos luchan contra la regulación de las emociones y, como tal, atacar físicamente puede considerarse una conducta normal para esta edad. Siempre hay desencadenantes subyacentes a la conducta, y encontrarlos es la clave para solucionar el problema. Al saber cuál es el desencadenante de hijo es cuando puedes trabajar para ayudarle a manejar sus emociones de un modo más aceptable socialmente, o extinguir la conducta de manera natural. Los resultados pueden no ser tan rápidos como te gustaría (en cierto modo, estás trabajando contra la biología), pero no pierdas la esperanza. Las técnicas de este capítulo funcionarán si mantienes la calma y, lo más importante, si eres constante, aunque sientas que te estás rindiendo.

Capítulo 7

AFRONTAR LOS LLORIQUEOS Y LAS RABIETAS

Los lloriqueos son una parte casi inevitable de la infancia. «Mamaaaaá... Papaaaaaá... por favor», o «pero, ¿por qué? No quiero. Quiero que lo hagas» está prácticamente garantizado que se oiga en tu casa en algún momento: casi con seguridad con una voz aguda y llorona que te pone en el mismo estado que si rascamos con las uñas en una pizarra.

En el lado opuesto de la balanza está «la rabieta»: un niño con una cara de violencia, los brazos cruzados firmemente alrededor del pecho, inmóvil, con los labios cerrados con fuerza. Cuando intentas hablarle vuelve la cabeza al otro lado, dejando salir aire por su nariz, o tirado pesadamente en su cama o en el sofá de una forma dramática.

Yo era una maestra en rabietas cuando era pequeña. Nunca fui verbalmente maleducada o violenta, pero subía de manera ruidosa las escaleras, abría la puerta con rapidez y entonces casi siempre, pero no en todos los casos, cerraba mi puerta de golpe, antes de tumbarme sobre la cama, con la cara hacia abajo. Me podía quedar así durante horas y horas. Sin embargo, a cada momento que lloriqueaba, quería que mis padres llegaran y vieran si estaba bien. Mi ira ocultaba una necesidad desesperada por ser entendida, apoyada y amada, sobre todo cuando era adolescente. Cuando eres adolescente o preadolescente, la atención y tratamiento de tus padres por ti están vinculados directamente con su amor por ti, o al menos eso es lo que piensas. Por supuesto, en realidad no es así, pero en la mente de un adolescente casi siempre lo es. Mis rabietas eran siempre un grito para recibir atención y conexión. Sin duda yo no disfrutaba con ellas. Sentirse desesperadamente triste, enfadado y fuera de control no es algo que hagas sólo para «hinchar las narices» o manipular a tus padres. Quien tiene una rabieta no se siente nada bien.

Yo nunca fui una llorica, pero imagino que los sentimientos son los mismos. Al menos cuando mis propios niños lloran, puedo afirmar que no se sienten bien, que hay un problema subyacente. Y a pesar de los efectos desafiantes de sus lloriqueos, hago todo lo posible por considerarlo una comunicación que me indica que no todo va bien en su vida. La mejor forma, sin duda, de reducir y afrontar las rabietas y los lloriqueos consiste en comprender las razones subyacentes. Soluciona los sentimientos y habrá poco más que hacer.

De nuevo, cuando estés tratando de averiguar cómo tratar con un niño que tiene una rabieta, pregúntate: ¿por qué? ¿Cómo? ¿Qué?

- ¿Por qué actúa de la forma en que lo hace? ¿Puedes descubrir los desencadenantes?
- ¿Cómo se siente? (Probablemente no demasiado bien).
- ¿Qué esperas enseñarle cuando lo disciplines?

• ¿Por qué lloriquean y tienen rabietas los niños? •

Los niños lloriquean y tienen rabietas por muchas razones distintas; sin embargo, hay algunas que son casi universales. Aunque los lloriqueos y las rabietas pueden parecer muy diferentes, ambos se concentran alrededor de un niño que percibe una falta de control y una sensación de falta de poder: el sentimiento abrumador de no ser escuchado o respetado, y una falta de conexión con sus padres. En casi todos los casos, el niño sufre de algún modo.

En este capítulo examinaremos las razones más comunes que llevan a tener rabietas y lloriqueos, y cómo reducirlos utilizando un enfoque de disciplina consciente y suave.

Pérdida de control

Tal vez la razón principal por la que un niño lloriquea y tiene rabietas es porque lucha por controlar su vida diaria y su entorno, y esto suele ser expresión de sus sentimientos de impotencia. Cuando los niños de cualquier edad se sienten impotentes para controlar las situaciones, los lloriqueos y las rabietas son prevalentes. Saben que no hay nada que puedan hacer para controlar la situación, y así la comunicación habitual no tiene sentido. Lloriquear y tener rabietas son casi siempre formas de admitir que el niño se ha «perdido», incluso antes de que comience las negociaciones, y no está contento con el resultado. En este momento, recuerda el desencadenante del «control» que examinamos en el capítulo 1, al que puedes volver a recurrir para una comprensión más profunda de los efectos de una falta de control (*véase* página 152).

Falta de habilidades de comunicación

Para los niños más pequeños, especialmente bebés que gatean y en edad preescolar, la adquisición del lenguaje no suele estar al mismo nivel que las emociones que experimentan. Si un niño no puede expresar cómo se siente, especialmente si se siente mal, es probable que lloriquee, tenga una rabieta o ambas cosas. ¿Puedes imaginarte lo frustrante que debe ser sentirse triste, enfadado ansioso o cansado, y no poder verbalizar las necesidades a las personas que te cuidan?

Falta de regulación emocional

Ya lo tratamos esto en el capítulo 1, y vimos que los bebés que gatean, los adolescentes y los niños de cualquier edad intermedia tienen problemas a la hora de regular su conducta. La corteza frontal del cerebro —responsable de ayudarles a formar conversaciones racionales— aún no está totalmente desarrollada, lo que tiene como resultado que lloren o muestras dramáticas de sentimientos, como las pataletas. El desarrollo del cerebro inmaduro también conlleva que, cuando se comportan de esa manera, sean prácticamente incapaces de parar.

Sentirse abrumado

Los niños pueden sentirse abrumados por todo tipo de razones: en casa pueden sentirse abrumados por las cosas que les exigimos; en el colegio por el trabajo que se espera que hagan y la organización requerida por ellos; en grupos organizados, debido a todas las personas que los rodean; y en nuevos entornos pueden sentirse abrumados por las entradas sensoriales. Con una sensación de este tipo, especialmente cuando no pueden controlar las situaciones que descubren en su interior, es posible que los niños sean muy propensos a los lloriqueos y las rabietas.

Estar demasiado cansado

Cuando un niño de cualquier edad está demasiado cansado –ya sea por falta de sueño de las noches anteriores, por concentrarse en los exámenes, por correr mucho o por pasar días completos en la guardería–, la conducta casi siempre regresa. Cuando ocurre esto, tiende a recurrir a los lloriqueos. Como adultos, nos esforzamos por controlar nuestras emociones cuando estamos agotados, por lo que no es de extrañar que los niños hagan lo mismo.

No sentir que nos escuchen

Igual que con la mayor parte de la conducta indeseable, cuando un niño siente una desconexión con sus cuidadores, ya sean padres, profesores o trabajadores de una guardería, su conducta se repite. Por tanto, si los niños no se sienten escuchados, pueden recurrir rápidamente a lloriquear o tener una rabieta. La sabiduría convencional dice que les ignores mientras gimotean, o que no le prestes atención cuando lloran. Sin embargo, éstos son consejos desfasados, y es lo peor que puedes hacer. Ignorar a un niño que lloriquea o tiene una rabieta porque se siente desconectado destaca el hecho de que no le estás escuchando y aumenta su falta de control percibida sobre su vida. Otra respuesta común a los lloriqueos, llamada «No entiendo lo que dices, habla bien», hace que los niños se sientan reprendidos y que sus sentimientos se vean ignorados. Una vez más, esto sólo aumenta el problema y es probable que tenga como consecuencia incluso más lloriqueos y rabietas en el futuro.

• ¿Cómo detener los lloriqueos y las rabietas? •

En última instancia, el tiempo es lo que más influye. Tanto los lloriqueos como las rabietas son conductas que tienden a superarse cuando el niño se aproxima a la edad adulta, aunque estoy seguro de que todo el mundo conoce a algún adulto que sigue lloriqueando o teniendo rabietas.

Mientras tanto, hay varias intervenciones que pueden reducir la intensidad y las ocurrencias de los lloriqueos y las rabietas: normalmente se necesita una combinación. Seguimos pensando en dejar un espacio entre la acción de tu hijo y tu reacción, y tener en mente los «¿por qué?», los «¿cómo?» y los «¿qué?» en su situación.

Escuchar atentamente

La conexión casi siempre se encuentra en la parte superior de mi lista de recomendaciones para ayudar en casos de conductas indeseables. Si la conexión con tu hijo se ha interrumpido por alguna razón, éste con probabilidad será tu punto de partida. Tómate tiempo suficiente para escuchar de verdad lo que dice tu hijo. Mantén el contacto visual cuando habla, comunícate con él a su nivel, físicamente y, siempre que sea posible, conviértelo en el centro de tu atención. Cuando te hable, repite lo que diga: «De acuerdo, entonces te sientes realmente mal porque tenemos que estar en casa y ordenarla hoy, cuándo te gustaría salir». Escuchar con atención lo que dice o te pregunta tu hijo le ayuda de verdad a sentirse aprobado. Aunque no estés de acuerdo con lo que pide, puede reducir el grado de lloriqueos y rabietas en gran medida. Recuerda que, aunque aquello por lo que llora te puede parecer trivial, sigue siendo importante en su mundo, por lo que no debes sentirte tentado a despreciar sus deseos o preocupaciones. Como decía la escritora Catherine M. Wallace:

> Escucha atentamente todo lo que tu hijo quiere decirte, sin importar lo que sea. Si no escuchas con empeño las cosas pequeñas cuando son pequeñas, no te dirán las cosas grandes cuando se conviertan en grandes, porque para ellos todo siempre habrá sido muy importante.

Puede que lloren por el color de su taza, mientras tú estás preocupado por pagar el alquiler o la hipoteca, pero sus cosas les importan a ellos igual que a ti tus propios asuntos.

Si tu hijo tiene el hábito de llorar cuando quiere llamar tu atención, pero estás ocupado –especialmente cuando hablas con alguien en persona o por teléfono–, es muy importante que le hagas sentir que le escuchas. En lugar de ignorarle o decir: «Espera un minuto, estoy ocupado», excúsate temporalmente de tu conversación y di: «Te escucho. Te aburres de esperar; haré todo lo posible por terminar pronto». Puede que tengas que repetirlo un par de veces, pero con sólo demostrar que entiendes que tu hijo está aburrido puede en realidad ayudarle a tener un poco más de paciencia para esperar.

Comunicación alternativa

Para los niños más pequeños que tienen problemas con la comunicación verbal de sus sentimientos, utilizar métodos no verbales puede marcar la diferencia. Para los bebés que gatean, aprender algunos signos básicos del lenguaje puede ser un gran logro. Utilizar tarjetas de emociones (cartas laminadas con dibujos de diferentes emociones y las palabras debajo) puede ser esclarecedor. El niño puede utilizar las cartas para decirte cómo se siente, incluso cuando es incapaz de comunicarlo verbalmente. Animar a los niños a hacer dibujos de cómo se sienten puede ser también revelador. Podéis crear un lenguaje secreto entre los dos, para que tu hijo te haga saber cuándo se siente abrumado. Por ejemplo, apretar tu mano puede significar «estoy asustado», tocar la parte superior de tu pierna puede significar «estoy aburrido» y poner su cabeza sobre tu pierna, «estoy triste». Estas formas silenciosas de comunicación pueden ser realmente útiles cuando estéis con gente, en especial si se supone que tu hijo deber guardar silencio.

Más autonomía

Ayudar a los niños a sentir que tienen más poder sobre sus vidas es una de las mejores maneras de reducir los lloriqueos y las rabietas. Más autonomía no significa que siempre tengas que dejarle hacer lo que quiera; lejos de eso. Sin embargo, debes permitirle que tenga todo el control posible, adaptándose a medida que crece. Cuando intentemos darle más control, es importante entender que no se concede mediante elecciones forzadas. Preguntar «¿esto o esto otro?» no da control al niño. Yo siempre lo he comparado con salir a cenar y que te ofrezcan un menú que sólo tiene dos platos. Pensarías «bueno, es un restaurante pobre: no tienen elecciones en absoluto». Y ésa es la misma falsa «elección» que muchos padres ofrecen a sus hijos.

A continuación ofrezco algunas formas con las que puedes dar más autonomía a tu hijo. Los límites pueden fijarse en su lugar adecuado; no tienes por qué darle control total:

- Control sobre qué, cuándo y cuánto comen.
- Control sobre la ropa que se ponen.
- Control sobre su tiempo libre y sus actividades.
- Control sobre sus amistades.
- Control sobre sus actividades familiares.
- Control sobre su peinado.
- Control sobre su higiene personal.
- Control sobre la decoración de su dormitorio.

Más tiempo de descanso

Cuando los niños están cansados o abrumados, programar cierto tiempo de descanso en su día puede tener un impacto maravilloso. Crear un espacio en tu casa que se pueda usar como «zona de relajación» (bajo las escaleras está bien). Pon allí un par de pelotas blancas, algunos cojines blandos, luces de fantasía, mantas, libros y un reproductor de CD o de MP3 (los CD de relajación o concentración son muy eficaces). Cuando tu hijo parezca estar cansado o abrumado, pero no listo para dormir, sugiérele que vaya a la zona de relajación, contigo o sin ti (él elige). Programar quince minutos cada día para relajación puede tener un efecto realmente positivo en los lloriqueos y las rabietas.

Más conexión física

El tacto es un gran regulador para los niños. Un abrazo puede ayudar a cualquier edad, aunque tu hijo mayor al principio no haga caso. Zarandearse, fingir que peleáis y «tontear» puede ayudar a que estéis más cerca, lo mismo que los juegos. Para los niños pequeños, tumbarse en el suelo con ellos, construir edificios o vías de tren, jugar con muñecos o pintar y dibujar son formas excelentes de conectar en estrecha proximidad los unos con los otros. Para los niños mayores, un juego compartido en una consola, salir para ver su banda favorita en concierto, o un viaje para ver el último estreno en el cine, cenando antes, puede ser una forma estupenda de romper el hielo.

Estimular la liberación de las emociones

Los lloriqueos y las rabietas pueden ser causados a menudo por guardarse las emociones. Igual que nosotros, si los niños se «llenan» demasiado de sentimientos incómodos, pueden explotar o volverse gruñones, irritables y quejicas. Si tu hijo sufre demasiados lloriqueos y rabietas, y los consejos anteriores no funcionan, es probable que necesite una liberación emocional. En este caso, «necesitar un buen llanto» es mucho más aplicable. Animar a los niños a comunicar sus sentimientos y a liberarlos de modo seguro en tu compañía puede ser realmente catártico para los dos.

Los padres pueden causar inconscientemente que los niños repriman sus emociones. Si tu hijo tiende a reprimir los sentimientos difíciles, lo más útil quizá será un rápido análisis de vuestra comunicación. En lugar de decirle «venga, no llores» o «no seas tonto, deja de llorar» o «ya eres un chico o chica mayor», utiliza frases como «no hay problema, puedes llorar todo lo que necesites», «a veces uno se siente bien si llora y deja salir todo» o «nunca se es demasiado mayor para llorar; yo estoy aquí para ayudarte».

• Estudio de caso de una familia real •

Me gustaría finalizar este capítulo con algunas comunicaciones reales con una madre que estaba preocupada porque su hijo lloraba. De nuevo, la pregunta consiste en un niño de edad específica, pero mi respuesta puede aplicarse a cualquier edad. Mientras lees la pregunta y mi respuesta, pregúntate sobre los «¿por qué?», «¿cómo?» y «¿qué?».

P: *Mi hijo acaba de cumplir cinco años y tiene rabietas por cosas insignificantes. Si no tiene la nueva cuchara o el tazón azul en el desayuno, empieza a llorar, a enfadarse y a patear el suelo con los pies hasta que puede encontrar una para lavar o hasta que salgo de la habitación y puede tomar su desayuno sin que yo le vea, utilizando otra cuchara. Esto ocurre a diario, y ahora nuestro hijo de tres años está copiando la conducta.*

R: Parece que tu hijo pequeño se siente un tanto impotente. No creo que el problema sea la cuchara o el tazón en sí mismos; son síntomas de cómo se siente. Yo le daría tantas oportunidades de tomar el control como fuera posible. En el desayuno, por ejemplo, le pediría que cogiera los tazones y las cucharas para él y su hermano, y que las llevara a la mesa. Yo tendría una vajilla y cubertería específicas para él y sólo para él. Id juntos a alguna tienda y permítele que elija su propio tazón y cuchara especiales, y asegúrate de que nadie más de la casa pueda utilizarlos. Sospecho que hay otras formas en que puedes ayudarle a recuperar también algo de control sobre su vida, como crear un espacio en la casa que sea solamente suyo: algún sitio al que pueda retirarse si se siente un poco abrumado, enfadado o triste.

También te recomiendo que dediques treinta minutos diarios a jugar con él, los dos solos, quizás cuando tu hijo menor esté durmiendo una siesta o, si tienes pareja, cuando estén ellos dos juntos. Durante este tiempo deberías ponerte a su nivel y jugar; abrazarse también es estupendo en este momento.

Por último, cuando se sienta molesto por algo, como no tener la cuchara adecuada, recuerda que, en ese momento concreto, esa cuchara es tan importante para él como la cosa más destacada en nuestro propio mundo. Sé que puede resultar realmente frustrante para ti, pero intenta entender que él no se porta de esa forma para molestarte de manera deliberada. En los casos en que no puedas darle control y necesites utilizar la cuchara (o cualquier otro objeto), debes empatizar con él: «De verdad quieres la cuchara roja, ¿no es verdad? Te sientes molesto cuando no utilizas la cubertería que quieres, ¿verdad?». Entonces continúa para establecer y reforzar tus límites: «No puedo dejártela esta vez, pero mañana podrás elegir el primero». En este momento, tal vez quieras ofrecerle una alternativa para alegrarle un poco: «Para alegrarte, ¿qué tal si hacemos pasteles cuando estemos todos en casa esta noche?».

Ayudar a tu hijo a sentirse escuchado puede servir en gran medida para reducir sus rabietas. Sin embargo, aún es muy joven y este tipo de conducta es indicativa del desarrollo del cerebro inmaduro que es normal para su edad. Cuando tienes un niño más pequeño, puede ser fácil esperar demasiado del mayor, sólo porque lo ves «grande». Pero él simplemente no es capaz del tipo de regulación de las emociones necesarias para superar esta conducta en este momento. Escucharle, apoyarle y permitirle tener la mayor cantidad de autonomía posible contribuirá al desarrollo de la regulación de las emociones mientras crezca.

A veces, creo que esperamos conductas de nuestros hijos que no siempre tenemos nosotros. Conozco a muchos adultos que lloriquean y tienen rabietas si no están felices o si no se salen con la suya, yo incluida, en realidad. Es encantador que tengamos a nuestros hijos en alta estima, pero resulta irónico que esperemos que acepten cosas que tal vez nosotros no aceptaríamos. Lloriquear y tener rabietas siempre tienen un desencadenante de base: ¿qué intenta decirte tu hijo? Descubre el desencadenante y habrás encontrado el «¿qué?» del enigma de la disciplina. Para que los niños se porten mejor, tienen que sentirse mejor. Esto es especialmente cierto de la conducta tratada en este capítulo.

Capítulo 8

AFRONTAR EL HECHO
DE QUE NO HAGA CASO
Y SE NIEGUE A HACER COSAS

Que los niños no escuchen y se niegen a hacer lo que les han pedido sus padres constituyen problemas universales en su crianza. Muchos padres contactan conmigo y me dicen que le piden a su hijo que haga algo hasta que se hartan. Me dicen que lo intentan pidiéndolo de forma amable, o bien que han probado castigos o recompensas y nada funciona. Describen pataletas cuando les dicen a sus hijos que es la hora de volver del parque, apagar la consola o entrar a casa. Me dicen que sienten impotencia y desesperación, y que se sienten desmotivados y desconectados de sus hijos. La ironía es que, en la mayoría de los casos, sus hijos sienten exactamente lo mismo.

Entonces, ¿por qué no hacen caso los niños? Una buena forma de responder a esto consiste en preguntar qué te impide hacer caso a alguien. Imagínate que tu jefe, tu madre o tu pareja te estuvieran pidiendo que hicieras algo de una forma que te hace sentir enojado, molesto o confuso. ¿Qué pueden estar pidiéndote y de qué forma? Yo, sin duda, seguramente escucharía con menos probabilidad a alguien, o haría lo que me pidieran, si:

- me gritara;
- me hablara con falta de respeto;
- me subestimara o me criticara;
- esperase que yo hiciera algo que él no hace;
- quisiera que haga algo difícil, pero no estuviera preparado para ofrecerme ninguna ayuda;
- me pidiera que dejara de hacer inmediatamente algo con lo que estuviera disfrutando, sin ninguna razón por la que tuviera que hacerlo en ese momento;
- me pidiera que hiciera algo que él fuera incapaz de hacer;
- me exigiera algo que nunca pide a mis compañeros o hermanos;
- me diera instrucciones confusas y nada claras;
- mostrara ningún respeto hacia mis sentimientos.

Como adultos, si otros nos muestran una falta de respeto y de comprensión, es razonable que ignoremos sus peticiones. Podríamos incluso responder diciendo algo como: «Bien, si me lo hubieras pedido amablemente podría haberlo considerado, pero percibo una falta de respeto en este momento»; o podríamos decir: «Estoy realmente ocupado ahora. No puedo hacer esto aún, pero recuérdamelo mañana y podré ayudarte». ¿Puedes imaginarte cómo responderías si tu hijo te contestara de una forma parecida? Supongo que no estarías muy contento. Algunos padres podrían decir: «¿Quién te crees que eres, hablándome así?». Por tanto, ¿por qué está bien para los adultos consultar sobre lo que se les pide, pero no para los niños?

• Por qué los niños no hacen caso •

La próxima vez que veas que tu hijo no te hace caso o se niega a hacer lo que le has pedido, piensa cómo te sentirías en su lugar. ¿Te sentirías inclinado a responder a alguien que te habla de la misma manera? Examinemos algunos errores muy comunes que cometen los padres cuando piden a sus hijos que hagan algo.

Mala comunicación

Si tu hijo no te hace caso, es probable que no te estés comunicando eficazmente. Uno de los mayores errores que cometen los padres es decirle a su hijo lo que ellos no quieren hacer, en lugar de lo que desean hacer: «Deja de correr», «no toques eso», «deja de pegar al perro», «no te comas eso». Hay dos problemas con este enfoque; el primero es que es mucho más probable que los niños oigan la segunda mitad de la orden —«correr», «tocar eso», «daño al perro» y «comer eso»— que «deja de» o «no». En segundo lugar, y tal vez más importante, es que, cuando le das a tu hijo una orden negativa, no le dices lo que quieres que haga en su lugar.

Sabiendo que los niños de casi todas las edades tienen malas habilidades de razonamiento lógico, siempre deberíamos decirles lo que queremos que hagas. Para ti, el resultado lógico de no correr es caminar. Has razonado que la respuesta apropiada debe ser ralentizar la marcha, y que caminar es una forma lenta de moverse. Para un niño con una corteza frontal menos desarrollada, esto no es tan evidente. Si no quieres que corra, ¿qué debe hacer? ¿Debería pegar botes? ¿Andar a la pata coja? ¿Reptar? ¿Volar? ¿Quedarse quieto? ¿Y qué ocurre con el «no toques eso»? En este caso hay dos problemas para el niño: su falta de control de los impulsos y, de nuevo, la ausencia de habilidades de razonamiento lógico, que examinamos con cierto detalle en el capítulo 3 (*véase* página 59).

Cambiando la frase, sustituyendo la orden negativa por una instrucción positiva, es mucho más probable que el niño escuche y responda. En la tabla de la página siguiente pueden verse algunos ejemplos muy comunes.

Recuerda siempre que eres un modelo a imitar cuando disciplines a tu hijo, y pedirle que haga algo no es una excepción. Mantén la voz tranquila y con el volumen bajo. Si gritas o subes la voz, es menos probable que tu comunicación sea eficaz; del mismo modo que no escucharías a tu jefe o pareja si te gritaran. Por último, recuerda tu lenguaje corporal: si tienes un niño pequeño, agáchate hasta su altura y mírale a los ojos, manteniendo el contacto con él, si es posible, con una mano sobre su hombro o cogiendo su mano.

Orden negativa ineficaz	Orden positiva eficaz
Deja de correr	Camina, por favor
No toques eso	Las manos a los lados del cuerpo, por favor
Deja de tirarle de la cola al gato	Sé amable con el gato, por favor
Deja de andar lejos de mí	Permanece a mi lado y cógeme de la mano, por favor
Deja de pegar a tu hermana	Pórtate bien, por favor
Deja de hacer un desmadre con la cena	La comida en el plato, por favor
Deja de gritar	Habla más bajo, por favor
Deja de moverte	Tranquilízate, por favor
No pintes las paredes	Dibuja en un papel, por favor
Deja de tirar cosas	Deja la pelota quieta en tu mano, por favor

Instrucciones confusas

¿Cómo es tu memoria? Si te pidiera que cerraras el libro, que fueras a la cocina y cogieras una cuchara, después que fueras al cajón de otra habitación y cogieras unas tijeras, después a tu armario y cogieras una chaqueta, y, por fin, que devolvieras todo al sitio donde estaba, ¿te costaría recordarlo todo? Sé que a menudo olvido por qué he ido a una habitación, cuando era sólo para coger una cosa, por lo que mucho más difícil será para un niño, con un cerebro mucho menos desarrollado, seguir una serie de instrucciones complicadas, o incluso intentar hacerlo.

Dar a tu hijo sólo una cosa para que se concentre, con una explicación clara, es comunicarse a su nivel, y de este modo es mucho más probable que nos haga caso. Haz que tus preguntas e instrucciones sean breves y claras, y lo más importante, da sólo una orden en cada ocasión: «Por favor, coge tus zapatos». Después, cuando vuelva: «Por favor, ponte los zapatos».

No apropiado para su edad

Pedir a un niño de dos años que se siente tranquilo y no diga nada mientras esperan probablemente terminará mal. No es apropiado para su edad.

Con dos años, un niño tiene un control de los impulsos mínimo y un abrumador deseo de moverse y hacer ruido. Estás condenado al fracaso desde el principio si esperas demasiado de él. La próxima vez que tengas problemas para que tu hijo te escuche o que haga lo que le pidas, acuérdate de lo que has aprendido sobre el desarrollo cerebral del niño en el capítulo 3, y si lo que le estás pidiendo es apropiado para su edad.

Ausencia de diversión

La infancia consiste por completo en jugar. Jugando es como aprenden los niños, como se relacionan y vinculan, y como se comunican. Aunque sean mayores, el juego es infinitamente más atractivo para ellos que las tareas aburridas de cada día. La próxima vez que pidas a tu niño que haga algo, en especial si está absorto en algún tipo de juego, piensa en cómo podrás hacer más divertido lo que le pides a tu hijo. ¿Puedes convertir en un juego lo que le pides? ¿En una competición? ¿Una canción? ¿Puedes hacer que sea divertido? La tabla inferior te ofrecerá algunas ideas.

Petición	Solución divertida
Lanzar juguetes	Haz una «portería» y lanza (con suavidad) los juguetes a través de la portería, en el interior de la caja de los juguetes. Haz un cálculo de cuántos goles se marcan y mira si habéis batido la mejor puntuación de ayer.
Ponerse el abrigo	Conviértelo en una competición: ¿quién puede ponérselo antes? ¿Quién será el gran campeón de ponerse el abrigo de tu casa?

Ordenar los platos de la cena	Canta alguna canción tonta sobre ordenar. «Ésta es la forma en que ordenamos los platos, ordenamos los platos, ordenamos los platos. Ésta es la forma en que ordenamos los platos porque somos unos campeones».
Cepillarse los dientes	Finge que eres un dinosaurio dentista que comprueba hojas y huesos encajados en tus dientes. Pídele que abra bien la boca y que ruja mientras tú haces la comprobación con el cepillo limpiador de huesos del dinosaurio.
Encontrar los zapatos	Imagínate que os encontráis en una expedición, buscando un monstruo con pies con pequeñas manchas. ¿Quién va a ser el mejor explorador y los va a encontrar?
Preparándose para la cama	Habla con una voz divertida, como si fueras una niñera loca de otro país que les hará cosquillas si no entran en la cama rápidamente.
Traer los juguetes del jardín	Finge que está a punto de llegar una gran tormenta y que los muñecos quedarán abandonados en el jardín en una gran inundación, a menos que sean rápidos (con un riego ocasional de la manguera). ¿Puedes meterlos en casa antes de que llegue la inundación?
Hacer los deberes	Finge que ellos son el profesor y tú el alumno y que te están dando clase y planificando la lección de hoy. Tienen que responder las preguntas para saber las respuestas, antes de que te pongan a prueba y evalúen tus respuestas.

Falta de control

Una de las principales razones por las que los niños se niegan a escuchar y responder a las peticiones de sus padres es porque se sienten impotentes. De nuevo, el problema de la falta de control que explicamos en el capítulo 1 vuelve a aparecer. Esto es especialmente cierto si están absortos en un juego, un libro o una película de la televisión. De muchas maneras, están a tu merced en lo relativo a cómo pasan su tiempo libre. Cuando te piden que hagas algo, ¿alguna vez les pides que esperen hasta que termines lo que estás haciendo? No obstante, cuando la situación es a la inversa puedes pedirles que hagan algo «ahora». ¿Puedes imaginar lo frustrante que debe ser tener tan poco control? ¿Te sentirías inclinado a ignorar también una solicitud en esa situación? Sin embargo, si tú dices «quiero que ordenes tu habitación hoy; ¿cuándo te gustaría hacerlo?», le das una autonomía muy necesaria que, a su vez, aumentará la probabilidad de que te escuche y te responda.

Falta de conexión

Tu comunicación no sólo debe expresar tus intenciones, sino también tu conexión con tu hijo. Cuanto más conectado se sienta contigo, más probable es que te haga caso. En el capítulo 1 hablamos sobre el sentimiento de desconectar como un desencadenante de una conducta indeseable, una idea que debemos sacar a relucir aquí otra vez. Siempre que no estés contento con la conducta de tu hijo, recuérdate que es sólo su comportamiento lo que no te gusta. Es distinto de tu amor y afecto por ellos. Muy a menudo los padres gritan, avergüenzan y amenazan si sus hijos los ignoran o se niegan a hacer lo que les piden. Estas técnicas pueden funcionar, pero si lo hacen generarán una reacción muy superficial y a corto plazo que en realidad hará menos probable que el niño haga caso en el futuro. Tener una buena conexión con tu hijo te hará más propenso a hacer lo que le pides, por ninguna otra razón que porque te quieren.

Falta de empatía y de comprensión

¿Cómo te sentirías si estuvieras absorto en un libro o conversación, o en medio del acto de hacer algo que piensas que es importante, y tu pareja exigiera tu atención y cooperación instantáneas? Muy a menudo hablamos a los niños y les pedimos que hagan cosas de una forma que a nosotros mismos no nos gusta. En el capítulo 3 examinamos la importancia de la empatía, y lo mismo es aplicable en este caso. Si tu hijo está absorto en una actividad, es mucho mejor decir: «Puedo ver que estás muy ocupado en este momento, y no quiero interrumpir tu diversión, pero sí debo pedirte que te quites los zapatos. ¿Preferirías hacerlo ahora, de forma que después vuelvas otra vez a lo que estás haciendo? ¿O terminas en los próximos cinco minutos para que puedas hacerlo entonces?». Esto es preferible a «te he dicho que lo hagas ahora. ¿Por qué nunca me haces caso? He dicho ahora». Las dos peticiones son prácticamente iguales, y exigen lo mismo del niño, pero la forma en que se han expresado muestra una enorme diferencia en la comprensión y la empatía por parte del padre.

• Luchas habituales de «negarse a hacer algo» •

A continuación examinamos algunas situaciones muy comunes con las que los padres suelen luchar, además de sugerencias para manejarlas. Mientras lees estas situaciones, recuerda pensar sobre el «¿por qué?», el «¿cómo?» y el «¿qué?» en cada caso:

- ¿Por qué se comporta el niño de esta forma?
- ¿Cómo se siente?
- ¿Que esperas enseñarle con tu disciplina?

Negarse a acostarse

Los problemas por acostarse tienen lugar principalmente en el bebé y en los años en que el pequeño puede gatear. Sin embargo, lo que la mayoría de padres de niños jóvenes no tienen en cuenta es que pueden continuar durante muchos años. Los años de adolescente, en concreto, pueden conllevar muchos problemas relacionados con la hora de irse a dormir, con niños que suelen negarse a acostarse a la hora que los padres consideran adecuada.

Empecemos por el «¿por qué?» en este caso. Uno de los mayores problemas en lo relativo a dormir es que los niños no siempre están preparados biológicamente para irse a la cama cuando sus padres esperan que lo hagan. Como ya hemos visto, desde la edad de dos hasta la de nueve o diez, una hora realista para irse a dormir es las ocho o las nueve de la noche. Antes de este momento es bastante probable que sus cuerpos no hayan segregado suficiente melatonina (la hormona del sueño), y les resultará difícil conciliar el sueño. Los niños más pequeños pueden esforzarse de verdad por reconectar con sus padres después de la guardería o el colegio, y son más resistentes a irse al a cama hasta que pasan tiempo suficiente en casa, por la tarde, reconectando después de pasar el día fuera. Para los padres que trabajan, los niños necesitan pasar al menos dos horas haciendo esto antes de que comience la rutina de acostarse.

Los adolescentes necesitan irse a dormir mucho más tarde de lo que sus padres creen apropiado. Desde los once años en adelante, la hora de irse a la cama se va retrasando lentamente. Para niños de diez, once y doce años, irse a la cama a las nueve es apropiado, y desde trece años en adelante las diez sincroniza mejor con lo que sucede con los ritmos circadianos de su reloj corporal. Esto, por supuesto, significa que muchos están cansados por la mañana y que preferirían dormir más tarde. Sin embargo, no están siendo vagos; es simplemente consecuencia de la biología.

Ahora pensemos en cómo se siente el niño. Como padre, probablemente disfrutes de una noche temprana para relajarte y coger el sueño. Sin embargo, como niño, que te manden a la cama antes de estar cansado no es una receta para el éxito. De hecho, irse a la cama cuando no se está cansado a menudo puede conllevar terminar estresado y en consecuencia lleno de cortisol. El cortisol inhibe la melatonina, la razón por la que a los insomnes se les recomienda que dejen de intentar acostarse. La hora de la cama normalmente también conlleva que el niño esté solo en una habitación, lejos de sus padres. Para muchos, ésta es una idea siniestra, e intentarán todo lo posible para quedarse con sus padres el mayor tiempo posible, resistiéndose a ir a la cama. En la mayoría de los casos, el hecho de negarse a acostarse no es un acto desafiante, sino una forma de estar más tiempo contigo y no estar solo.

A continuación, pensemos sobre lo que esperamos lograr en lo relativo al sueño y la disciplina. Por supuesto, tu principal objetivo probablemente sea que tu hijo tenga la cantidad de sueño que necesita para mantenerse sano y feliz. A veces, los padres quieren que sus hijos se vayan a la cama para poder tener la noche para ellos solos, lo cual no es una buena razón. Enseñarle a tu hijo una buena higiene del sueño y ayudarle a relajarse y tener buenas asociaciones con el sueño es realmente importante.

La mayoría de los padres no hablan a sus hijos sobre el sueño y los efectos sobre su cuerpo, pero éste en realidad debe ser el punto de partida: explicar cómo el sueño sana el cuerpo y la mente, y ayuda a tener energía el día siguiente, además de una explicación de qué ocurre cuando no se duerme lo suficiente. A continuación viene convertir el entorno donde duermen en un lugar donde se sientan cómodos y tranquilos; y trabajar una excelente rutina para irse a la cama, especialmente si son pequeños. La rutina ayuda al niño a saber que se aproxima la hora de irse a la cama y sentir el control, al saber qué esperar y cuándo.

Por último, los límites son importantes, sobre todo cuando se cumplen una y otra vez. Dejar que tu hijo se quede levantado una noche y no la siguiente, no funciona. Establecer una hora para irse a la cama y que se cumpla en la medida de lo posible es clave. Si tu hijo se muestra reticente a irse a la cama, empatiza con él («entiendo que no quieras irte a la cama en este momento...»), y después explícale por qué es necesario («¿pero recuerdas cuando hablamos sobre lo importante que es el sueño?»). Por último, permítele tener algún control sobre el proceso: «¿Te gustaría leer diez minutos en la cama? ¿O bien te gustaría que pusiera algo de música para ti, para que la escuches mientras vas a dormir?».

Por tanto, mantener una hora de acostarse habitual, ayudando al niño a entender la importancia del sueño y una hora de irse a la cama biológicamente apropiada, e implementar una rutina buena, sólida y predecible, son cruciales para solucionar los problemas relacionados con la hora de irse a dormir.

Negarse a ordenar su habitación

Seamos sinceros: a la mayoría de la gente no le gusta ordenar sus cosas. A mí no, sin duda, y puedo entender totalmente que a la mayoría de los niños tampoco les guste. Sin embargo, es necesario ordenar las habitaciones, así que ¿cómo lo convertimos en algo menos doloroso?

De nuevo, empecemos con el «¿por qué?». ¿Por qué los niños se niegan a ordenar sus habitaciones? En primer lugar, evidentemente, resulta que no es una tarea de la que se pueda disfrutar. Por tanto, hacerla más divertida es una buena solución. Pon algo de música para bailar, convertirlo en una competición con los otros hermanos que ordenan sus habitaciones, o únete a tu hijo y considéralo como un buen momento para establecer vínculos; y también el hecho de contar con dos pares de manos acelera el trabajo.

Ordenar a menudo también aleja a los niños de lo que deberían hacer. Programar un «rato para ordenar», una vez a la semana, de forma que se convierta en parte de su rutina, es una buena forma de mejorar este aspecto. Cuanto más se convierta en parte de la vida cotidiana, más fácil lo encontrarán los niños. Asimismo, desde un punto de vista práctico, intenta hacer las cosas más fáciles para que tu hijo se dedique a ordenar. Coge muchas cajas para almacenar y encuentra sitio para ellas en la medida de lo posible, teniendo en cuenta su capacidad para coger cosas y ordenarlas. Mis propios hijos consideran difícil poner la ropa sobre las perchas y colocarla en sus armarios, por lo que nos deshicimos de los armarios y conseguimos grandes baúles con cajones en su lugar, lo cual ha acabado con el estrés de colocar la ropa.

También es una buena idea decirles a tus hijos *por qué* necesitan ordenar. Mostrarles fotografías de ácaros del polvo puede ser muy eficaz, explicándoles que si el suelo no está limpio, no se le puede pasar la aspiradora y rápidamente se pondrá sucio y lleno de bichos diminutos. También puedes comentar que es mucho más fácil para ellos encontrar sus cosas y tener espacio para entretenerse, dibujar, jugar y hacer los deberes, si está ordenado.

A continuación, piensa en cómo se sienten. A la mayoría de la gente no le gusta ordenar, así que podemos empatizar con ellos: «Tampoco me gusta limpiar; es aburrido, ¿verdad?». También podrías recomendarles algo divertido que podéis hacer cuando hayáis acabado: «¿Hacemos esto lo más rápidamente posible y después salimos a almorzar juntos?». Permitir que tu hijo tenga más control también resulta útil: «Tu habitación necesita ordenarse; podrías hacerlo esta noche y tener el día libre mañana, o haces lo que quieras esta noche y ordenarás mañana. ¿Qué prefieres hacer?». Esto suele funcionar mucho mejor que cuando tú decides que él debe ordenar.

Es importante no recompensar a tu hijo por ordenar su habitación. Cada vez que le sobornas con regalos y dinero estás erosionando su motivación intrínseca (*véase* página 82) y será menos probable que la ordenen por ellos mismos. Ordenar forma parte de la vida en familia. Todo el mundo debería ser responsable y ayudar; tú no eres recompensado como adulto y ellos tampoco deberían.

Por último, piensa en lo que quieres lograr cuando aplicas la disciplina para ordenar la habitación. ¿Quieres sólo enseñar a tu hijo a ordenar su habitación mientras viva con vosotros? ¿O te gustaría que entendiera las virtudes de la limpieza y el orden para los años futuros, incluso para cuando ya no viva con vosotros? Tu enfoque probablemente será distinto dependiendo de lo que te propongas. Si te gustaría que se convirtiera en un adulto consciente de su entorno, entonces tienes que ayudarle a entender por qué es importante que ordene y lo que ocurre si no lo hace.

¿Qué quieres que tu hijo aprenda de ti? Si deseas que ordene su habitación, entonces tu propia habitación tiene que estar ordenada también.

Negarse a ponerse los zapatos

¿Es un problema para ti que tu hijo se ponga los zapatos? ¿O tal vez tengas un hijo que siempre pierde sus zapatos, lo cual da como resultado una búsqueda alarmante y una posterior visita al colegio?

¿Por qué ocurre esto? Para los bebés que gatean puede ser porque no les gusta la sensación de los zapatos en sus pies. Permitirles ir descalzos todo lo posible, o comprar unos zapatos especiales que no se sienten puede ayudar a cubrir sus necesidades sensoriales. También puede existir, de nuevo, un tema de control. Cambiar los cordones por tiras de velcro puede darles más autonomía, ya que reduce la necesidad de tu intervención y el tiempo que tardan en ponerse los zapatos. Por último, piensa en tu comunicación: ¿estás dándole a tu hijo demasiadas órdenes a la vez? («Ve al armario, coge tus zapatos, tráelos aquí y siéntate para que pueda ponértelos»). Como dijimos antes, hay que dar una sola instrucción cada vez.

En términos de los sentimientos del niño, es probable que incluya el estrés de las prisas y una sensación de impotencia por no poder ponerse –o incluso encontrar– sus zapatos. Reducir el estrés y aumentar la autonomía son, por tanto, vitales.

Para los niños mayores que siempre pierden sus zapatos o se sientan en el sofá sin ellos, cuando están a punto de salir para ir al colegio, en gran medida consiste en ayudarles a entender por qué la pérdida de los zapatos es un problema. Explícales qué ocurre cuando llegan tarde y lo estresado que te hace sentir y, como consecuencia, cómo los perturba a ellos. A continuación, ayúdales a tener más control. Piensa en tener una caja de zapatos o estantería cerca de la puerta, donde pueden dejar sus zapatos en cuanto entran en casa, de forma que sepan dónde están el próximo día. Después, asegúrate que les permites tiempo suficiente por la mañana, de forma que no haya prisas, y anímales a convertirlo en una rutina. Podrías incluso formar una rima: «Primero el desayuno, es la hora de comer. Después es el momento de los zapatos, en tus pies».

Por último, ¿qué quieres que aprendan tus hijos de tu disciplina? ¿Ser organizados de forma que puedas salir de casa con tiempo para llegar al colegio? ¿O que necesitan zapatos para proteger sus pies? Las consecuencias naturales pueden funcionar bien para lo último. Si tu hijo pequeño se niega a ponerse los zapatos, podrías permitirle caminar descalzo durante un tiempo, hasta que se dé cuenta de que las piedras dañan sus pies o que el frío hace que sienta pinchazos. Por supuesto, esto depende del entorno en el que estéis y de cualquier riesgo que se presente (y también deberías llevar los zapatos contigo para cuando se dé cuenta de su error). Para los niños mayores, tal vez preadolescentes y adolescentes, podrías dejar que entren en juego consecuencias lógicas. Si no ponen sus zapatos en la caja o en la estantería y no pueden encontrarlos por la mañana, tendrán que ponerse unos zapatos que no formen parte del uniforme y puede que los regañen en el colegio. De nuevo, adopta este enfoque con cuidado, ya que puede ser contraproducente y generar algo más que un problema.

Los deberes pueden ser la pesadilla de muchas familias. Yo mantengo firmemente la opinión de que en su mayoría no tienen ningún sentido y no ayudan a educar a los niños en absoluto, especialmente durante los primeros años de colegio. Sin embargo, para las tareas que deben realizarse sueles necesitar un plan de juego.

¿Por qué no les gustan los deberes a los niños? No estoy segura de que esta pregunta necesite una respuesta. Después de un día ocupado en el colegio, lo que la mayoría de los niños quieren hacer es relajarse en casa y jugar con sus amigos. Para los niños mayores en particular suele haber tres cosas principales que faltan en lo que se refiere a los deberes: habilidades de organización, comprensión y control. Examinémoslas una a una.

La mayoría de los niños en edad escolar no son especialmente organizados debido a una corteza frontal inmadura. Esto es un sencillo caso de desarrollo cerebral, y encontrar un sistema para ayudarles a trabajar es una de las mejores cosas que puedes hacer. Si tu hijo no tiene un diario con los deberes anotados, prueba a comprarle uno, para que pueda anotar sus tareas y la fecha en que deben estar hechas. Algunas bandejas de entrada y bandejas de salida también pueden ser útiles: la bandeja de entrada es para los deberes que deben hacerse y la bandeja de salida para los que están hechos. Anima a tu hijo a poner los libros en las bandejas para que, cuando haga falta hacer los deberes, los primeros queden en la parte superior. Un buen espacio de trabajo también es importante: un pupitre con un organizador (que contiene bolígrafos, lapiceros, borradores, reglas, una grapadora y clips para sujetar papeles) y una buena fuente de luz. Y deberías ayudar a tu hijo a establecer una rutina a seguir cada tarde, incluyendo clasificar sus deberes y preparar la mochila la noche anterior, para que no surja el pánico por la mañana.

Negarse a hacer los deberes también puede ser un síntoma temprano de que un niño se está esforzando en una materia en particular y no quiere hacer sus deberes simplemente porque no los entiende. Si sucede esto, apresúrate a buscar la ayuda del profesor o escribir una nota en su libro para el profesor. Demasiados padres hacen los deberes de sus hijos en un intento por cumplir, pero esto no ayuda a nadie, y menos al niño. Si hay algún problema, es importante que lo sepa su profesor.

Por último, los niños pueden sentirse realmente impotentes en lo relativo a las tareas escolares y al hecho de que, una vez que están en casa, su tiempo sigue sin ser suyo. Fijar una hora determinada para los deberes puede ser realmente útil, para que sepan que tienen total libertad antes del tramo horario entre las cinco y las seis, por ejemplo, y pueden concentrarse en los deberes durante esa hora. De lo contrario, si los niños no se centran en los deberes, puede sentirse que duran para siempre.

A continuación, piensa en cómo se siente tu hijo. A menudo puede sentirse triste y frustrado en lo referente a los deberes. Empatizar es clave de nuevo: «Te sientes molesto por tener que hacer ahora tus deberes. Yo probablemente me sentiría igual». Sin embargo, explicarles por qué tienen que trabajar duramente ahora también es importante. Hablar sobre lo que les gustaría hacer cuando sean adultos y qué tienen que hacer para conseguirlo (y qué sucede si no lo consiguen) puede ser una buena forma de motivar a los niños. (Esto puede aplicarse a cualquier niño de cinco o más años). Si tienen problemas con alguna asignatura, háblales sobre la mentalidad de crecimiento (*véase* página 49) y cómo sus capacidades no son fijas, sino que son el resultado de su pensamiento y esfuerzo. Habla sobre tus propios años en el colegio y sobre tus problemas, y, lo más importante, lo que conseguiste. Y asegúrate de que tu hijo disponga de una gran cantidad de tiempo para relajarse, sin deberes ni actividades organizadas.

Por último, piensa en lo que esperas conseguir de tu disciplina. ¿Quieres que tu hijo aprenda eficazmente por derecho propio? Si es así, tu objetivo es ayudarle a tener el control de su aprendizaje e incrementar sus habilidades organizativas, no concentrándose en cualquier parte concreta de los deberes. Intenta reprimirte en lo relativo a terminar los deberes para ellos; piensa en el conjunto completo y cómo, en el gran esquema de las cosas, en realidad no les ayuda. A veces tenemos que dejar que los niños cometan sus propios errores para que aprendan.

Negarse a dejar la consola de juegos

Las consolas y demás tiempo que se pasa con pantallas pueden ser una de las partes más difíciles de la vida familiar. Los juegos en sí mismos están diseñados para ser altamente adictivos, e incluso como adultos podemos tener que controlar el tiempo que pasamos con ellos.

La naturaleza adictiva de los juegos, es una de las razones por las que los niños, hasta ser adultos jóvenes de veintitantos, consideran difícil limitar el acceso a las pantallas y controlar sus impulsos (*véase* página 61). Sabiendo lo difícil que es que un adulto cierre un juego y no pase «sólo cinco minutos más» intentando ganar, puedes hacerte una idea de que es mucho más difícil para tu hijo. Imagínate que estás a punto de ganar una competición o derrotar a un rival, y tu pareja te grita: «Vamos, apágalo ahora». ¿Contestarías: «sólo un minuto, ahora no puedo»? ¿Entonces qué sucedería si te dijera: «Te he dicho que lo apagues ahora»? ¿Y qué ocurre si lo estás haciendo mucho mejor que antes con el juego y tu pareja se enfada, apaga la consola y te envía a tu habitación y te prohíbe jugar durante la próxima semana? Nunca has hecho una decisión consciente para ser «desobediente», ni querías ser maleducado o irrespetuoso; es sólo que el juego te llena de adrenalina, una respuesta de lucha o huida, podrías decir, y tú diste un portazo al salir por culpa de los cambios físicos y químicos del interior de tu cuerpo. Eso es lo que experimentan cada día millones de niños de todo el mundo, y, como padres, tienes que entender que esta respuesta no es personal.

¿Pero qué debes hacer? Establecer un tiempo límite para las pantallas/juegos es importante. Como dije antes, en mi casa tenemos un máximo de una hora de pantalla diaria los días laborables (sé que mis hijos no pueden manejar los efectos cuando tienen que levantarse temprano el día siguiente), y en los fines de semana están limitados a dos horas por día. No son unos límites que les satisfagan, sino que los han aceptado a regañadientes, después de explicarles muchas horas los efectos negativos del tiempo que pasan ante una pantalla. He compartido artículos sobre lo que hace a sus cerebros, he señalado la conducta de otros y les he ayudado a observar lo mismo en ellos. Esto es importante: a menos que expliques los efectos y las razones subyacentes a tus acciones, tus hijos te considerarán un aguafiestas. Cuando valoren que estás regulando su conducta por su propio beneficio, es más probable que lo acepten. En los primeros días yo solía guardar los mandos en un lugar secreto porque sé lo tentador que es ponerse a jugar. Ahora empatizo con su enfado y sus lágrimas, pero me mantengo con coherencia. Si sobrepasan los límites y están demasiado tiempo, les informo de que su tiempo ha terminado, y sigue una consecuencia lógica. Intento permitir a mis hijos que participen en sus propias consecuencias que, en el caso del tiempo pasado con las pantallas, es siempre una restricción de su asignación siempre que jueguen después.

No soy una gran fan de las consecuencias como enfoque de primera línea en lo relativo a la disciplina, especialmente para los niños pequeños. Sin embargo, por lo que se refiere al tiempo que se pasa con pantallas, creo que son prácticamente esenciales.

• Estudios de caso en familias reales •

Una vez más, me gustaría terminar el capítulo con algunas cartas recibidas, procedentes de padres, sobre situaciones que consideran difíciles con sus propios hijos. Las cuestiones tienen relación con niños de una edad concreta, pero mis respuestas son aplicables a cualquier grupo de edad. Mientras las lees, intenta identificar la causa de la conducta (el «¿por qué?»), una comprensión de cómo se siente el niño (el «¿cómo?») y cuál sería una buena solución disciplinar (el «¿qué?»).

P: *Necesito ayuda para convencer a mi hijo pequeño de que se cepille los dientes. Es siempre una lucha, ya que se niega por completo a que lo haga yo. Cada vez que lo intentamos todo termina en lágrimas.*

R: Hay varias razones por las que a los niños pequeños no les gusta cepillarse los dientes, pero hay tres principales, en mi opinión. En primer lugar, les hace sentir completamente sin control (¿cómo te sentirías tú si alguien intentara poner un cepillo de dientes en tu boca y cepillase tus dientes, especialmente si no quieres hacerlo?). En segundo lugar, altera lo que están haciendo, que probablemente sea algo mucho más divertido. Y, por último, hay algo en esa sensación que les disgusta.

La respuesta a los problemas con el cepillado de dientes es llegar a una solución que tenga en cuenta los tres factores. Siempre recomiendo que los niños pequeños reticentes se cepillen ellos mismos, aunque eso sólo conlleve masticar un cepillo de dientes durante un minuto. La alternativa es permitirles cepillar tus dientes mientras tú cepillas los suyos. Cambiar de turno durante sólo unos segundos aproximadamente puede permitirles sentir que tienen algo de poder sobre la situación. A continuación, no te impongas como objetivo un tiempo específico cepillándote los dientes y piensa en hacerlo en un lugar distinto: cepillarse mientras se están bañando suele funcionar bien, lo mismo que cepillarse mientras ves algún videoclip que les guste o leyendo algún libro. Por último, investiga sobre diversos tipos de cepillos para dientes: los de goma masticables suelen ser los que tienen más éxito, y a algunos niños les encantan los eléctricos. Las toallitas dentales también son buenas. También puedes probar con un dentífrico con sabor a frutas, u otras alternativas, en lugar de la menta.

P: *¿Cómo estimulo a mi hijo de cuatro años para que trabaje conmigo ordenando sus juguetes, cuando responde a todo haciendo pedorretas y diciendo «no quiero»?*

R: Hay dos puntos importantes que entender aquí. En primer lugar, ordenar es verdaderamente aburrido y casi todo el mundo lo odia. En segundo lugar, todo el mundo que vive en una casa tiene la obligación de mantenerla en orden.

Empezando con el punto uno, hay algunas cosas en las que pensar. ¿Qué sientes sobre el hecho de ordenar cosas? ¿Te quejas al tener que hacerlo? ¿Lo haces como un trabajo tedioso y horrible? ¿O tal vez no se te da muy bien ordenar tus propias cosas (yo sé que esto me ocurre a mí)? Tenemos que entender en qué medida nuestros hijos se fijan en nosotros para averiguar cómo deben comportarse. Si tu casa es un desastre, es muy probable que ellos también lo sean. Si no ordenas tus cosas, no puedes esperar que tu hijo lo haga sólo porque se lo pidas; como dice el dicho: «Haz lo que yo hago, no lo que digo». Si para ti ordenar es una tarea difícil, entonces tu hijo crecerá odiándolo también. Intenta crear una «canción de limpieza» (cuanto más tonta, mejor). O inventa un baile divertido para ordenar. Conviértelo en una competición: ¿quién de vosotros puede poner antes más juguetes en una cesta? O cronométralo para ver si puede batir su récord de ayer.

Pasando al punto dos, es importante que tu hijo entienda que forma parte de tu familia y, como tal, sus responsabilidades son muy similares a las de cualquier otro de la casa. La familia en su conjunto necesita mantener la casa ordenada: no es negociable. Esto no significa que no puedas empatizar: «Oh, querido, sé que no quieres ordenar, pero hay que hacerlo. ¿Cómo puedo hacerlo más divertido para ti?». O bien: «Corazón, puedo ver que no quieres ordenar ahora, pero no podemos sacar más juguetes hasta que guardemos todos. ¿Te gustaría juntar los coches o los rotuladores en primer lugar?». Como ordenar es algo que todos los miembros de la familia deberían hacer, es importante que no sobornes nunca a tu hijo para hacerlo. Eso significa nada de recompensas con dulces, juguetes o dinero. Si le «pagas» por ordenar esperará cada vez más recompensas por las tareas de cada día y será mucho menos probable que lo haga sin pagarle. Por último, es importante que siempre te ciñas a tu norma de ordenar los juguetes constantemente. Si estás cansado o aburrido algún día, aun así debes pedirle a tu hijo que ordene. No te sientas tentado a pensar que lo dejarás sólo por hoy. Eso es confuso para tu hijo. Si se ha salido con la suya hoy, intentará hacer lo mismo mañana, o te encontrarás con más resistencia cuando intentes hacer cumplir los límites que antes has dejado quebrantar.

Entonces, para resumir: empatizar, mantener límites estrictos todos los días, servir de modelo para la conducta que quieres ver y hacer el proceso tan cooperativo y divertido como sea posible.

¿Puedes recordar la última vez que te pidieron hacer algo y no lo hiciste? Para mí ocurrió sólo la última noche. Estaba cansada y quería acostarme por lo que no ayudé a mi marido a arreglar la impresora averiada. Él no se sintió muy contento de que no le ayudara, pero empatizó conmigo y supo que yo estaba cansada después de un día ocupado. Estuvimos de acuerdo en que arreglaríamos juntos la impresora el fin de semana. Así es como los adultos solucionan sus problemas de «no escuchar». Es raro que los padres solucionen los problemas del mismo modo que sus hijos, pero no hay razón por la que deba ser diferente. Comprender y empatizar con nuestros hijos es absolutamente vital. Una vez más, tendemos a esperar de ellos conductas que no siempre mostramos nosotros como adultos. Los «¿por qué?» y «¿cómo?» son cruciales. Si tienes en cuenta los sentimientos de tu hijo, los respetas y te comunicas con él de forma clara y efectiva, el problema de que no nos hagan caso disminuirá drásticamente.

Capítulo 9

AFRONTAR LAS GROSERÍAS
Y LA INSOLENCIA

¿Cuándo fue la última vez que fuiste maleducado con alguien? Recuerda esa ocasión y cómo te sentiste en ese momento. ¿Qué causó los sentimientos incómodos en ti, que te hicieron responder de esa forma? ¿Se trataba de algo que dijo alguien, o algo que tal vez hiciera o no hiciera? Cierra los ojos e intenta recordar el tipo de respuesta que se desencadenó antes de que reaccionaras. ¿Quizás tu cuerpo se sentía tenso? ¿Tal vez sentías tensos tus dientes y tu mandíbula? ¿Quizás estabas reteniendo el aliento o sentías cómo te entraba calor? ¿Es posible que tu latido cardíaco se acelerase? ¿Puede que tuvieras una sensación de incredulidad, de sentirte mal, atacado o de que no te entienden?

Puedo explicar la última vez que me ocurrió a mí. Había ido a recoger a mi hija al colegio. Estaba en el coche y acababa de salir del supermercado. El colegio se encuentra en una carretera residencial de casas antiguas donde se permite aparcar y apenas un puñado de sitios libres que siempre cogen las personas que van a comprar en la ciudad que hay al lado. Hay un aparcamiento público cercano, pero, puesto que ofrece aparcamiento gratuito e ilimitado desde las ocho de la mañana, está siempre lleno de coches de personas que trabajan en la ciudad. El otro único lugar para aparcar es un aparcamiento privado, a unos 800 metros de la escuela, o los espacios que dejan libres quienes viven allí. Elegí estos últimos aquel día, como hacen casi todos los padres de niños de la escuela. No deberíamos aparcar allí, pero era sólo cuestión de cinco minutos. Mientras estaba sentada en el coche, esperando a que saliera mi hija, vi una encargada de aparcamientos que caminaba arriba y abajo por la calle. Era nueva. Mientras que su predecesor había evitado la carretera donde se dejaban y recogían los niños del colegio, probablemente debido al enfado de todos los padres airados que habían aparcado allí por un momento, esta nueva encargada tenía claramente una misión. Mientras se acercaba a mi coche, me sentí tensa. Me preguntó si tenía permiso para aparcar, que evidentemente no tenía, y entonces me dijo que «me moviera». Le pregunté si sabía dónde podría esperar a mi hija, y me sugirió el aparcamiento de coches. Le dije que estaba lleno de coches de trabajadores y que allí nunca había sitio, y ella contestó que debía aparcar en el aparcamiento situado a 800 metros. Le pregunté si tenía hijos y si ella de verdad haría eso. Contestó bruscamente: «No creo que eso le importe». Le expliqué que sabía que no era por su culpa, pero las recogidas de la escuela eran casi imposibles si había que venir conduciendo, y que el anterior encargado evitaba la carretera del colegio. Yo sabía que no tenía razón y que me encontraba en un sitio donde no debía estar, pero no había ningún indicio de comprensión por su parte, ninguna señal de humanidad, ningún interés por mi situación. Simplemente dijo: «Si no se mueve, le pondré una multa». Cuando empecé a alejarme la vi caminar hacia los coches de otros padres que esperaban la salida del colegio y dije: «Sospecho que tendrá usted una reacción parecida por parte de los demás padres, especialmente si tiene la misma actitud con ellos». Como he comentado, yo sabía que no tenía la razón y que ella sólo estaba haciendo su trabajo, pero había una combinación de cuatro cosas en juego: su actitud y falta total de empatía o comprensión hacia mi situación, el estrés que yo sentía al acudir ahora tarde a recoger a mi hija, una dosis de disonancia cognitiva (más información en la página 172) por mi parte y la sensación de que era impotente para hacer cualquier cosa. No había ningún lugar donde poder aparcar y no podía evitar que me pusiera una multa si dejaba el coche donde estaba. Estos sentimientos, casi con total seguridad, desencadenan respuestas poco sociables en nosotros, independientemente de la edad.

• Por qué los niños son maleducados e insolentes •

Como seguramente podías esperar, hay varias razones subyacentes por las que ocurren estas cosas. Examinémoslas con un poco más de detenimiento.

Falta de empatía y de comprensión

Si alguien pregunta, o más bien te dice algo con poca consideración hacia tus sentimientos, es probable que tu respuesta automáticamente sea negativa. Imagínate que tu colega ignora el hecho de que te encuentras en plena conversación con alguien, por ejemplo, y dice: «¿Puedes recoger el correo y llevarlo a la oficina, por favor?», es probable que respondas algo como «estaba hablando. ¿Puedes hacerlo tú?». O, si fuera bastante brusco con su petición, podrías decir: «¿Por qué no puedes hacerlo tú? Y la próxima vez, por favor, no me interrumpas». Lo mismo ocurre con muchas de las peticiones que recibimos de nuestros hijos.

Si tu hijo percibe que no entiendes sus problemas o que no tienes empatía hacia cómo le ha hecho sentir tu petición, puede que te conteste. Cuanto más perciba que tu comunicación no tiene en cuenta sus sentimientos o su posición, más probable es que su respuesta sea maleducada. Con excesiva rapidez, la conversación puede volverse acusatoria y fría, y, como padre, puede ser extremadamente difícil no tomarte de manera personal lo que te dice y caer en un estado de ánimo irritable o de enfado. Cuando te exasperas y estás enfadado y gritón con tu hijo, puedes esperar más mala educación e insolencia. Después de todo, ¿no te portarías de esa forma si estuvieras en una situación similar?

Tener en cuenta los sentimientos de tu hijo puede ser importante para solucionar el problema. Háblale tal como te gustaría que te hablaran a ti, e intenta evitar reprenderlo y avergonzarlo. Si tienes un problema especialmente duro con él, explícale cómo te sientes: «Hoy tengo un dolor de cabeza realmente malo y me siento muy irritable. No quiero enfadarme contigo, así que, por favor, ¿podrías llevar tu bolsa a tu habitación rápidamente?». Empatizar con sus sentimientos también puede ser muy importante: «Sé que te gustaría salir con tus amigos hoy; debes de haberte enfadado cuando te dije que no. Sin duda me sentiría irritable si fuera tú». Ahora, volviendo a la situación descrita, si la encargada del tráfico sólo me hubiera dicho: «Lo comprendo; debe ser realmente difícil para usted no aparcar», no me habría enfadado con ella.

Respuesta de estrés

Muchos niños son maleducados casi subconscientemente cuando responden desde un nivel de estrés elevado. Estoy segura de que has experimentado la sensación de estar «muy dañado» y a punto de romperte. Tal vez no te sintieras demasiado bien, estuvieras preocupado por pagar algunas facturas, acabaras de oír malas noticias sobre un amigo o tan sólo tener un día en el que todo fue difícil y no pudiste planificar nada. Una sola gota más es suficiente para colmar el vaso y perder los nervios con alguien. Lo mismo es aplicable a los niños. Pueden no tener las «grandes» preocupaciones de adulto que nosotros tenemos, pero eso no significa que no tengan grandes sentimientos, ansiedad y estrés. La preocupación por los amigos, los exámenes del colegio, problemas sobre algo que han visto u oído en las noticias y la situación en casa pueden hacer que los niños se sientan irritables y muy nerviosos. Pedirles que hagan (o que no hagan) algo puede significar la última gota para ellos. Por tanto, aunque puedes pensar que pedirles que apaguen la luz de la cocina no debería causar una respuesta tan extrema –y tendrías razón– porque era probablemente menos del 10% de lo que habían reprimido en su interior, fue la cosa que desencadenó la liberación de todas sus emociones acumuladas.

La respuesta en este caso consiste en animar a tu hijo a hablarte sobre lo que siente. Evita decir cosas como «Oh, no seas tonto, tú estás bien», o «lo arreglarás mañana, no te preocupes; volveréis a ser amigos». Este tipo de comentarios subestima los sentimientos de tu hijo y hace que sea menos probable que los comparta contigo en el futuro. Si ha sido especialmente enérgico y maleducado, elige tu momento e intenta animarlo a que se abra ante ti. Un abrazo y un poco de charla a la hora de dormir, cuando se siente más relajado, puede demostrar ser bastante esclarecedor y útil para los dos, sin importar qué edad tenga. La mala educación y la insolencia pueden no ser agradables, pero son indicadores de que no todo va bien en el mundo de tu hijo y en tu conexión con él.

Sabiendo esto, lo peor que puedes hacer como padre es replicarle del mismo modo. Sólo empeorará las cosas, ya que rompe la conexión y le estresa aún más. Como adulto, tienes que suavizar la situación. No te acalores y sirve de modelo de tranquilidad a tu hijo.

Impotencia

La insolencia en particular es un indicio seguro de que tu hijo se siente totalmente impotente. De muchas maneras, es su intento por tratar de controlar una situación sobre la que no tiene ningún poder en absoluto y, lo más importante, lo sabe. La infancia es intrínsecamente una época de poca influencia y de sufrir problemas por ello. Aunque puede haber situaciones en que tú, como padre, debes tener casi todo el control, aun así puedes ayudar a tu hijo a sentirse comprendido desde su punto de vista.

Por ejemplo, si pide ir a algún lugar que tú piensas que no es apropiado, dile por qué has tomado la decisión y después pídele que explique cómo se siente por ello. Anímalo a verbalizar su decepción y su enfado, y dile: «No hay problema en que te enfades. Yo me enfado cuando la gente me dice que no puedo hacer cosas». A continuación, pregúntale si hay algo más que le gustaría hacer, o invítale a sugerir varias alternativas que podrían servir para los dos. Cuanto más impliques a tu hijo en las decisiones, más control sentirá y menos necesidad tendrá de ser impertinente.

Disonancia cognitiva

La disonancia cognitiva tiene lugar cuando intentamos reducir el malestar psicológico que sentimos cuando vemos u oímos algo que nos hace cuestionar nuestras creencias y acciones. A menudo, esto tiene como consecuencia un ataque al mensajero y no al mensaje, especialmente cuando el mensaje en sí parece válido.

Desde la perspectiva de un niño, pueden encontrarse en este estado con bastante frecuencia. Estar de acuerdo contigo prácticamente significa admitir que él está equivocado y que hay algo que –como muchos de nosotros– considera difícil. Ésta es la misma situación que me encontré con la encargada del tráfico que he mencionado al comienzo de este capítulo. Yo sabía que no tenía la razón, pero intenté cambiar el sentido de las cosas y que ella me hiciera caso. Sí, carecía de comprensión y empatía, pero ella tenía razón. Y decidí centrarme en su falta de habilidades de comunicación, en lugar de reconocer que estaba equivocada.

Admitir que no tenemos razón es duro, independientemente de nuestra edad, sobre todo si conlleva volver a valorar nuestras acciones y nuestras creencias. En cierto grado, se necesita mucha confianza y autoestima, de las que a menudo carecen los niños. También significa que debes sentirte en cierto modo conectado con la persona implicada, y sin duda exige cierto grado de confianza en ellos. Como adultos, no nos gustaría admitir nuestro error a nuestra pareja o a un amigo si ellos replican: «Te lo dije»; por tanto, no es de extrañar que los niños sientan lo mismo e intenten encubrir su malestar cognitivo con mala educación e insolencia. Por esta razón, es importante que apoyes a tu hijo y permitirle decir la verdad, sea cual fuere esa verdad, sabiendo que no habrá repercusiones o comentarios tuyos.

También es una buena idea hablar con él sobre que no hay problema en equivocarse: todo el mundo lo hace a veces, incluido tú. Ayudar a tu hijo a ver que no eres perfecto puede hacer más probable que se abra ante ti.

Cruzar el Rubicón

¿Has oído a alguien referirse al «punto de no retorno», un punto imaginario del que, una vez pasado, nunca puedes volver atrás? Cuando yo estaba planeando un viaje familiar a Walt Disney World, Florida, pensé en la posibilidad de inscribirnos en un viaje que mostrara los sitios entre bastidores del lugar. Por debajo del parque temático, los limpiadores y el personal de mantenimiento, así como muchos miembros del equipo que representan los mismos personajes, utilizan los túneles para moverse por el parque, ofreciendo una ilusión de perfección y la impresión de que sólo hay un Mickey, una Cenicienta, etc., aunque puedan aparecer en tres lugares distintos simultáneamente. Cuando alguien tiene cinco años, quiere creer que sólo hay un Mickey Mouse, por lo que al final decidí cancelar el viaje, aunque, como adulto, me habría encantado haber visto los trabajos internos de un parque tan ocupado.

Para los niños, esta pérdida de magia y fantasía puede ser una cuestión cotidiana; sólo si se manifiesta como la comprensión de que los padres no son perfectos; que cometen errores y que a veces pueden defraudarlos. Se suele llamar «cruzar el Rubicón», una alusión a la historia de Julio César y su ejército en el noreste de Italia cruzando el estrecho río Rubicón. Esto se consideró un acto de traición en este momento, pero, no haciéndole caso, Julio César dijo «alea iacta est» (que significa «la suerte está echada») y siguió adelante, por tanto, traspasando el punto de no retorno. Para los niños, esta fase de su vida suele llegar cuando entran en sus años de preadolescencia y de adolescencia. Ya no hay Santa Claus, no hay Conejo de Pascua, no hay Ratoncito Pérez, y, en su lugar, está el reconocimiento de que el mundo es un lugar siniestro y a menudo horrible. Este punto de no retorno para los niños es un puente tendido entre las tierras de la infancia y de la edad adulta. Ya no pertenecen por completo al primero, pero aún no han alcanzado el otro. Es un estado de limbo, en el que no están en condiciones de igualdad como tú, que eres un adulto, pero en el que su pensamiento está dejando de ser el de un niño. La frustración consiguiente suele dar paso a la mala educación y la insolencia, cuando intentan reafirmar la autoridad que saben que no tienen.

• ¿Cómo tratar la mala educación y la insolencia? •

Como progenitores, la mala educación y la insolencia son increíblemente difíciles de manejar, especialmente si tienen lugar en público. Pero, en lugar de considerarlo un caso en que tu hijo intenta de manera deliberada que sientas vergüenza o te enfades, intenta comprender las emociones subyacentes. Trabajar con esas emociones es la clave para reducir la severidad y ocurrencia de la conducta no razonable.

Expectativas apropiadas para la edad

¿Está tu hijo navegando por su propio Rubicón? ¿Luchando en el puente entre la infancia y la edad adulta? La mala educación y la insolencia son características de este viaje.

En muchos casos su conducta puede no ser un reflejo de ti, sino del estado de flujo en que se encuentran, que a menudo se desvanecerá con la edad y la madurez.

Empatía

¿Qué siente tu hijo? ¿Siente un nivel incómodo de disonancia? ¿Sabe que está equivocado, pero no quiere admitirlo porque eso también significa que tú tienes razón? ¿Utiliza la mala educación y la insolencia como mecanismo de protección ante algunos sentimientos incómodos que no quiere experimentar? Mostrar a tu hijo que eres suficientemente mayor para manejar sus sentimientos y estás preparado para escuchar puede tener un impacto significativo en sus acciones. Decir: «Entiendo que te sientas descontento en este momento, ¿quieres que hablemos?» a un niño que ha dado un portazo y ha gritado «te odio», es mucho más positivo que gritarle sobre los malos modales que tiene.

Reducir el estrés

La mala educación y la insolencia a veces pueden llegar a su máximo en momentos de estrés; por ejemplo, si tu hijo ha tenido una discusión con alguien en el colegio, está preparando sus exámenes o sucede algo en la dinámica de tu familia. Prueba a ayudarle a manejar sus niveles de estrés y a relajarse de forma segura. Dedicar un tiempo juntos para sentaros en el sofá y ver una película, ir a dar un paseo al parque o bosque, abrazarse o escuchar juntos un CD de relajación puede ayudar a reducir los niveles de adrenalina de tu hijo y desactivar la respuesta de lucha o huida en que se puede encontrar inmerso.

Admite tus errores y conserva la calma

A los adultos a menudo no se les da bien admitir sus errores, especialmente ante sus hijos, pero esto es muy importante. Si has hecho o dicho algo mal, dile a tu hijo que lo sientes, dile qué has hecho mal y lo que probarás para lograr hacerlo bien. Después de todo, esto es en definitiva lo que quieres que haga, por lo que ¿cómo aprenderá sin un buen modelo? Ahora ha llegado tu momento de ser el adulto. Permanece tranquilo y controla tu temperamento: debes ser un buen modelo de habilidades de comunicación con tu hijo, tanto para hablar como para escuchar. Si gritas o te enfadas, es menos probable que tu hijo te hable tranquilamente y hay más posibilidades de que te conteste.

Aumentar la autonomía

Como ya hemos visto, si los niños se sienten impotentes, son más propensos a la conducta indeseable, y, cuanto más control se les permita en sus propias vidas, menos necesitarán luchar por él. Pregúntale a tu hijo por sus opiniones y qué cree que se puede hacer para que esté contento. Acordad juntos las reglas de la casa y pídele que contribuya a establecer ciertos límites. Incluso podrías tener una «caja de preocupaciones» especial donde puede dejar por escrito cualquier preocupación o pensamiento por los que se sienta incómodo para hablar cara a cara, y prométele que revisarás la caja una o dos veces por semana. Si tienes un hijo mayor y su conducta requiere una consecuencia lógica, pregúntale ideas sobre cómo debería portarse, de modo que su disciplina sea, en cierta medida, autoimpuesta.

• Estudios de caso de familias reales •

Para finalizar este capítulo, he incluido cierta correspondencia sobre mala educación e insolencia de dos familias, junto con mis consejos, que pueden aplicarse a cualquier edad. Mientras lees esto, intenta identificar la causa de la conducta (el «¿por qué?»), una comprensión de cómo se siente el niño (el «¿cómo?») y cuál sería una buena solución disciplinaria (el «¿qué?»).

P: *Tengo un hijo de tres años de edad, muy avanzado verbalmente, y hasta hace poco escuchaba atentamente y solía contestar cuando se le hablaba. Ahora parece no escuchar nada, necesita que le pidan cinco o seis cosas para hacer algo y a menudo tengo que conseguir que deje de hacer lo que está haciendo y pedírselo de nuevo. Asimismo, si no le gusta o no quiere algo, su respuesta por defecto parece ser gritar. Esto se siente como un ataque personal y no sé cómo ayudarle y mantenerme tranquilo al mismo tiempo.*

R: Creo que lo primero que hay que recordar es que tu hijo sólo tiene tres años de edad. En términos de desarrollo cerebral es realmente pequeño, sin casi ningún control de los impulsos, capacidad de pensamiento racional, empatía o filtro social. A todos tus intentos te está diciendo exactamente lo que piensa y se centra en lo que quiere hacer, no en lo que tú quieres que haga. Esto es del todo normal a esta edad.

En lo referente a escuchar, antes me detendría y me preguntaría si tu comunicación es efectiva y si estás teniendo en cuenta sus sentimientos. Por ejemplo, puede que le pidas que haga algo o que no haga nada, cuando él está absorto en alguna actividad. Si es así, tendrás que pedírselo varias veces y darle tiempo para que asimile lo que estás diciendo. Si lo alejas de alguna otra cosa en la que tiene mucho más interés, es posible que necesites mostrarle toda la empatía posible: «Estás realmente ocupado con ese rompecabezas. Siento pedirte que lo dejes». Concéntrate siempre en lo que quieras que haga, no en lo que no quieres que haga, y habla con frases breves y claras, con sólo una orden a la vez. Comprende que sólo tiene tres años, y que le resultará difícil concentrarse en lo que le estás diciendo, especialmente si otra cosa ha captado su atención.

En lo relativo a gritar, es posible que sea una combinación de conducta aprendida, una respuesta de estrés y una falta de control de los impulsos. La conducta aprendida significa que probablemente ha aprendido a gritar viendo a alguien; por desgracia, la fuente principal de eso suelen ser los padres, por lo que yo reflexionaría sobre si a veces pierdo el control y le grito, o tal vez otros miembros de la familia. Si gritamos como padres, todo lo que hacemos es enseñar a nuestros hijos también a gritar. De igual modo, si le estás pidiendo que haga (o que no haga) algo y está implicado en otra actividad, o si hay algo que no quiera hacer de ningún modo, puedes hacer que se estrese. Su respuesta se verá reforzada si lo repites varias veces, especialmente si empiezas a perder el control. Esto le pondría en modo de lucha o huida, y los gritos son una consecuencia de la adrenalina de su cuerpo que le está preparando para luchar. También es indicativo de un cerebro inmaduro (normal para su edad) y una incapacidad para filtrar las respuestas de forma que tenga en cuenta los sentimientos de los demás. Como adultos, utilizamos nuestro filtro para ofrecer una respuesta más razonada. Tu hijo no tiene esto todavía, y de hecho no lo tendrá durante varios años.

Si te comunicas con cuidado, comprendes de lo que es capaz y tienes más en cuenta sus sentimientos, tal vez descubras que su conducta es fácil de tratar. Cuando le pidas que haga algo, asegúrate de empatizar siempre con él –«puedo ver que has disfrutado corriendo y te has puesto triste cuando te he dicho que te detengas, ¿no es verdad?»–, y después ofrécete para ayudarle a completar la tarea y también a tranquilizarlo. Recuerda que tú eres para él un modelo a imitar en todo momento. Cuando grite, puedes decir: «Vaya, eso ha hecho daño a mis oídos. Hablémonos en voz más baja». Por último, intenta ayudar a tu hijo a tener un poco más de control sobre su vida, ofrécele más opciones y más oportunidades para tomar decisiones: en el momento en que empiece a gritar se debe a que se siente impotente. Con menos sentimientos de impotencia, tendrá menos necesidad de gritar para intentar sentir que tiene más control.

P: *Mi hija mayor acaba de cumplir cinco años. Normalmente es una chica muy sensible y, hasta hace poco, siempre nos ha escuchado cuando le pedíamos que no hiciera algo. Es una niña sensible y con un buen corazón.*

Sin embargo, últimamente ha estado muy peleona y ha traspasado los límites en determinadas situaciones, golpeando a su hermana cuando ella no es «la primera» o no se sale con la suya, o si cree que su hermana no la escucha. Somos padres muy permisivos, pero su conducta está haciendo pensar a mi marido si deberíamos castigarla. También parece haberse hecho más sensible aún, quejándose de pesadillas, preguntando constantemente por la muerte y acusándonos de mentir o de no creerla. Empezó en preescolar con tres años sin ningún problema, y ahora en la escuela no tiene problemas cuando está allí; en casa es otra historia.

R: Me parece que tu hija es una chica poco feliz en este momento. Creo que lo primero es descubrir la causa de su incomodidad. Dices que se porta bien en el colegio, pero no en casa. Esto me indica que tal vez tenga problemas en la escuela. Sé que esto puede parecer ilógico, porque se comporta bien cuando está allí. Sin embargo, los niños suelen trabajar duro para mantenerse juntos en la escuela, y después, por último, olvidan todo esto cuando llegan a casa. Por esta razón, yo hablaría con su profesor para preguntar sobre cualquier cosa que pueda ser un problema, incluyendo las relaciones con los compañeros, las tareas escolares o algo del entorno: a menudo, los colegios pueden ser abrumadores para los niños pequeños, con todo el ajetreo. A continuación mencionas que tiene una hermana, por lo que supongo que hay cierto grado de rivalidad entre hermanos, especialmente si su hermana es menor que ella, por lo que deberíais concentraros en vuestra relación con ella dejando aparte a su hermana; grandes cantidades de tiempo ella sola contigo, fuera de la casa, si es posible.

La sensibilidad es normal en parte a esta edad, especialmente la preocupación por la muerte. Cuando los niños crecen, pierden la ilusión de que su mundo es un lugar maravilloso y seguro. Oír algo de lo que han hablado en las noticias sobre terrorismo o asesinatos, un muerto en la familia, una mascota, o incluso hablar sobre el tema en el colegio, puede ser muy traumático para los niños pequeños. Asimismo, a medida que crecen, empiezan a ver defectos en sus padres que no habían visto antes, y esto puede ser muy perturbador para ellos. Cuando dices que os acusa de no creerla, o de mentirla, eso me hace pensar que necesitáis trabajar vuestra comunicación con ella: escucharla, en particular. Asegúrate de que no intentas subestimar sus sentimientos, independientemente de lo inverosímiles que te puedan parecer. Si está preocupada por algo, entonces es importante para ella, y lo peor que podéis hacer es decir algo como «no seas tonta» o «deja de preocuparte». Dedicar algo de tiempo a escuchar de verdad sus preocupaciones puede ayudarla a sentirse estimada (aunque no valoréis el problema). Yo programaría una charla en la cama, cada noche, durante al menos diez minutos, solas vosotras dos, y le preguntaría cuáles han sido las mejores y las peores cosas del día. Después pregúntale si está preocupada por algo todas las noches. Al principio puede resultar difícil si no está acostumbrada a abrirse a ti, pero, con el tiempo, seguro que se sentirá más cómoda.

En cierto grado, la función de un niño es sobrepasar los límites, pero el hecho de que haga esto muchas veces me indica que ella necesita más control en su vida. Si los niños se sienten impotentes, pueden actuar de formas que nos disgustarán, y la mala educación es una de ellas, para intentar conseguir más control. Pídele que te ayude a elegir los límites y las soluciones a algunos problemas muy comunes que puedes experimentar, y también permítele todo el control posible sobre cosas como el tiempo libre, la comida, la ropa e incluso la decoración de su habitación.

Ser empáticos y escuchar, la reconexión contigo (sin estar su hermana cerca) y permitirle más control debería producir un gran cambio en su conducta. En tu situación, yo diría que el castigo es la peor medida que podéis tomar: convertirá a una niña pequeña infeliz en otra muy infeliz, pero que se siente incapaz de comunicarte cómo se siente, lo cual supondrá todo tipo de problemas durante los próximos años. Concentrarte ahora en vuestra relación es clave para prevenir estos problemas que muchos experimentan en la preadolescencia y la adolescencia.

La mala educación y la insolencia pueden ser un verdadero desencadenante para los padres. También puede parecer como si todos vuestros intentos por tener comprensión y respeto os los echase en cara. Comprender que estas conductas son normales en el desarrollo puede servir para reducir estos sentimientos. Descubrir las emociones subyacentes y trabajar con ellas utilizando métodos de disciplina suave tal vez no acaben por completo con la conducta, pero, con el paso del tiempo, deberías notar una reducción significativa.

Capítulo 10

AFRONTAR LA RIVALIDAD ENTRE HERMANOS

¿Tienes hermanos o hermanas? ¿Recuerdas cómo era vuestra relación cuando estabais creciendo? ¿Tienes recuerdos de sentirte celoso de él, de que tus padres os trataran de forma distinta de algún modo, o que siempre estaba en tu espacio, jugando con tus juguetes y tocando tus pertenencias?

Como padres, cuando damos la bienvenida a otro hijo en nuestra familia, lo hacemos pensando que nuestros hijos van a tener toda una vida de amistad y compañía: alguien que estará ahí para ellos después de morir nosotros, los padres. Sabemos que queremos por igual a nuestros hijos y que les demostramos suficiente amor. Sin embargo, ellos tal vez no compartan nuestra opinión, al menos no actualmente.

Cómo tratar las discusiones y peleas entre hermanos suele estar en lo alto de la lista de preguntas que me hacen los padres, bien sea un bebé que gatea y que lucha con la llegada de un nuevo bebé, hermano o hermana, o adolescentes discutiendo sobre sus pertenencias, dormitorios y tratamiento desigual. Los hermanos pueden convertirse en buenos amigos cuando entran en la edad adulta, pero en la infancia, las cosas pueden ser muy distintas.

Tal vez el momento más común para que los padres experimenten rivalidad entre hermanos es durante los primeros meses o años, después de la llegada de un nuevo hijo. Para empezar, tu primogénito puede quedar fascinado por su nuevo hermano o hermana, y estimulado por su llegada. Sin embargo, conforme transcurre el tiempo, a menudo consideran difícil el ajuste. El retroceso del sueño, el control de los esfínteres y hablar sobre ello son actos comunes, como las pataletas y la conducta violenta hacia el bebé. Los padres a menudo reaccionan a esto castigando al niño mayor por ser «desobediente» o celoso, con poca consideración por cómo se siente.

¿Por qué la mayoría de los niños se sienten tan mal ante la llegada de un nuevo hermano? La forma más fácil de entender esto es pensar en cómo te sentirías en una situación parecida. Imagínate el siguiente escenario: has estado con tu pareja varios años; os queréis mucho y tenéis una relación realmente fuerte. Has estado fuera todo el día y cuando llegas a casa tu pareja te presenta a alguien a quien no habías visto nunca, diciendo: «Hola, querido. ¿Cómo te ha ido el día? Ésta es mi nueva pareja. Le quiero mucho y creo que los dos vais a ser grandes amigos». Tú empiezas a protestar, pero dice: «No hay problema. Tengo amor suficiente para los dos. Te quiero tanto como antes, eres especial para mí, pero también quiero a mi nueva pareja. Creo que tú también llegarás a amarla de verdad». ¿Cómo te sentirías? Supongo que tal vez te sientas confuso, enfadado, triste o defraudado. Podrías preguntar por qué no eres suficiente para tu pareja. Puedes protestar e intentar apartar su atención de su nueva pareja. Tal vez insultes al recién llegado y descargues en él toda tu ira. Éstos son los sentimientos comunes y normales a menudo experimentados por los niños que acaban de tener un nuevo hermano o hermana.

También hay una discusión sobre el hecho de que esta conducta sea natural y primitiva. Los jóvenes mamíferos de la naturaleza morirían de hambre si no hicieran saber a sus padres que están allí. De igual modo, es como si un bebé que gatea, con un nuevo hermano, dijera: «Estoy aquí. Miradme. ¡No me abandonéis!». Cuando lo piensas de este modo resulta bastante sensato, casi un instinto de supervivencia.

Aunque estos sentimientos pueden durar meses o incluso años tras la llegada de un nuevo hermano, ellos no son la única causa de rivalidad. Examinemos algunas otras razones.

• Por qué se pelean los hermanos •

Reducir la rivalidad entre hermanos depende mucho de entender lo que está ocurriendo. Si tienes hermanos que se pelean, o hijos que se pegan entre ellos, es probable que esté en marcha uno, o más, de los desencadenantes más comunes que a continuación se describen.

Falta de atención individual

Intentar ofrecer atención a cada hijo es difícil, especialmente si trabajas. Muy a menudo, los miembros de la familia hacen juntos todo lo que resulte posible, principalmente para encajar todo en las horas de un día. Baños, rutinas para irse a dormir, tiempo de juego, compras, tiempo de ocio y tiempo para comer se suelen hacer en familia. Sin embargo, una falta de atención individual puede ser un desencadenante importante de conductas indeseables, en gran medida porque el niño se siente desconectado de ti. Su conexión contigo puede quedar dañada por la falta de tiempo con cada uno de ellos solos, pero también empeora cuando ven que pasas tiempo con su(s) hermano(s) y no con ellos.

Cuando llega un nuevo bebé, los padres suelen adaptarse repartiendo las tareas, de forma que el padre cuide del niño mayor y la madre del bebé. Esto es más cierto aún si la madre da el pecho. A menudo, papá lleva al hijo mayor a la guardería, al colegio o al parque, dejando a mamá y el bebé en paz. Esta separación de cuidados a menudo sólo aumenta el problema, porque el hermano mayor no sólo necesita pasar tiempo con el padre, sino también con la madre. A pesar de las buenas intenciones, que papá se haga cargo en solitario del hijo mayor hace que éste se sienta más desconectado de su madre. Este sentimiento puede estar vinculado directamente con el amor que se presupone que ella tiene con ellos, y puede ser una fuente de mucho dolor y tristeza. Y ¿cómo reaccionan los niños «heridos»? A menudo actúan de forma indeseable con una conducta difícil.

En esta situación, papá debe cuidar del bebé lo máximo posible, a fin de que mamá tenga tiempo para estar sola con su hijo mayor.

Comparaciones

Comparar un niño con otro, especialmente de forma negativa, puede dificultar de verdad la relación entre los hijos. Decir cosas como: «Mira, tu hermano hace lo que le he pedido. ¿Por qué tú no puedes?» o «Tu hermana trabaja duro en el colegio y lo hace verdaderamente bien, pero tú sólo lo haces mal», pueden no sólo hacer que el niño sienta una desconexión contigo, sino también resentimiento hacia su hermano «mejor». Esto suele terminar en discusiones y peleas. Si quieres proteger la relación entre los hermanos, evita comparar a tus hijos, especialmente en su presencia.

Etiquetado

En las familias, el etiquetado está muy extendido. Los padres suelen referirse a sus hijos como «el amable», «el inteligente» o «el desagradable», o utilizar frases como «oh, es un niño problemático» o «ella trabaja más duro de lo que hacía su hermana». El etiquetado es un problema por dos razones, y la primera son tus expectativas subconscientes y la segunda la aparición de una mentalidad fija: cuanto más etiquetamos a los niños como padres, más les tratamos subconscientemente de formas que hacen que tenga lugar la conducta etiquetada. Percibir a un hijo como más difícil que el otro puede en realidad tener una gran influencia en el modo en que interactúas con los dos. Desde el punto de vista del niño, ser considerado como el que necesita un alto mantenimiento, el más necesitado o el desobediente, puede llevar a creer que así es como son y como siempre serán. Por supuesto, esto no es cierto: en cualquier momento, ellos y tú tenéis capacidad para cambiar. Pero cumplir esta definición puede convertirse en su función en la familia, aunque no sea buena. Este etiquetado puede ser muy problemático si un niño se etiqueta como «bueno» y su hermano «malo». La rivalidad que genera esto en ambos puede ser muy intensa, con ambos niños compitiendo por una función determinada.

Favoritismo

Si tienes más de un hijo, ¿tienes uno favorito? ¿O tal vez un favorito en un día determinado? Yo, sin duda, me doy cuenta de que uno o dos de mis hijos son más fáciles de manejar en cualquier momento. Cada día cambia, y aunque el hijo que es más amable y manejable en ese momento no es mi favorito, soy culpable de portarme mejor con él que con sus hermanos. Incluso sin darnos cuenta, solemos tratar a nuestros hijos de forma distinta, tal vez porque es el mayor, o porque es el pequeño, del mismo sexo que nosotros, o simplemente más agradable. Aunque no queramos tratar a nuestros hijos de forma diferente, a menudo lo hacemos; y cuando lo hacemos, el niño que no es tratado tan favorablemente puede sentirse triste y no valorado. Estos sentimientos pueden servir para empeorar su conducta, por lo general porque buscan tu aprobación y tu atención.

Aunque no haya favoritismo, los niños pueden sentirse como si fueran los segundos en tus sentimientos. Tener una habitación más pequeña, no poder ir a un club porque su hermano tiene un partido ese día y recibir ropas y juguetes de segunda mano puede hacer pensar a los niños que prefieres a su hermano antes que a él, lo cual puede afectar negativamente tanto a su comportamiento como a la relación con sus hermanos.

Demasiada presión sobre el hijo mayor

Muy a menudo oigo a los padres decir cosas como «tienes tres años más que él, empieza a actuar como tal», o «venga, tú eres el mayor aquí, por favor, haz lo que os hemos pedido». A veces, los padres piden a los hermanos mayores que vigilen a sus hermanos pequeños: en algunos casos no quieren la responsabilidad adicional; en otros la tarea es tan bien recibida que continúan con ella mucho después de que se lo hayas pedido. Muchos hermanos mayores pueden volverse mandones con sus hermanos pequeños, e intentan disciplinarlos, en cierto sentido, actuando como su padre, en lugar de su hermano o hermana. Es comprensible que los hermanos menores no valoren esto. Además, el chico mayor podría también pensar que ciertas normas no le son aplicables, o que tiene derecho a hacerse cargo de sus hermanos menores, lo que hace que sea más difícil disciplinarlos. Un desequilibrio de poder entre hermanos puede generar muchos problemas y hostilidad entre ellos.

Muy pocas oportunidades para solucionar sus problemas

Muchos padres actúan como juez y jurado en lo relativo a las discusiones entre hermanos, pero ¿es esto de verdad una buena disciplina? Piensa en lo que quieren tus hijos aprender de tu disciplina cuando pelean. ¿Quieres que aprendan a solucionar amistosamente sus problemas sin necesitar tu intervención? Cuanto más intervengas, los separes, les quites un juguete, los distraigas o regañes, menos probable es que aprendan a resolver sus diferencias. Esta falta de autonomía se convierte en un desencadenante de la rivalidad entre hermanos, ya que los niños son entonces incapaces de manejar la fricción y de solucionar los problemas de una forma tranquila y educada, una habilidad que será vital cuando crezcan. Esto puede generar rápidamente más riñas, gritos y conducta violenta entre hermanos.

• Reducir la rivalidad entre hermanos •

Cuando hayas identificado el «¿por qué?» y el «¿cómo?», puedes pasar al «¿qué?»: ¿qué quieres que tus hijos aprendan de tu disciplina? Examinemos procedimientos para manejar problemas específicos.

Más atención individual

En primer lugar y principalmente, asegúrate de que todos tus hijos reciban de ti tanta atención individual como sea posible. No puedes pasar a otras cosas distintas hasta que ésta quede resuelta. Los niños que no ven cubiertas estas necesidades continuarán comportándose de formas que son indeseables por dos razones: en primer lugar, porque se sienten mal y a veces no queridos, y, en segundo lugar, porque, en lo que respecta a ellos, cualquier atención de tu parte –incluso negativa– es mejor que nada. Simplemente, un niño que desea atención es un niño que necesita atención. Y la mejor solución es dársela. En realidad, es así de sencillo.

Entonces, ¿cómo puedes manejarte para pasar algún tiempo con cada uno de tus hijos, de forma individual, cuanto tienes más de uno? Me preguntan esto cada semana. Y la respuesta es que les dediques tiempo. Si no dedicas tiempo a la atención individual, tendrás que dedicar tiempo a manejar alguna conducta difícil, y yo sé lo que prefiero hacer. La combinación más fácil es probablemente un bebé y un niño de más edad: cuando el bebé esté durmiendo la siesta, en lugar de correr a limpiar y cocinar, puedes jugar con tu hijo mayor. Ayúdale a entender que éste es un tiempo para vosotros dos solos, y si se sienten molestos durante el día, cuando el bebé está despierto, recuérdale que vuestro tiempo especial va a llegar pronto. Cuando llegue, colócate en el suelo con él y jugad a lo que él quiera. Ésta es una buena conexión en el mundo de un niño.

Tener tiempo para reconectar con niños un poco mayores puede ser difícil. La hora de irse a dormir tal vez sea un buen momento para comenzar. Yo siempre recomiendo que las rutinas de irse a la cama –incluyendo el baño y un cuento– no se compartan nunca. Si tienes tu pareja a tu lado cuentas con dos opciones: hacer las rutinas para irse a la cama de cada niño por separado, mientras tu pareja vigila al otro niño (o niños); o, si el tiempo no te lo permite, alterna cada noche, de forma que una noche tu pareja haga la rutina de irse a la cama para un niño, mientras tú lo haces con el otro, y a la inversa la noche siguiente. Tal vez no tengas tiempo para estar al lado de ambos hijos todos los días, pero al menos lo harás un día sí y otro no.

Si no tienes pareja ni ayuda por la tarde, necesitas encontrar tiempo para la conexión durante el día. Intenta pasar tiempo con cada hijo individualmente, cada día; si puedes hacer esto fuera de la casa, incluso treinta minutos, mucho mejor. Si no puedes hacerlo a diario, piensa en la semana. Cuando mis dos primeros hijos eran pequeños y estaban en casa todo el día, contraté a una cuidadora cada martes durante seis horas; para mi primogénito una semana y para el bebé la semana siguiente. Esto me permitía pasar todo el día, un día de cada dos, con cada hijo, solos los dos. Con menos frecuencia, intento pasar un día o una noche, o un fin de semana, con cada uno de mis cuatro hijos, por turnos. Ése es nuestro momento especial. El niño elige (sin ningún motivo concreto) la actividad, y los dos pasamos tiempo solos, juntos, haciendo algo que quiera hacer de verdad. Hemos ido a conciertos, de compras y al cine. A veces, tengo que viajar por cuestiones de trabajo (cuando voy a promocionar un libro, pronunciar conferencias o dirigir seminarios), y siempre intento llevarme uno de mis hijos conmigo, de forma que pueda pasar un período más largo conmigo. Estos viajes nos ayudan de verdad a reconectar, y hay una mejora significativa en su conducta durante un largo período cuando volvemos a casa.

Cuanto peor se comporte tu hijo y peor sea la rivalidad entre hermanos, más tiempo debes pasar con ellos individualmente. Si la pelea alcanza niveles extremos y el dinero llega para una habitación alquilada, es conveniente pasar una noche y un día fuera, tú y uno de tus hijos. Coge en primer lugar al hijo más difícil y explícale al otro que te llevas a su hermano para ayudar a tranquilizarle y reducir las peleas. Cuanto tengas tiempo y dinero disponible de nuevo, coge al otro niño y explícale lo mismo a su hermano. Por supuesto, no tienes que gastar dinero para pasar más tiempo con tus hijos. Puedes hacer un intercambio con algún pariente, por lo que tú estás en su casa con el niño que más necesite tiempo individual y ellos están en la tuya para cuidar a los otros niños. O tal vez tengas un amigo que pueda ayudarte haciendo de niñera, a fin de que puedas tener tiempo para pasarlo con un hijo y le devuelves el favor en algún momento. Independientemente de tu situación económica o personal, siempre hay una forma de tener este tiempo tan importante con tus hijos: a veces sólo tienes que ser un poco creativo e inventar tus propias oportunidades.

Estimular la cooperación y la igualdad

En términos de igualdad, intenta no etiquetar a tus hijos de ningún modo. No tienes «uno tranquilo», «uno ruidoso», «uno listo» y «uno desobediente». Sólo tienes hijos con personalidades únicas: niños que esperemos que puedan cambiar su conducta en cuanto quieran. Intenta en la medida de lo posible no tratarles de forma distinta en lo relativo a la disciplina. Por ejemplo, no dejes que tu hijo menor se libre de la disciplina más que tu hijo mayor (o como experimentaban a la misma edad). Y evita darles nada de poder, o acumular expectativas en tu hijo mayor –frases como «eres mayor, deberías saber comportarte mejor», o «eres el mayor aquí, dale su merecido»–, y no pidas nunca a tu hijo mayor que asuma la responsabilidad de educar a sus hermanos menores.

Tratar por igual a todos los hijos es muy importante en lo relativo a fomentar la cooperación. Puedes estimular su capacidad de cooperación comprando algunos juegos –normalmente juegos de tablero– en los que los niños trabajen juntos para ganar, y que no haya vencedores ni perdedores (*véase* página 188). También anima a tus hijos a implicarse en todas las tareas y actividades que puedan, como por ejemplo limpiar el coche o hacer una prueba para que la contestes.

Estimular la solución de problemas utilizando a los hijos

Tus hijos deben aprender a solucionar los conflictos ellos mismos, preferiblemente sin tu participación, por lo que es muy importante que no tomes partido ni te hagas cargo de ellos. Cuando los veas peleando o uno de ellos se te queje, responde de forma que los animes a solucionar sus propios problemas. Tu parte de la conversación puede ser algo así:

Vamos, veo a dos niños tristes aquí. ¿Qué sucede?

En este momento, si ambos hablan al mismo tiempo, diles: Bueno, no puedo oíros. Niño A: ¿me dices lo que ha pasado? Ahora, Niño B, ¿qué ha pasado?

Niño A, ¿cómo te hizo sentir? ¿Como crees que se sintió el B?

Niño B, ¿como te hizo sentir? ¿Y cómo crees que se siente el niño A?

A, ¿puedes averiguar un procedimiento para solucionar esto, de forma que ambos quedéis contentos?

B, ¿puedes pensar en una forma de solucionar esto para que los dos estéis contentos?

Eso parece bueno de verdad, pero no estoy segura de que los dos estéis contentos. ¿Quién puede encontrar una solución con la que ambos quedéis bien? *En este momento es posible que los niños ideen algo; si no, puedes ayudarles un poco.*

Guau, ¡ésa me parece una solución excelente! Estoy realmente orgullosa de que los dos decidáis buenas soluciones.

Al principio tendrás que animarlos bastante para sonsacarles con tranquilidad sus habilidades de resolución de problemas, pero con el tiempo te darás cuenta de que pueden empezar a solucionar cualquier problema sin la participación de un adulto. Puede que tengas que repetir este proceso muchas veces, pero cada vez que lo haces, tu hijo aprenderá algo y, al final, llegará un momento en que les oigas discutir y después trabajar solos en el proceso. ¡Será un momento maravilloso, sin duda!

Crear espacios privados

Los niños pueden pelear porque sienten que se ha invadido su espacio personal, o que sus hermanos están tocando cosas suyas sin su permiso. Para empeorar las cosas, muchos no tienen su propio espacio privado para retirarse cuando ocurra algo de esto, de forma que puedan calmarse. Si eres padre de hermanos peleones, intenta asegurarte de que los dos tengan su propio espacio. En un mundo ideal, sería su propia habitación, pero si no es posible, se les puede conceder un espacio en la casa; por ejemplo, una pequeña esquina de una habitación donde pueda tener sus pertenencias y adonde pueda ir (solo) si lo necesita. Si tenéis jardín, os recomiendo encarecidamente que cada niño tenga un área para relajarse (no importa lo pequeña que sea), o incluso será suficiente una maceta para plantas. Permíteles elegir qué cultivarán en su maceta y anímales a cuidar de su propio «jardín».

Sin embargo, crear un espacio privado es sólo parte del problema. El paso siguiente es enseñar a tus hijos a respetar los espacios de los demás. Estimúlales para que llamen a la puerta y soliciten pasar antes de entrar en la habitación de alguien. Y tú deberías permitirles el mismo respeto.

• Estudios de caso de familias reales •

Como hiciste antes, mientras lees los estudios de caso que ofrezco a continuación, intenta identificar la causa de la conducta (el «¿por qué?»), entender cómo se siente el niño (el «¿cómo?») y cuál sería una buena solución disciplinar (el «¿qué?»). La rivalidad entre hermanos siempre incluye un porqué y un cómo, normalmente muy fáciles de averiguar, a menos que examines tu propia familia, en cuyo caso puede ser más complicado.

P: *Tengo una hija de once años que discute mucho con su hermano de ocho años. Siempre ha sido así, desde el día que nació. Es una niña amable, que habla con propiedad y nunca provoca una pelea. Le gusta a todo el mundo. A mi hija le gustan sus otros hermanos y los trata bien: todos, excepto su hermano menor. Creo que quizá se deba a que es quien causó que ella recibiera menos atención, o al menos así es como yo lo veo. Ella no deja de molestar y es muy desagradable ver cómo le trata de esa forma.*

R: Creo que tienes un par de problemas.

El primero es que tu hija está desesperada por recibir atención individual por tu parte. En este momento, sospecho que la mayoría de tu atención hacia ella es bastante negativa, tal vez porque estás constantemente intentando que deje solo a su hermano. Te recomendaría, si es posible, que acuerdes un día especial para las dos. Dile a tu hija que de verdad te gustaría pasar algo de tiempo con ella y que te encantaría ir a algún sitio juntas. Pregúntale si tiene alguna idea sobre dónde ir, e investiga y háblalo con ella. Acordad un día, y, si tienes calendario familiar, márcalo allí con una estrella especial. Háblalo todo en la víspera. Cuando llegue el día, concéntrate por intentar establecer vínculos con tu hija, y, cuando lleguéis a casa, dile lo mucho que ha disfrutado del día y que espera que podáis hacerlo de nuevo muy pronto. Intenta también hacer algo con ella sola todos los días, aunque sea una charla de quince minutos, sentándote en el borde de la cama antes de que ella se duerma de noche. No consideres negativa su necesidad de atención y sus molestias por haber perdido un poco de todo esto debido a su hermano. No es así. En realidad, podrías casi considerarlo como un cumplido por tus habilidades como madre y la tristeza de tu hija por haber perdido –en su opinión– algo de vuestra conexión.

A continuación, recomendaría que trabajéis de verdad vuestras opiniones y las expectativas de vuestros hijos. Puede ser realmente fácil caer en el hábito de etiquetarlos según sus cualidades (como has hecho con tu hijo). Estas expectativas y etiquetas pueden ser perjudiciales de muchas maneras. En primer lugar, si tu hija te oye hablar sobre tu hijo de forma muy positiva y de ella de forma negativa, puede causarle un gran daño y hacer que se comporte de la manera en que la describes. Piensa también en tus acciones hacia ellos: ¿eres más dura con tu hija que con tu hijo? ¿La culpas cuando puede ser culpa del chico, sólo porque tú estás acostumbrada a que sea ella? Tu hija tiene que sentir que la tratas de un modo justo. Tener un niño pequeño «fácil», especialmente el más joven de la familia, puede causar mucho favoritismo subconsciente, que se refleja en nuestra conducta. Me pregunto si tu hija puede darse cuenta de esto.

P: *Tengo dos hijos, de casi seis y casi cuatro años, respectivamente. Tienen personalidades por completo diferentes, pero los dos son muy tercos y chocan. Uno tiene una mente matemática y lógica, e insiste en que todo debe hacerse «correctamente»: deben seguirse las reglas de los juegos, por ejemplo. El otro es más un «espíritu libre»: extrovertido, valiente, imaginativo. Se quieren, de eso no hay duda, pero también discuten todo el tiempo. Cuando uno dice que quiere algo, el otro también tiene que hacerlo, aunque no haya mostrado interés en esa cosa treinta segundos antes. Si le hago a uno alguna pregunta y me contesta, el otro dirá que la respuesta es otra cosa. Prácticamente parece que compiten por vicio. Y después tenemos las habituales discusiones sobre quién se sienta en tal o cual lugar del sofá, qué hay que ver en la televisión, etc. ¿Cómo puedo promover una relación más armoniosa? Las riñas constantes son agotadoras.*

R: Yo me concentraría en hacer que tus hijos trabajen juntos como un equipo, uniendo sus fuerzas para crear algo maravilloso. Si aún no tienes algo, te recomendaría que invirtieras en algunos juegos cooperativos (normalmente juegos de tablero) que se concentren en ganar como equipo, no como individuos. Tus hijos pueden después trabajar para lograr cosas, y no jugar el uno contra el otro de forma negativa. También te pediría que los impliques en otras tareas que tengan en cuenta las dos personalidades diferentes. Por ejemplo, podrías sugerir que monten una obra de teatro, con el más imaginativo haciendo de actor y el lógico dirigiendo o creando un programa. Podrías animarlos a construir modelos juntos, uno centrado en la estética y la decoración, el otro en la estructura integral. Cuanto más les ayudes a trabajar en equipo, pero de forma individual, antes descubrirás que se llevan bien.

A continuación, también me concentraría en conseguir cierto espacio privado para cada uno de ellos, tal vez en sus propias habitaciones, o en su propia área del salón, donde puedan involucrarse en sus propias actividades en privado y alejado el uno del otro cuando necesiten espacio.

En lo relativo a elegir los programas de televisión, trabaja con ellos para ver si pueden llegar a una solución: quizás puedan elaborar su propia guía de televisión y permitir una cantidad igual de tiempo a cada uno, viendo lo que quieran ver. Estoy segura de que, si los involucras, podrán idear algunas soluciones creativas: de nuevo, entre ellos parece como si pudieran solucionar problemas.

P: *Mi hija tiene casi tres años y mi hijo casi uno. Mi hija fue siempre una niña muy tranquila y amable, hasta que su hermano empezó a gatear. Ella está pasando por la fase de desarrollo asociada a su edad (o supongo que es así): no quiere que él coja sus juegos, querer el juguete con que él está jugando sólo porque lo tiene, etc. La parte más difícil es cuando, por ejemplo, estoy en la cocina con mi hijo. Él está jugando alegremente, pero después mi hija llega y le hace daño deliberadamente (por lo general empujándole). A veces se puede ver que él está asustado de ella, lo cual es muy frustrante. Ningún enfoque amable ni suave ha ayudado. He empezado a preguntarle si a ella le gustaría que le devolviera las cosas, porque así es* *como aprende, imitando. ¿Cómo tratas la conducta agresiva deliberada, en particular a un hermano?*

R: Puedo entender la frustración de tu hija. Tuvo una existencia feliz contigo y toda tu atención durante dos años y entonces llegó un impostor que se llevó el 50 % de tu atención de tu lado, si no más. Y en el mundo de un bebé que gatea, atención equivale a amor. Por tanto, desde la perspectiva de tu hija, tienes un 50 % menos de amor para ella de lo que tenías hace un año. ¿Qué necesita para asegurarse de que la sigues queriendo y de que no tuviste otro hijo porque ella no era bastante para ti? La respuesta es: tu tiempo y tu atención. Te encuentras atrapada en un ciclo interminable en el que ella necesita tu atención y en que hace cosas que sabe que son malas, como hacer daño a su hermano. Pero la atención que recibe no es positiva, por lo que se siente mal y más desconectada, lo cual, a su vez, convierte su acto en una forma incluso más desagradable para su hermano. Él es quien hizo cambiar todo en su mundo, y aunque ella puede llegar a tener una buena relación y breves momentos de amistad en este momento, ella no se encuentra aún en un lugar para apreciarlo.

En la cima de esta confusión emocional, ella ni siquiera puede jugar en paz. Su hermano le coge sus juguetes y toca las únicas cosas que son realmente suyas. Puesto que ella ya tiene que compartir contigo, es totalmente comprensible que no quiera que su hermano comparta también sus pertenencias. Lo siento por ella.

Tienes dos pasos importantes que dar. El primero es asegurarte de que la quieres igual que antes y prestarle toda la atención positiva que puedas. Cuanto más tiempo puedas pasar fuera de la casa con ella, lejos de su hermano, mejor (o viceversa, con alguien sacando a su hermano durante el día). Ella necesita tiempo contigo –tiempo habitual–, igual que solías hacer un año antes. Pasa tiempo sólo con ella, habla con ella y léele una historia en su dormitorio cada noche (no os acostéis juntas) y, el fin de semana, llévala un rato al parque, o tal vez a nadar, dejando a su hermano con amigos o familiares.

A continuación, debes proporcionarle un espacio privado alejado de su hermano; un espacio en el que él no pueda entrar a no ser que ella lo invite; algún lugar donde no pueda tocar sus pertenencias o estropear su juego. Mi mejor recomendación en este caso sería conseguir un parquecito grande (puedes obtener algunos que tienen lados de tela y un tejado para que sirva como guarida) para que sea su santuario seguro. Cuando ella quiera apartarse de su hermano, puede entrar dentro y cerrar la puerta, para estar segura de que él no puede llegar hasta ella ni a sus juguetes. Anímala a poner todo lo que le gusta y que no quiere que su hermano toque en la guarida y, cuando la veas en un momento difícil, recuérdale usarlo. Mejor aún, puedes entrar dentro con ella.

Las recomendaciones y consejos de este capítulo no son soluciones rápidas. Los hermanos siempre reñirán, no querrán compartir, desearán llamar tu atención y, ocasionalmente, no respetan la privacidad del otro y sus pertenencias. Sin embargo, con bastantes ideas, trabajo duro y constancia, puedes convertir una relación difícil entre hermanos en una amistad que durará toda la vida.

Capítulo 11

AFRONTAR LAS MENTIRAS

Los niños que mienten suelen ser considerados antisociales y carentes de moral, y los padres tal vez se pregunten qué han hecho mal para criar a un hijo que no sea sincero. No obstante, ¿no es irónico que esperemos que nuestros hijos sean sinceros cuando nosotros mismos mentimos tanto?

Piensa en la última semana, por ejemplo: ¿le dijiste a alguien que tenía buen aspecto cuando no era verdad? ¿Te encontraste con alguien y le dijiste lo contento que estabas de verle de nuevo, cuando en realidad pensabas lo contrario? ¿Prometiste a tu hijo que harías algo «más tarde», o que estabas pensando en comprarle algo por Navidad o su cumpleaños, cuando no tenías intención de hacer eso? ¿Estabas en las nubes cuando tu pareja te hablaba y contestaste «sí, por supuesto que estoy» cuando te preguntó si estabas escuchando? ¿Dijiste «gracias, es encantador» cuando recibiste un regalo que no te gustó? ¿Dijiste a alguien «nos vemos pronto», cuando no tenías ningún deseo de verle de nuevo…?

Puedes estar pensando que estas mentiras se dicen para evitar lastimar los sentimientos de las personas. Y así es. Pero es una de las principales razones por las que los niños también mienten: la mayoría de sus mentiras tienen como objetivo que te sientas mejor, y entender eso puede cambiar cómo te sientes con ellos.

Los métodos convencionales de crianza de niños adoptan una postura dura con las mentiras. El niño se etiqueta como «retorcido», «falso», «nada sincero» y «manipulador», con la presuposición de que la mentira siempre procede de un lugar de negatividad y, como tal, siempre tiene como consecuencia un castigo. Sin embargo, en este capítulo examinaremos las cosas de una manera un tanto distinta, teniendo en cuenta que –en la mayoría de los casos– la mentira surge de un lugar de positividad. Saber que tu hijo quizás esté mintiendo para no dañar tus sentimientos probablemente cambie de forma dramática el modo en que aplicas disciplina. Por tanto, en primer lugar, examinemos los motivadores más comunes para mentir y cómo tratar con ellos de una forma suave.

• Cómo estimulamos a mentir como padres •

Como padres, inconscientemente hacemos que nuestros hijos mientan de forma habitual. Les hacemos nuestras preguntas de un modo que les estimula a mentir: «No fuiste tú, ¿verdad?»; «sé que nunca harías algo como eso»; «hiciste lo que te pedí, ¿verdad?». Estas preguntas o afirmaciones le sugieren al niño los problemas en que se meterá si admite la verdad y los incita a responder de la forma que te gustaría a ti, que, en muchos casos, conlleva mentir.

Otra manera en que obligamos a nuestros hijos a mentir es enseñándoles exquisiteces sociales. Sin embargo, cada vez que les hacemos mentir para calmar a alguien, les decimos que es aceptable para hacer feliz a la gente. Examinemos algunos ejemplos.

Todos los padres quieren criar niños amables, educados y corteses. Por ello, hacerles decir que lo sienten cuando han hecho daño a alguien es perjudicial. Se espera que los niños pequeños que hacen daño a otros física y psicológicamente pidan disculpas; si no lo hacen, se consideran maleducados y desconsiderados. Sin embargo, obligar a los niños pequeños a decir que lo sienten puede hacer que crezcan siendo menos amables y considerados, y puede animarles a mentir. Debido a su teoría de la mente poco desarrollada (*véase* página 67), los niños pequeños lo pasan mal entendiendo el punto de vista de otros, lo cual significa que tienen problemas con la empatía. La empatía, como vimos al comienzo de este libro, es una de las últimas habilidades sociales que se desarrollan en los niños. Aunque algunos niños tienen habilidades de empatía mucho mejor que otros, no es razonable esperar una cantidad adecuada hasta que comienzan el colegio.

Puede que te preguntes por qué hablo sobre la empatía, cuando este capítulo trata sobre las mentiras. ¿Están relacionadas las dos? La respuesta es sí, totalmente. La empatía conlleva que el niño se sienta mal por lo que ha hecho, y para sentirse mal tiene que entender cómo ha hecho sentir a otro. Por ejemplo, si un bebé que gatea golpea o muerde a otro niño en su misma fase de desarrollo, en un grupo de juego, y dice que lo siente, entonces significa que entendió que el otro niño está sufriendo. También conlleva que lamenta haber hecho daño a otro niño y que desea hacerle sentir mejor. Si tiene escasas capacidades de empatía (como es normal en esta edad), su pensamiento no estará entrenado de este modo. De hecho, si muerde o golpea a otro niño para coger el juguete que quiere, puede creer que el niño afectado se siente feliz, igual que él está feliz por tener ahora el juguete. Obligar al niño a pedir perdón en este caso no hace que lo sienta; todo lo que hace es obligarle a mentir.

Por qué mienten los niños

Examinemos algunas de las razones por las que mienten los niños, de forma que puedas empezar a entender el «¿por qué?» y el «¿cómo?» de las mentiras.

Porque te quieren

La mayoría de los padres que mienten mucho piensan que lo hacen porque alguien no les gusta o no les respetan. Sin embargo, en la mayoría de los casos es cierto lo contrario. Los niños normalmente mienten porque aman de verdad a sus padres y no quieren que se sientan molestos. Si un niño admite hacer algo que sabe que sus padres no aprobarán, a menudo siente que les ha defraudado. Saben que estarán tristes o enfadados, así que miente para proteger sus sentimientos.

A veces, los niños quieren tanto a sus padres que no quieren admitir que han hecho algo malo por miedo a que esto afecte negativamente a los sentimientos de sus padres hacia ellos: puede que mientan para proteger su relación.

Han sido entrenados para mentir por miedo al castigo

Si tu hijo dice la verdad sobre algo que ha hecho mal, y tú le castigas, le estás enseñando, mediante un proceso de condicionamiento, a que sea menos probable que te diga la verdad en el futuro.

Cuando un niño comete un error, necesita a sus padres, que le escucharán y le apoyarán. Tal vez no estés orgulloso de lo que ha hecho tu hijo, pero cuando admite lo que ha hecho mal ya ha sido castigado suficientemente por su propia conciencia. No necesita nada más para sentirse aún peor. Independientemente de lo que tu hijo te confiese, tienes que permanecer tranquilo y concentrarte en la disciplina suave. Piensa en lo que quieres que aprenda y en la mejor forma de lograrlo. En su mayor parte, la respuesta consta de discusión, enseñanza, dirección y ayudarles a entender una mejor forma de comportarse en el futuro.

Si en un momento tu hijo es suficientemente valiente para decirte la verdad y lo castigas, aumentas de manera drástica la probabilidad de que mienta la próxima vez que haga algo mal.

Ellos no confían en ti con su verdad

Si quieres que tu hijo hable contigo y te diga la verdad, con independencia de lo avergonzado e incómodo que pueda sentirse, tienes que escuchar.

Escuchar intencionadamente, incluso cuando no quieras hacerlo o cuando consideras que el niño habla de algo que no es importante, es la clave para construir una buena comunicación para el futuro. Si desprecias, castigas o criticas sus acciones o sentimientos, haces que sea más probable que se reprima o mienta en el futuro.

De igual modo, si tu hijo te confiesa algo, mantened el secreto entre los dos todo lo posible. Compartir sus acciones y sentimientos con otros cuando tú no lo necesitas disminuirá su confianza en ti: si cree que no puedes mantener algo en secreto, es más probable que te mienta en el futuro.

Porque se sienten mal con la verdad

Incluso como adultos, no nos gusta confesar cuándo hemos dicho o hecho algo mal y nos sentimos mal por nuestras acciones. Los niños no son diferentes. Si un niño dice o hace algo que sabe que está mal, la confesión conlleva admitir su error ante todos. Ésta es una forma de disonancia cognitiva (*véase* página 172). De muchas maneras, se trata de un mecanismo protector. Les evita tener que afrontar los sentimientos negativos que tendrían de otro modo.

Presión de los compañeros

Conforme los niños crecen, aumenta la influencia de sus compañeros. Pueden sentirse obligados a hacer algo para recibir la aprobación de sus compañeros. Mentir a los padres sobre dónde van, o lo que están haciendo, para evitar cualquier negatividad de sus compañeros no es poco común en la preadolescencia y, especialmente, en los años de la adolescencia. Este efecto se incrementa si tus límites son demasiado estrictos o les causan dificultades para «encajar».

• ¿Cómo estimular a los niños para que sean sinceros? •

La respuesta en este caso es bastante simple. No hagas que a tus hijos les dé miedo decirte la verdad, y no los animes a mentir.

Ayuda a tu hijo a entender que no hay nada en este mundo que no puedan contarte. Cuando confía en ti, mantén su confesión como algo privado entre los dos, en la medida de lo posible. Escucha atentamente lo que te está diciendo, reprime el acto de culparlo y el castigo, permanece tranquilo y piensa cómo puedes ayudarle. Una vez más, recuerda el enfoque de «¿por qué?», «¿cómo?» y «¿qué?». Pregúntate a ti mismo por qué te miente. ¿Es porque teme tu reacción si te cuenta la verdad? ¿Teme perturbarte? Piensa en cómo se siente. En la mayoría de los casos, no se sentirá bien. Si ha hecho algo malo es probable que se sienta ansioso, asustado, culpable y preocupado, y también experimentará cierto grado de disonancia cognitiva. Aunque puedas sentirte mal oyendo la verdad, nunca subestimes lo mal que se siente debido a la represión sobre sus actos. Por último, piensa qué quieres lograr en términos de disciplina. Si quieres que te diga la verdad en el futuro, debes trabajar la respuesta: debes estar tranquilo y ayudarle a guiarse por una respuesta mejor o una opción mejor en el futuro.

En lo relativo a animarles subconscientemente a mentir, se necesita un alto grado de estudio de uno mismo. ¿Cuántas veces crees que mientes un día normal? ¿Hay alguna forma por la que puedas reducir tu falta de sinceridad para mostrar un ejemplo mejor para que lo siga tu hijo? Piensa también en tus peticiones para que mientan a fin de calmar a otra persona. ¿Es realmente necesario lo que les estás pidiendo? ¿Hay un modo mejor por el que podrías considerar la situación con la que todas las partes queden contentas, pero no animas a tu hijo a mentir?

• Mi historia •

Me gustaría finalizar este capítulo con una historia que ocurrió en mi propia familia, cuando mi hija tenía cinco años de edad, y una descripción de cómo manejarla. Mientras explico este hecho, intenta averiguar el «¿por qué», el «¿cómo?» y el «¿qué?» en mi historia.

Mi hija es vivaz, inteligente y divertida, y tenemos un vínculo excepcionalmente fuerte, pero cuando era muy pequeña tendía a mentir mucho. Un día, yo había comprado a mi hijo una nueva cajonera para su dormitorio. Era muy grande y pesada, y tuvimos que maniobrar por nuestra pequeña y serpenteante escalera. Mientras esperábamos que un amigo nos ayudara, la cajonera se quedó en el vestíbulo un par de días. Cuando varios puntos grandes y negros aparecieron en los cajones, con el aspecto de haber sido hechos con mi rotulador de tinta permanente, pregunté a mis hijos quién había hecho las marcas, y todos dijeron, individualmente, que había sido su hermana. Yo tenía mis sospechas en cuanto al culpable, debido a las marcas más bien inmaduras y con la obsesión de mi hija de pintar todo. Los chicos confirmaron mis pensamientos: sin duda había sido ella.

Sin embargo, mi hija no se sentía comunicativa en relación con la verdad. Le pregunté con tranquilidad si había sido ella, y contestó «no he sido yo», antes de echarse a llorar y salir de la habitación con una rabieta. La dejé de momento, esperando que volviera y me lo confesara, pero no lo hizo. Veinte minutos después, la encontré sobre el sofá, hecha un ovillo, en la sala de juegos, con el aspecto de estar arrepentida consigo misma. Le pregunté de nuevo si había hecho las marcas y le recordé que, para mí, mentirme siempre era peor que decir la verdad, sea lo que fuere lo que se haya hecho. Le dije que no tenía nada que temer si me decía la verdad, pero se negó a hablarme. Dejé que se tomara algún tiempo para considerar si le gustaría charlar conmigo y contarme lo que había hecho. También le sugerí que tal vez le gustara ayudarme a limpiar las marcas.

Pasaron otros diez minutos, y después se dirigió tranquilamente a la habitación donde yo me encontraba, llorando y diciendo: «Mamá, has herido mis sentimientos». Le pregunté si quería un abrazo. No contestó. En su lugar, se puso en mi regazo, se apretó y enterró su cabeza en mis brazos, todavía llorando. La abracé y le dije que la quería. Cuando se había calmado le pregunté si quería decirme algo. «Lo siento», susurró. «¿Te gustaría ayudarme a limpiar las marcas?», pregunté. Lentamente, asintió, con lágrimas cayendo por sus mejillas. Le dije: «Sé que tú sabes que no deberías haber pintado los cajones». Ella asintió. Entonces dije: «Gracias por decirme la verdad». Nos abrazamos un rato antes de limpiar las marcas las dos juntas.

Ésa no fue la única vez que mintió, y lo mismo probablemente le suceda a tu hijo cuando adoptes un enfoque más suave, pero mi método sigue siendo el mismo hasta ahora. Cada vez, espero inculcarle un poco de la importancia de decir la verdad y de ayudarme a confiar en que pueda decirme algo, sin importar lo que sea, y siempre la trataré con tranquilidad y amabilidad, y la ayudaré a solucionar la situación.

Aunque este capítulo te haya ofrecido algunas pistas y consejos sobre cómo manejar y reducir las mentiras, creo que es importante entender que todos, cada uno de nosotros, mentimos. Mentir, como hemos visto, no siempre es negativo: a veces, la motivación es increíblemente altruista. Es probable que tu hijo siga mintiendo en ocasiones, pero tu principal objetivo es fomentar una relación con él en la que siempre se sienta suficientemente segura para decirte su verdad. Esto puede no ser lo que tú quieres escuchar, pero, con independencia de lo que te diga, debes responder desde una posición de calma, respeto y apoyo. En último término, nuestro verdadero objetivo como padres es criar niños que se sientan capaces de decirnos cualquier cosa y que siempre acudan en nuestra ayuda.

Capítulo 12

AFRONTANDO LAS PALABROTAS

La primera vez que tu hijo dice una palabrota, especialmente en público, es una de las experiencias más mortificantes como padres. Existe una presuposición implícita de que los niños que insultan están mal criados, pero decir palabrotas es completamente normal y muy habitual, independientemente de cómo estén criados. Los niños educados con disciplina suave no son una excepción.

Hace muchos años, yo estaba en un evento sobre manualidades, mirando algunas esculturas de madera, cuando mi hijo gritó «jódete» a su hermano, en voz muy alta. No exagero cuando digo que todas las personas que estaban a nuestro lado se giraron para mirarle a él y, a su vez, a mí. Podía imaginar lo que pensaban: «¿No puede controlar a su hijo?» y «Vaya familia más desagradable: los padres deben de hablar como los hijos; deben haberlo aprendido en algún sitio». Yo quería que me tragara la tierra.

En ese caso, mi hijo estaba enfadado porque su hermano no dejaba de chocar contra él; estaba cansado, tenía calor, tenía sed y gritó. Igual que hacemos nosotros a veces. También tuve experiencias de mis hijos diciendo palabrotas cuando eran mucho más pequeños. Cuando mi hija tenía cuatro años y se encontraba en la clase de recepción de la escuela, me llamaron para que hablara con la profesora por la tarde. Se sonrojó y me dijo que mi hija había estado repitiendo la palabra «joder» todo el día. No sé dónde la había aprendido, pero esa tarde tuvimos que tener una gran charla sobre por qué era poco apropiado decirla, especialmente en el colegio.

Mis hijos son propensos a «estallar» de vez en cuando, y ahora que son preadolescentes y adolescentes, las palabrotas están muchas veces en su vocabulario, como sucede con la mayoría de los jóvenes. Los adultos también tienden a decir palabrotas, y esto puede explicar una, o todas las razones. En primer lugar, porque disfrutan; en segundo lugar, porque se esfuerzan por controlar su ira y reaccionan de una forma inadecuada; y, por último, porque las han aprendido de sus propios compañeros. Las cosas no son muy distintas para los niños.

• ¿Por qué dicen palabrotas los niños? •

A veces hay desencadenantes muy claros de las palabrotas; en otras ocasiones estarás desconcertado por la razón. Sin embargo, si hay desencadenantes no vas a solucionar el problema hasta que trates con ellos.

Examinemos las razones más comunes por las que los niños dicen palabrotas. Mientras examinamos esta sección, ten en cuenta la configuración de «¿por qué?», «¿cómo?», «¿qué?»: ¿por qué dice palabrotas tu hijo? ¿Cómo se siente? ¿Y qué esperas conseguir de tu disciplina?

La respuesta de lucha o huida

Ésta es la razón principal por la que todos decimos palabrotas, independientemente de nuestra edad. Cuando estamos estresados o asustados, nuestros cuerpos se llenan de adrenalina y nos preparamos para luchar o salir corriendo alejándonos de lo que nos amenaza. Para los adultos, las posibles causas de estrés son numerosas: puede ser una discusión de conductores, seguida de un altercado con un conductor incompetente, o tal vez hayas pasado horas preparando un plato especial y se te cae al sacarlo del horno, o es posible que llegues tarde a una reunión importante y después no puedas encontrar las llaves del coche. En estas situaciones, y otras parecidas, es habitual decir palabrotas, independientemente de lo bien que hablemos cuando estamos tranquilos.

Los niños experimentan el mismo efecto. Ellos no se preocupan por conducir, cocinar o asistir a reuniones, pero eso no significa que no tengan desencadenantes. De repente se encuentran, diez minutos antes de ir al colegio, con que tienen deberes sin hacer, o bien pierden algo que un amigo les ha prestado, se pelean con sus hermanos y quieren jugar desesperadamente cuando insistes en que ordenen su habitación: todos éstos pueden ser desencadenantes. En todos estos casos, adulto o niño, el instinto de supervivencia activa la parte del cerebro responsable de sobrevivir, no de pensar. Decir palabrotas es una respuesta muy habitual; es prácticamente una forma en que el cerebro se calma y recupera el equilibrio.

Falta de control de los impulsos

Esto es lo que incrementa la respuesta de lucha o huida aún más en los niños. Cuando estamos estresados, especialmente en compañía de otros, o en lugares donde se espera tranquilidad y comportamiento profesional, tenemos la capacidad de ignorar nuestra necesidad de gritar: «Oh, mierda» a pleno pulmón. Los niños no, aunque sean adolescentes. Antes hemos comentado que el control de los impulsos no se desarrolla completamente hasta que tenemos veinte años, por lo que, si tu hijo tiene tres o trece años, su capacidad para reprimirse va a ser más bien pobre. Para un niño no importa dónde estén ni con quién estén: si se encuentran en una situación en la que tienen un fuerte deseo de decir palabrotas hay poco que podamos hacer para evitarlo.

Conducta aprendida

Hablar susurrando, deletrear las palabras en lugar de pronunciarlas, u observar si te están mirando y escuchando no son formas eficaces de reducir el impacto de las palabrotas en tus hijos. Del mismo modo, decirle a tu hijo: «Espero que no repitas lo que acabo de decir» tiene poca o nada de influencia. Dicho con pocas palabras, si dices palabrotas, tu hijo hará lo mismo.

Como en el experimento de Bandura de la imitación de la agresión (*véase* página 35), los niños basan lo que dicen en lo que nos oyen a nosotros. Ellos siempre están escuchando lo que dices, aunque creas que no. Si no quieres que tu hijo diga palabrotas, hay sólo una solución: debes dejar de decirlas tú.

Lucha de poder y falta de atención

Tal como hemos visto a lo largo de este libro, si los niños se sienten impotentes, intentarán conseguir cierto control mediante su conducta, y decir palabrotas es un procedimiento maravilloso para hacer esto: instantáneamente llaman tu atención y la pelota está en su campo: ellos controlan lo que ocurre después, sigan diciendo palabrotas o no.

Si tu hijo está pasando por un período especialmente difícil, con muchas palabrotas, es un claro indicio de que debes darle más poder sobre su propia vida y dentro de la familia. Anímale a tomar más decisiones para la familia e intenta involucrarle todo lo posible. Desde la perspectiva de la atención, asegúrate de que pasas tiempo suficiente con él solo y escúchale de verdad si está intentando charlar contigo, o si su conducta indica que algo va mal.

Palabras y frases difíciles por su efecto

Se asemeja al punto anterior sobre la atención, pero la motivación es ligeramente distinta. Es más común en los niños pequeños, cuyo «trabajo» consiste en poner a prueba los límites y aprender su lugar en el mundo. Ellos prueban los efectos de lo que dicen en quienes les rodean, quizás porque han estado en una situación en la que observaron a otro niño decir palabrotas y recibir una respuesta fuerte por parte de los adultos. Este tipo de palabrotas no quiere decir que el niño tenga algún trauma subyacente o fuertes sentimientos; es sólo experimentación y observación.

¿Alguna vez has notado lo bien que se siente al decir ciertas palabrotas? Suelen ser sonidos «grandes» y bastante líricos e incluso musicales. Suelen comenzar y terminar con consonantes que suenan fuerte y constan en su mayoría de sólo una o dos sílabas. Dicho en términos sencillos, suenan bien y se sienten bien al formarlas en tu boca. Por ello, a veces, los niños eligen una palabrota porque no pueden pensar en ninguna otra para describir apropiadamente sus sentimientos; en otras ocasiones, dicen palabrotas tan sólo porque les gusta cómo suena la palabra. Una vez más, no hay malicia ni manipulación en este caso y, a menudo, ningún sentimiento incómodo que genere la palabrota.

• ¿Cómo debes responder a las palabrotas? •

Igual que con toda disciplina, tu reacción debe basarse en preguntarte por qué tu hijo actúa de esa forma: descubre la motivación y conocerás la respuesta más apropiada. Examinemos algunas de las técnicas más comunes para ayudar a reducir las palabrotas.

No las ignores

El consejo más común relacionado con las palabrotas en los niños es simplemente ignorarlas para que en algún momento dejen de decirlas; o no reaccionar, ya que las dicen sólo para llamar la atención. Son malos consejos.

Ignorar las palabrotas por completo supone ignorar el tratamiento de la causa, y si no eliminas la causa, sólo podrás paliar, pero no harás que desaparezcan los problemas subyacentes. Aparecerán de forma distinta, o simplemente más adelante. Si ignoras las palabrotas de tu hijo, puede aprender que no hay ningún motivo para decir palabrotas delante de ti porque no respondes. Sin embargo, puede decir palabrotas delante de otras personas, que es posible que reaccionen. La razón subyacente a las palabrotas no desaparece; simplemente aprende a no molestarte y a buscar a otros a quienes les afecten.

No reacciones en exceso

Cuanto más reacciones en exceso y te vuelvas loco en respuesta a las palabrotas de tu hijo, más probable será que las diga. ¿Por qué? Porque tienen poder sobre ti: pueden hacer que actúen de esa forma, diciendo una o dos pequeñas palabras. ¿Puedes imaginar qué siente un niño al tener tanto control sobre alguien?

Para evitarlo, permanece siempre en calma, mantén tu voz a un volumen normal y contesta de un modo objetivo. Esto ayudará a tu hijo a aprender que no puede controlarte mediante las palabrotas, lo que, a su vez, reduce su atractivo un poco. También ayuda a ser humano: admitir a tu hijo que tú también dices palabrotas algunas veces, y que no hay problema porque nadie es perfecto, pero que tú intentas mantenerlas en un mínimo y no las dices fuera de casa porque ofende a la gente y pueden pensar mal de ti.

Explica qué significan las palabras

Las dos palabras más famosas en nuestra escuela secundaria local en este momento parecen ser «retrasado» y «coñazo», y mis dos hijos mayores de repente empezaron a decirlas habitualmente. No son palabras que utilicemos en casa, y es evidente que las han oído en la escuela. Al escucharlas por segunda o tercera vez les pedí a mis hijos que vinieran y se sentaran conmigo, y les pregunté si sabían lo que significan estas palabras. Ellos contestaron: «Un coñazo es una persona estúpida», a lo cual dije: «No, es una palabra de jerga para vagina». Les pregunté si se sentían cómodos llamando «vagina» a la gente. Ellos rieron y dijeron: «¡Por supuesto que no!». «¿Entonces por qué crees que está bien, ahora que sabes lo que significa?», pregunté. Les sugerí que la próxima vez que sus amigos usen la palabra podrían preguntarles si saben qué significa la palabra y, entre ellos, decidir si de verdad quieren seguir usándola. Desde nuestra conversación y su nueva comprensión del significado de la palabra, su uso ha disminuido dramáticamente.

En algunos casos, los niños tienen una vaga idea de qué significa una palabra, pero no entienden realmente las implicaciones de decirla. El uso de la palabra «retrasado» por parte de mis hijos y sus amigos entra, sin duda, en esta categoría. Una vez más, tuvimos una conversación sobre la palabra «retrasado» y cómo es muy ofensiva. Esto llevó a una conversación sobre varios síndromes y la base genética subyacente a ellos, y cómo todo el mundo debe ser tratado como individuo, con independencia de sus discapacidades. Les pregunté a mis hijos si hablarían con alguien con dificultades de aprendizaje y le llamarían retrasado a la cara, sabiendo lo que ellos no sabían. Por supuesto, dijeron que no lo harían. Entonces pregunté por qué creían que estaba bien utilizar la palabra para otros, sobre todo en ese momento, en el que sabían lo que significaba. Por tanto, no sólo era increíblemente insultante para quienes viven en ciertas condiciones, sino que también era incorrecto en el caso de otros. Una vez más, su uso de la palabra se ha reducido drásticamente. Cuando les oigo usarla, tenemos otra charla sobre cómo se sienten los demás y por qué es importante ser respetuoso. Espero que en última instancia esto tenga un efecto mucho más fuerte en ellos que la presión de sus compañeros para utilizar las palabras.

Cubrir sus necesidades de poder y atención

Si tu hijo dice palabrotas porque está intentando desesperadamente atraer tu atención, la respuesta es simple. Préstales más atención y eliminarás esa necesidad.

Desde la perspectiva del poder deberías ofrecer a tu hijo más oportunidades de controlar: pídeles que elijan la cena para la familia al completo, que decidan un programa de televisión para que lo vean todos, o que piensen en qué harán la semana siguiente. Reserva tiempo para interactuar con ellos, de forma que sepan que siempre tienen un tiempo establecido en el que tú quedas bajo su control.

Concéntrate en la emoción subyacente a las palabras

Si tu hijo te está gritando e insultando, o a alguna otra persona, ignora la palabra específica, pero responde a la emoción que está desencadenando su conducta: «Pareces estar realmente enfadado en este momento, ¿puedo ayudarte?», o «Pareces molesto por algo, ¿puedes contármelo?». De este modo, la conducta, o la causa de los insultos, queda validada y oída, y podéis trabajar juntos para encontrar un procedimiento más apropiado y eficaz para manejar las emociones. En este momento, el insulto ya no es necesario nunca más; has eliminado su necesidad y se detiene de forma natural.

Ofrece una alternativa aceptable

Cuando tu hijo esté muy nervioso, en concreto en modo de lucha o huida, cuando tiene menos capacidades cognitivas y falta de control de los impulsos, intenta encontrar palabras alternativas para utilizarlas. Se debe hablar y llegar a un acuerdo cuando el niño esté tranquilo, y lo ideal es que él elija las palabras. Anímale a hacer una sesión de tormenta de ideas en la que puedas inventar otras palabras: cuanto más tonta mejor, y lo más parecida posible a la palabrota que suele utilizar, en lo relativo al sonido y las sílabas. Lo ideal es que se inventen las palabras para dar al niño su propiedad; por ejemplo, «cuerda» por «mierda» o «quédate» por «jódete». Recuerda a tu hijo las palabras alternativas si las olvida en el fragor del momento.

• Estudios de caso de familias reales •

Finalizamos con las experiencias de algunos padres reales. Cuando yo conteste a sus preguntas, recuerda las causas de las palabrotas que hemos explicado al inicio de este capítulo e intenta averiguar por qué el niño dice palabrotas (el «¿por qué?»), una comprensión de cómo se siente el niño (el «¿cómo?») y cuál sería una buena solución de disciplina (el «¿qué?»).

P: *Mi hijo de doce años grita y dice muchas palabrotas si no se sale con la suya. Es también una pesadilla por la mañana, antes del colegio, cuando intento hacer que se prepare y me insulta. He intentado ignorarlo durante bastante tiempo, pero no está mejorando.*

R: Creo que aquí ocurre un par de cosas. En primer lugar, parece como si tu hijo estuviera luchando con una impotencia al nivel de los sentimientos. Esto es común a esta edad, ya que está a medio camino entre la infancia y la edad adulta, y los límites pueden ser más difíciles de aceptar, especialmente si te ve violando tus propias normas. Intenta entender cómo se siente cuando tú controlas la mayor parte de los elementos de su vida, y él no tiene más elección que seguir tus órdenes. Ahora sería bueno dejarle que «se salga con la suya», si hay límites y te sientes contenta de relajarte un poco. Prueba otras formas de ayudarle a sentir que tiene también un poco más de poder. Por ejemplo, si la discusión surge porque le dices que debe limpiar su habitación, pregunta si puede sugerir formas de hacer su habitación más fácil de ordenar: poniendo una papelera o cajas de almacenaje debajo de su cama, por ejemplo. Y pregúntale si puede pensar en una solución que pueda contentaros a los dos, y que el resultado sea una habitación ordenada, pero con los dos llevándoos bien y sintiendo que vuestras peticiones y necesidades han sido satisfechas. También te recomendaría que pases algún tiempo intentando hacerte amigo de tu hijo: ésta puede ser una edad difícil en lo relativo a las peleas y la falta de acuerdo, y la guerra tácita puede durar muchos días, semanas o meses. Si puedes, intenta pasar un día con él solo, para divertiros los dos juntos; pídele a tu hijo que acepte lo que tú hagas, e intenta, en la medida de lo posible, no fastidiarle o regañarle en todo el día. Asegúrate de decirle lo que te estás divirtiendo y lo bien que se siente cuando te llevas bien con él; dile que echas de menos su compañía y que te encantaría reducir las peleas en casa.

A continuación, parece como si tu hijo tuviera problemas con el manejo del tiempo y la organización. De nuevo, esto es bastante común a esta edad. Los preadolescentes y los adolescentes destacan en desorganización y en dormir de más. Es simplemente biológico. Intenta trabajar con tu hijo para ayudarle a organizar sus mañanas y la preparación para la escuela: cosas como dejar lista la mochila y tener sus zapatos y su uniforme dispuestos en un lugar seguro la noche anterior, de forma que sepa dónde está todo. Y concédete algún tiempo extra por la mañana, para que no haya un pánico de última hora justo antes de salir de casa. Empatiza con él también –«Las mañanas son duras, ¿verdad? Yo también tengo que esforzarme»–, de forma que no estés respondiendo directamente al mal lenguaje, sino a las emociones subyacentes.

P: *Nuestro maravilloso hijo tiene tres años de edad y en el último mes o dos últimos meses su amor por las palabrotas, especialmente «pendejo», ha alcanzado un punto de crisis. La mayor parte de los días parece ser la primera cosa que dice por la mañana. Incluso me dice que es su palabra favorita. No sabemos cómo tratar con él; nada ha funcionado. Necesitamos ideas desesperadamente. No sé cuántas veces más podré soportar oírle su «Hey, tú, pendejo» a extraños, en el supermercado.*

R: Creo que una de dos cosas (o posiblemente ambas) están ocurriendo aquí; la primera es que a tu hijo, como él dice, simplemente le gusta la palabra. Pendejo es en realidad una palabra agradable de decir lingüísticamente. Suena bastante agradable y la combinación de los sonidos se siente de modo agradable en los labios y en la boca. Puedo entender el atractivo.

A continuación, me dices que no ha funcionado nada, lo cual me hace pensar que habéis probado varias cosas, tal vez ignorándole totalmente o reaccionando en exceso. La mayoría de la gente responde a las palabrotas de una manera que proporciona al niño mucho placer porque consigue mucho poder usando una sola palabra. Esto se ve aumentado si tu hijo siente que no tiene demasiado control sobre su vida, o que no recibe tanta atención como le gustaría, tal vez porque tú estés ocupado trabajando o cuidando a otro niño. Lo mejor no es ignorarlo, sino responder de una forma realista que no lo estimule ni lo subestime.

Si fuera un poco mayor te recomendaría que le explicaras el significado de la palabra «pendejo» y por qué no es apropiado que la utilice. Sin embargo, de momento, tendría una conversación con él cuando esté tranquilo para decirle que a muchas personas no les gusta la palabra, y que, cuando esté fuera de casa tendrá que usar una alternativa. Pídele que invente una palabra que sea similar en longitud, sílabas y sonido; lo ideal es que sea lo más tonta posible. Por ejemplo, viejo, conejo o parejo. Cuando diga la palabra la próxima vez, contesta inmediatamente: «No. Es viejo/conejo/parejo; ¿no te acuerdas?». Conviértelo en una especie de juego, riéndote y retándole a usar la palabra «correcta».

Por último, no esperes un cambio muy rápido. Tendrás que hacer todo esto probablemente durante dos meses, o quizás más, pero si eres consistente con el enfoque verás un cambio.

No hay soluciones rápidas para dejar de decir palabrotas. A menudo, las causas son múltiples y, dada la correlación entre las palabrotas y el desarrollo de control de los impulsos, y el manejo del estrés en particular, se puede necesitar bastante tiempo para cambiar. Puede que necesites repetir las técnicas recomendadas aquí en muchas ocasiones. Mientras tanto, recuérdate que el hecho de decir palabrotas no es culpa tuya; es común y normal, por lo que no debes tomártelo personalmente. No eres un mal padre, aunque tu hijo diga palabrotas en medio de un centro comercial. Le ocurre a todo el mundo en algún momento. Esto no quiere decir que debas aceptarlo, y espero que este capítulo te haya proporcionado muchos consejos para ayudar a reducir, o a evitar, las palabrotas.

Capítulo 13

❦

AFRONTAR UNA AUTOESTIMA BAJA Y UNA FALTA DE CONFIANZA

P uede que te preguntes por qué hay un capítulo sobre la autoestima baja y la falta de confianza en un libro sobre disciplina y cómo afrontar las conductas difíciles. ¿Por qué ibas a querer disciplinar a tu hijo por tener baja la autoestima?

En realidad, es muy importante tener en cuenta estos problemas porque suelen ser la base de una conducta difícil. Entonces, ¿cómo podría manifestarse una falta de autoestima o de confianza en términos de conductas indeseables? A continuación ofrezco algunos ejemplos; la lista no es completa de ningún modo:

- Lloriquear: intentar llamar la atención de los padres porque se sienten mal y, por tanto, más dependientes.
- Tener rabietas: sentir que el mundo está contra ellos y que nunca serán suficientemente buenos.
- Conducta violenta: externalizar los sentimientos incómodos que tienen y culpar a los demás por no sentirse bien.
- Conducta difícil en la escuela: especialmente en un intento por compensar una falta de confianza en las capacidades académicas.
- Decir palabrotas y ser insolentes: para encubrir sentimientos de vulnerabilidad.

- Ignorar tus peticiones para que hagan ciertas cosas: a veces porque dudan de su capacidad, por lo que prefieren salvar las apariencias y se niegan en principio a hacer lo que se les pide.
- Siendo malos perdedores: necesidad de ganar para demostrar que son mejores que otros; creer que son inútiles.
- Abusando de otros: hacer sentir mal a otros niños puede hacerles sentir bien subconscientemente.

Cuando un niño demuestra sus sentimientos de incomodidad mediante sus acciones, externalizando sus ansiedades, no sólo es difícil afrontar la conducta difícil resultante, sino que también es triste, porque todos los padres quieren que sus hijos tengan confianza y una buena autoestima. Algunos padres incluso se preocupan porque sus hijos tienen demasiada autoestima o confianza, al creer que ésta es la razón de su conducta narcisista y antisocial. Sin embargo, en este caso están equivocados. Un niño con una autoestima y una confianza altas es emocionalmente estable; no tiene necesidad de subestimar a otros o de ganar control sobre las situaciones. Los niños que parecen ser arrogantes y demasiado seguros de sí mismos, por otra parte, en realidad tienen el problema de bajos niveles de autoestima y confianza, pero realizan actos de bravuconería para intentar engañar a otros. Su inseguridad es la base de su conducta antisocial, aunque parezca que no tienen problemas relativos a una autoestima baja.

Una vez más, mientras leas este capítulo, recuerda el marco de referencia de «¿por qué?, ¿cómo?, ¿qué?»: ¿por qué tiene problemas tu hijo con la autoestima? ¿Cómo se siente? ¿Y qué quieres que consiga en términos de cambiar sus pensamientos y creencias mediante métodos de disciplina suave?

• ¿Qué causa en los niños una autoestima baja o una falta de confianza? •

Hay algunos procedimientos maravillosos para mejorar la autoestima y la confianza de tu hijo que os ayudarán: a él porque se sentirá más contento consigo mismo y a ti porque un niño feliz tiene menos probabilidades de comportarse de forma indeseable. Examinemos ahora algunos de ellos.

Una mentalidad fija

Si los niños creen que no pueden hacer algo, crean una profecía auto-cumplida: cuanto más piensen que no pueden hacerlo, más probable es que sean incapaces de ello. La capacidad no queda fijada al nacer –siempre puede cambiarse–, pero el mayor obstáculo es la creencia. Los niños con una mentalidad fija pueden decir cosas como: «No puedo hacerlo, no merece la pena intentarlo; hazlo tú», o «Soy un inútil en matemáticas, nunca se me darán bien», o «No sé nada, no quiero intentarlo».

Cuando los niños tienen una mentalidad fija aceptan sus defectos, normalmente imaginarios, y no intentan cambiarlos. Conforme crece esta mentalidad, afecta a su autoestima y su confianza cada vez más. En última instancia, alcanzan un punto en el que creen que son inúti-les, pero que no hay nada que puedan hacer para cambiar esto.

Abusos

Si un niño sufre acoso por parte de sus compañeros o incluso sus pa-dres y hermanos, especialmente de forma verbal, su autoestima y su confianza se erosionan con rapidez. Suelen empezar a creer lo que di-cen sobre ellos sus agresores, y creen que son inútiles y que por eso los han elegido para acosarlos. Lo triste en este caso es que los abusos suelen dirigirse contra niños que no tienen confianza ni autoestima, lo cual aumenta el problema. Y los mismos abusones pueden tener pro-blemas con su autoconfianza, la razón por la que hacen sentirse mal a otros.

Éste es un ciclo que puede continuar sin fin, ya que los niños que sufren abusos es más probable que acosen a otros.

Elogios

Ya hemos examinado los elogios con cierto detenimiento (*véase* página 88), pero es importante que los revisemos. Muchos creen que, si sus hijos tienen la autoestima baja y una falta de confianza, la respuesta es encomiarlos, diciéndoles lo maravillosos que son casi siempre. Sin embargo, lamentablemente, esto suele tener el efecto opuesto. ¿Por qué? Porque entonces creen que el amor de sus padres hacia ellos está basado en sus logros: cuantas menos cosas consigan, menos queridos se sienten. Asimismo, si deja de haber elogios, se puede producir un desplome en la autoconfianza y, si se les elogia por cosas que son fijas, como por ejemplo su aspecto, piensan que hay poco o nada que hacer para cambiar estos atributos cuando se dan cuenta de que el elogio no es del todo cierto.

Motivación extrínseca

Tras haber examinado el problema de la motivación extrínseca frente a la intrínseca (*véase* página 84), entendemos que, cuanto más motivado externamente está un niño para hacer algo, menos probabilidad hay de que quiera hacer algo por su propia voluntad. Los niños que son recompensados una y otra vez para hacer cosas a menudo pueden desarrollar una fuerte falta de motivación y una ausencia de autoestima. Esto se debe a que su autoestima depende sólo de las recompensas que obtengan o no obtengan, y nunca llegan a experimentar la emoción de hacer algo sólo por sentirse bien o porque les hace sentir orgullosos de sí mismos.

Etiquetado

Frases como «no seas tonto», «eres muy torpe» o «me vuelves loco» tienen poco impacto en los niños en el momento en que se pronuncian, pero con el tiempo empiezan a erosionar su confianza y creencia en sí mismos. En esencia, empiezan a creer lo que se dice sobre ellos.

Y una vez que creen los comentarios negativos que oyen sobre sí mismos, empiezan a personificar lo que se dice de ellos, lo cual sirve sólo para afectar a su confianza aún más. Entonces, lo que digas ahora importa de verdad. Lo mismo es cierto para niños que se avergüenzan a propósito para intentar cambiar cómo se comportan. Esto nunca mejorará la forma en la que actúan, pero podría afectar seriamente a su autoestima y su confianza, lo que probablemente hará que su conducta retroceda aún más.

Padres controladores

Apresurarse a poner al niño fuera de peligro, solucionar los problemas antes de que ni siquiera existan y controlar todo lo que hacen en todo momento es un riesgo enorme para la confianza y la autoestima. En última instancia, cada vez que corres a proteger a tu hijo cuando en realidad no lo necesita, lo que le estás diciendo es: «No creo que seas capaz de hacer esto solo». Esto hace que tu hijo piense que es incapaz de ser independiente. No es de extrañar que crecer en un hogar controlador suela producir niños sin confianza y con dificultades en su autoestima.

Ignorar las emociones difíciles

Ya hemos hablado con cierto detenimiento de los problemas que conlleva ignorar la mala conducta, castigar las pataletas aislando a los niños y no respondiendo cuando lloriquean o dicen palabrotas. Cada vez que respondamos así, o que no respondamos, de esta forma les decimos a nuestros hijos: «No puedo afrontar tus sentimientos, o a ti mismo». El niño empieza a creer que sus emociones no son válidas o que no importan, lo cual, a su vez, le lleva a dudar de su valía. Incluso cuando no les estamos ignorando podemos aumentar la probabilidad de que se sientan así diciendo cosas como «no estas tonto, estás bien», «deja de llorar ahora» o «tranquilízate, deja de estar tan enfadado». Podemos decir estas cosas con buenas intenciones, pero el mensaje que reciben nuestros hijos es que no son suficientemente buenos, a no ser que estén siempre tranquilos. Y, si no pueden tranquilizarse (y sabemos que no pueden desde el punto de vista del desarrollo cerebral), piensan que son inferiores.

Cómo aumentar la autoestima y la confianza

Ayudar a un niño a sentirse bien consigo mismo es una de las partes más agradables y satisfactorias de la disciplina suave. Examinemos algunos de los procedimientos con los que puedes ayudar. (Esta lista no es exhaustiva de ningún modo: recomiendo que también inventes procedimientos que sean únicos para tu familia).

Amor incondicional

Ayudar a un niño a sentirse amado incondicionalmente, con independencia de su conducta o sus habilidades, debe ser siempre lo primero. No puedes aumentar la autoestima o la confianza de un niño sin comenzar desde este punto. Sólo cuando se sienten queridos por sus padres, por quienes son, pueden empezar a quererse a sí mismos. Volviendo a la jerarquía de necesidades de Maslow (*véase* página 46), sabemos que los niños deben tener un sentimiento de pertenencia y de amor para desarrollar su autoestima y sentirse bien consigo mismos. La clave es no intentar cambiar a tu hijo, sino aceptarlo como es: lo bueno y lo malo. Escucha atentamente todo lo que tenga que decirte y permanece siempre disponible para él. Ayúdale a tranquilizarse cuando esté triste o enfadado, y no ignores su conducta o los sentimientos subyacentes a ella, independientemente de lo tentado que te sientas a hacerlo. Por último, no lo castigues ni lo avergüences, y no utilices la exclusión —ya consista en permanecer encerrado en su habitación, aislado o en la parte inferior de la escalera— como forma de manejar la conducta indeseable. Cuando haces esto, el mensaje que le das es que tú sólo quieres estar a su lado cuando es «bueno». En otras palabras, hay una parte de su personalidad que no te gusta. ¿El resultado? Empieza a no gustarse a sí mismo.

Desarrollar su capacidad para solucionar problemas

Cada vez que te precipitas y solucionas algo para tu hijo, ya sea una pelea entre hermanos, terminar un rompecabezas o ayudarle con los deberes, le restas la capacidad de hacerlo por sí mismo. Conceder a tu hijo cierto espacio para solucionar sus propios problemas obra maravillas para aumentar su autoestima y confianza. Si cree que no puede hacer algo, ayúdale a saber que confías en que puede hacerlo —«eso parece realmente difícil; confío en ti de todas formas»— y a pensar de forma crítica y lógica, sabiendo que esto es algo por lo que luchar solo. Hacer preguntas es una buena forma de activar su capacidad de solución de problemas: «¿Crees que la forma que necesitas tiene un lado recto o curvo?». O bien: «Puedes pensar en algo que ayude en este caso». Cada problema que resuelva tu hijo, de forma tan independiente como sea posible, ayudará a desarrollar su autoestima y su confianza.

Diles cómo te sientes con ellos

La mayoría de nosotros somos propensos a ofender y criticar a nuestros hijos, o a lanzarles elogios no específicos, pero ¿con qué frecuencia les decimos de verdad cómo nos sentimos con ellos? Dedicar tiempo a examinar adecuadamente un cuadro que hayan pintado y comentar cómo te gustan los colores que han elegido, diciéndoles lo orgullosos que te hacen sentir y también que has observado lo difícil que para ellos ha supuesto intentar dominar el acto de hacer el pino, por ejemplo, puede ayudar de verdad a tus hijos a sentirse queridos y bien considerados.

Conforme los niños crecen puede ser un poco más difícil hacer esto, especialmente si contestan: «Oh, mamá, eres muy incómoda. Detente». Al principio, puede parecer que ellos ya no quieren que les digas cómo te sientes con ellos, pero cruzar ese Rubicón (*véase* página 173) significa que tienes que hacerlo de forma diferente, porque a todos nos gusta saber cuándo los demás piensan bien de nosotros, con independencia de la edad que tengamos. Mi enfoque favorito para los años de preadolescencia y adolescencia consiste en escribir notas el uno al otro. También me comunico con ellos por correo electrónico o por mensajes de texto. Después de un período difícil con mi (entonces) hijo de once años, tuvimos un maravilloso día juntos, y después escribí una nota y la colgué en su tablón de anuncios, en un sobre con su nombre. Decía algo como esto:

Sólo quería escribirte una nota para decirte lo mucho que te he querido hoy. Ha sido un día estupendo, muchas gracias. Me has ayudado de verdad y me hace sentirme orgullosa ver cuánto te gusta ayudar a otras personas.

Te veo mañana. Te quiero mucho.

Mamá xxx

La mañana siguiente encontré una nota sobre mi almohada. Me había escrito:

Querida mamá:
Me gustó mucho tu nota, gracias por escribirla. Me hizo sonreír. Estoy encantado de que valores que te ayude. Yo también disfruté.

En algunas ocasiones, he escrito notas y las he colocado en sus bolsas para el almuerzo o en sus mochilas, especialmente si se sienten preocupados por algo. Mi hija de nueve años y yo tenemos un libro maravilloso, que nos motiva a escribirnos notas la una a la otra. Hay páginas con preguntas, de forma que podemos averiguar más la una sobre la otra, pero también hay espacios donde ella puede escribir sus preocupaciones. He observado que, cuando se siente contenta y segura, rara vez utiliza el libro, pero vuelve a usarlo cuando se siente ansiosa o triste. (He incluido detalles del libro en la sección de más lecturas, ayuda y recursos de la página 253. Lamentablemente, no hay una versión del libro para chicos, lo cual es una verdadera vergüenza y muestra cómo es nuestra sociedad con los estereotipos de género en lo relativo a expresar las emociones y la errónea creencia de que los chicos no lo hacen o no quieren hacerlo).

Oportunidades para la independencia

Del mismo modo que debes animar a los niños a solucionar sus propios problemas, también debes dejar que se hagan cargo de sus propias necesidades en la medida de lo posible. Si una tarea es apropiada para su edad, déjales que la terminen sin ayudarlos, para que se sientan capaces y confiados. Demasiados padres se hacen cargo de las tareas que sus hijos son capaces de hacer por sí mismos. Y cada vez que lo hacen les quitan parte de la confianza y la autoestima que acompaña al sentimiento de logro y sensaciones de «lo hice».

Encargar a los niños responsabilidades especiales en la casa o en el colegio también puede ayudar. Si tu hijo tiene problemas en el colegio, pedir a sus profesores que consideren la posibilidad de encomendarle una tarea, como recoger el correo, puede marcar una gran diferencia.

Asimismo, asegúrate de que no reflejas tus propios deseos y lamentaciones en tu hijo. Permítele elegir sus propias actividades y aficiones, y su propio camino en la vida, en la medida de lo posible. Si tú querías asistir a clases de ballet cuando eras pequeño, pero por alguna razón no lo hiciste, no obligues a tu hijo. Ellos deben hacer sus propias elecciones y tomar sus propias decisiones, libres de tu influencia, con tanta frecuencia como puedan.

Estimular una mentalidad de crecimiento

Ayuda a tu hijo a saber que no hay problema en dudar de sí mismo, en ponerse nervioso o cometer errores: todo el mundo lo hace. Después, ayúdale a reconocer estos sentimientos, cuando los tenga, y ponles un nombre especial, incluso uno humano. Pídele que esté atento a los sentimientos cuando surjan y que les diga «vete». A continuación, dale un sustituto positivo: dile que redefina cada sentimiento positivo y que siga repitiendo el sustitutivo positivo, en silencio o en voz alta, dependiendo del lugar.

A continuación, algunos ejemplos de afirmaciones negativas, «fijas», y de sus sustitutivos positivos o «de crecimiento».

Frases de creencias negativas, fijas	Frases de creencias positivas, de crecimiento
No puedo atarme los cordones, soy un inútil.	Atar los cordones es difícil, pero estoy aprendiendo a hacerlo.
Soy realmente malo en los deportes en el colegio.	En este momento no lo estoy haciendo bien en los deportes, pero sé que, si practico duro, lo haré mucho mejor.
Nadie quiere ser amigo mío.	En este momento tengo problemas para hacer amigos, pero me estoy esforzando por tener más confianza, presentarme a otras personas y decirles que si quieren jugar.
No puedo hacer mis deberes de matemáticas.	Tengo verdaderos problemas con mis deberes de matemáticas, pero no voy a rendirme. Sé que si me concentro de verdad y pido ayuda, podré hacerlos.
No puedo subir al árbol; soy torpe.	Escalar no es algo en lo que ahora sea bueno, pero apuesto a que los otros niños no eran buenos cuando comenzaron. Puedo mejorar en esa tarea, igual que hicieron ellos.

Afirmaciones

Las afirmaciones tal vez parezcan un poco «new age», pero pueden ser increíblemente poderosas. Son sólo afirmaciones positivas que tu hijo dice en voz alta y que repite varias veces al día (o que puede escuchar pregrabadas en un archivo descargable de Internet o un CD; *véase* página 253 para un proveedor recomendado).

Aquí hay algunos ejemplos de afirmaciones:

- Cada día, de cualquier forma, tengo más confianza.
- Me acepto tal como soy; soy más que suficiente.
- Puedo hacer cualquier cosa que quiera mientras crea que puedo.

- Yo soy yo; está bien ser yo.
- Confío en poder lograr cualquier cosa que quiera.
- Mi confianza está creciendo cada día.

Anima a tu hijo a escribir sus propias afirmaciones: cuanto más personales sean, más probable es que las crean. A continuación, anímale a que diga todos los días, mirándose en el espejo, si se siente cómodo haciendo esto. También puedes grabarle, de forma que pueda verse cuando se va a la cama cada noche.

Estudios de caso de familias reales

Finalicemos el capítulo una vez más con algunas situaciones de familias reales, en esta ocasión con niños con problemas en su autoestima y su confianza. Conforme vayas leyendo, observa si puedes averiguar los síntomas de sus problemas y qué puede haberlos causado —el «¿por qué?» y el «¿cómo?»— y piensa también en el «¿qué?»: ¿qué esperas lograre en lo relativo a la disciplina?

P: *Mi hijo de nueve años es el mayor de mis tres hijos y es un chico tranquilo, tímido y sensible que es muy brillante. Siempre se ha sentido más cómodo con normas y conociendo sus límites. Siempre le ha gustado la conducta repetitiva: cuando era más pequeño le gustaba sentarse en el mismo lugar de la alfombra y en las clases, en el colegio. Es lo que muchos describirían como un «buen chico». Sé que no es una buena expresión, pero él lo es; le gusta ser «bueno» y hacer lo que se le pide, y se esfuerza por relajarse ante eso. Yo casi siempre tengo que incitarle para «romper las normas» un poco.*

De cualquier modo, el problema que tenemos, y que siempre hemos tenido desde que era pequeño, es cómo reaccionar cuando pierde. Empieza con mentiras descaradas y cambia las reglas o la puntuación para intentar ganar. Si la otra persona (especialmente su hermano menor) que juega no lo acepta, empezará a tener rabietas, lágrimas, a veces peleas (la única pelea que ha tenido en el colegio se debió a esto). Con frecuencia tenemos

que detener el juego, ya que no acepta perder. O incluso si empieza a per-
der, hace trampas y miente. No tiene problemas jugando en un juego de
equipo, como el fútbol (está en un equipo): se sentirá un poco cansado,
pero cumplirá las reglas, etc.

Es increíblemente terco y es difícil dialogar con él. Afirma su postura y
no se echará atrás (la razón por la que normalmente acabamos abando-
nando el juego). He intentado de todo a lo largo de los años y esperaba que
mejorarse conforme crecía, pero eso no ha ocurrido todavía.

R: Creo que tu hijo tiene problemas con sus niveles de autoestima y de
confianza. Su necesidad de ganar siempre en los juegos competitivos
cuando juega él solo es característico de esto, y las mentiras y la falta
de aceptación del hecho de perder respalda esta idea. Los niños que
tienen problemas con su autoestima y su confianza normalmente
mentirán sobre ganar para sentirse mejor. Pelear por ello también es
habitual, y la premisa es que si pueden hacer que otra persona se sienta mal, es posible que ellos se sientan mejor. La disonancia cognitiva
desempeña también una función. Si el niño miente, evita tener que
admitir que es «un perdedor». La conducta terca y negarse a escuchar
cuando intentas explicarle algo es también un síntoma de esto.

Dices que tu hijo es bastante tímido. Esto también es reflejo de
una falta de autoconfianza. Sospecho que el hecho de que tenga dos
hermanos no resulta de ayuda, especialmente si son mejores que él en
ciertas cosas, o si los elogias por cosas en las que no lo has elogiado a él.
Los elogios en sí mismos son un problema, ya que son la recompensa
de un logro. Ambos aumentan la motivación extrínseca, pero socavan
la motivación intrínseca y la autoestima.

Sugeriría que eliminaras de tu casa cualquier juego que no sea «cooperativo», y en su lugar concéntrate en los sentimientos de tu hijo y
en incrementar su bienestar. Lo más importante es que sienta que se
le ama incondicionalmente, no sólo cuando es un «buen chico», sino
también cuando actúa mal. De hecho, entonces es cuando más te necesita. Si pierde en algo, siéntate a su lado, invítale a que os abracéis y
dile: «Es duro perder, ¿no es verdad? Especialmente cuando quieres ganar. Sabes que no es un reflejo de lo inteligente que eres». También me
esforzaría para que se sienta bien consigo mismo. Compartir historias

específicamente escritas para aumentar la autoestima y escuchar CD que ofrezcan afirmaciones pueden ayudarle a pasar de una mentalidad fija de inseguridad y duda a otra en la que entienda que sus habilidades están en sus manos y que puede configurar su vida con independencia de lo que desee. Prueba a pasar mucho tiempo con él, lejos de sus hermanos, y dile cuánto disfrutas de su compañía. También puedes probar a escribir notas y colocarlas en la caja de su almuerzo de vez en cuando, para recordarle lo mucho que le quieres y lo orgulloso que te sientes de él. Ten cuidado de no etiquetarlo, avergonzarlo o hablar negativamente sobre su conducta delante de él, o compararlo con sus hermanos. Es importante que cualquier cosa que escuche sobre él mismo sea positiva.

Parece que tiene el ánimo bajo en este momento, por lo que es posible que tenga más arrebatos en los próximos meses, mientras tú implementas todo esto, pero esperemos que produzca buenos resultados con el paso del tiempo.

P: *Mi hijo de seis años se golpea y grita que es basura si hace algo mal, aunque no le riñamos (lo cual no hacemos normalmente, ya que intentamos ser lo más comprensivos posible). Parece sentir emociones negativas en un alto grado, y llora o grita sin palabras si se le pide que haga algo que no quiera hacer o si se le corrige amablemente cuando comete un error. ¿Cómo podemos decirle algo cuando comete un error y le enseñamos el procedimiento correcto, cuando en realidad reacciona tan mal a ese tipo de soluciones? Hemos descubierto que también hace lo mismo en el colegio, pero parece que dejan entrever que perturba con su conducta, cuando podemos ver claramente que la conducta extrema es una consecuencia de emociones negativas.*

R: Siento que tu hijo tenga tantos problemas. Creo que casi toda esa conducta está relacionada con una falta de autoestima y de confianza. El hecho de que se llame a sí mismo «basura» refleja que tiene verdaderos problemas con su confianza en sí mismo. Los golpes son una forma de externalizar su desagrado por sí mismo. Algunos niños golpean y acosan a otros cuando se sienten mal; tu hijo ha elegido realizar esta conducta con él mismo, lo que de algún modo es mejor, ya que no hace daño a otros, pero también es más alarmante porque se daña a sí mismo.

Es necesario que ayudes a tu hijo a sentirse querido incondicionalmente. Nunca lo castigues ni avergüences; también es importante no ignorar nunca su conducta, por muy negativa que sea; y nunca lo castigues aislándole o algo parecido. Tu hijo necesita mucha atención y ayuda cuando se siente mal: cuanto peor sea su conducta, más necesita tu apoyo. No hay nada malo en los grandes sentimientos, pero es difícil manejarlos cuando sólo se tienen seis años de desarrollo cerebral.

La próxima vez en que exploten las emociones de tu hijo, dile: «Estoy aquí para ti, ¿puedo ayudarte?». Siéntate tan cerca de él como te permita y espera a que esté preparado. Ofrécele un fuerte abrazo y dile: «Parece que te está afectando algo. ¿Puedes contármelo para que te pueda ayudar?». Lo ideal es que su profesor haga lo mismo en el colegio. Cada vez que su conducta quede silenciada mediante la ignorancia, la distracción o el castigo, él y tú estáis diciendo subconscientemente que no os gusta, aunque no es eso lo que queréis decir. Esto entonces le hace sentir incluso más solo y peor consigo mismo, y su conducta se convertirá rápidamente en una espiral descendente. Aunque las rabietas pasen y esté quieto, ignorar o castigar seguirá generando los sentimientos, pero se interiorizarán aún más. Debes permitir que tenga un espacio seguro y la seguridad de que se sienta libre.

Cuando hayas permitido que las emociones fluyan, necesitarás concentrarte en reconstruirlas. Ayúdale a tener mejores sentimientos hacia sí mismo: él no es basura, simplemente no ha practicado lo suficiente para dominar algo. Hazle saber que, con esfuerzo y atención, puede lograr todo lo que quiera, y que sus esfuerzos hacen que te sientas orgulloso de él. Pasa mucho tiempo diciéndole todo lo que le quieres y ayudándole con cosas con las que tenga problemas, pero intenta no hacerte cargo de él. En su lugar, ayúdale a desarrollar habilidades de solución de problemas, de forma que pueda conseguir cosas él solo. Por último, yo consideraría la posibilidad de dejarle a cargo de algo importante de casa: tal vez colocar la fruta en el tazón, cada semana, cuando llegas con la compra. Dile lo importante que es esa tarea y cómo sabes que puedes fiarte de él. Comenta el aspecto de la fruta y el esfuerzo que ha hecho, y dile cuánto valoras su trabajo.

Ésta no es una solución a corto plazo. Tendrás que darle amor incondicional y apoyo para que desarrolle su confianza y su estima durante un largo período de tiempo, pero está bien que hayas detectado el problema cuando aún es pequeño, ya que eso te concede mucho tiempo para trabajar en él.

Como mencioné en mi respuesta al padre anterior, no hay solución a corto plazo para mejorar la confianza y la autoestima. Independientemente de la edad que tenga tu hijo, el apoyo y el amor incondicional son los dos regalos más importantes que puedes ofrecerle. Cuanto más querido y apoyado se sienta un niño, más probable será que se comporte de formas que hagan feliz a todo el mundo.

Capítulo 14

TRABAJAR LOS DEMONIOS PARENTALES

hora sabes por qué los niños actúan de la forma que lo hacen, y las mejores maneras de enfrentarte a su conducta, pero a continuación llega el mayor reto de todos: trabajarte a ti mismo. El conocimiento es una cosa, la acción es otra, y si hay un obstáculo que superar cuando se pone en acción la disciplina suave, eres tú, el padre. La mayor parte de lo que hemos examinado en este libro es aplicable tanto a ti como a tu hijo: ¿qué nivel de confianza sientes? ¿Crees en ti mismo? ¿Son tus creencias fijas o no? Y tal vez lo más importante de todo, ¿cómo manejas tus propias emociones, especialmente la ira? Examinemos varios de los demonios parentales que pueden interponerse en el camino de una disciplina suave con éxito.

Intentar ser suficientemente bueno

Todos los padres cometemos errores. Todos tenemos días de los que no podemos sentirnos orgullosos. Todos hacemos sacrificios y adoptamos compromisos. Ninguno de nosotros es perfecto, pero los errores son lo más importante en lo relativo a nuestro crecimiento como padres. Cada vez que no hagamos lo mejor, podemos aprender y después enseñar a nuestro hijo a manejar la decepción, el fracaso y los errores. Podemos enseñarles elegancia, sinceridad y humildad.

Cuando imparto seminarios para padres, siempre hablo sobre la regla del 70/30: intentar ser el mejor padre puede ocupar el 70 % del tiempo, y no preocuparse demasiado por ello el otro 30 %. Si puedes pasar un día normal sintiéndote bien por tu labor como padre alrededor del 70 % del tiempo, entonces no hay problema si hay un 30 % del que no estés tan orgulloso. Me gusta pensar en esto como en una cuota diaria que se reinicia a media noche, cada noche.

Yo no soy perfecta. En parte, hago lo que hago porque me he encontrado en la situación en que estás tú y he cometido tantos errores como tú, pero quiero hacerte saber que aún puedes pasar al otro lado permaneciendo intactos tus objetivos de disciplina suave. La cuestión es que ser padre es un trabajo duro. Es más difícil que cualquier otra cosa que he visto en mi vida. Y, conforme el niño crece, no se hace más fácil: tan sólo cambia. Tenemos que intentar equilibrar esto con el trabajo, las relaciones con adultos y poder tener un hogar donde vivir y comida sobre la mesa. No es posible ser todo para todo el mundo. Un objetivo más realista al que se puede apuntar es ser «suficientemente bueno». Y creo que el 70 % es bastante bueno. Sin embargo, eso no significa que no lo intentemos el 30 % restante del tiempo. La clave de la disciplina suave siempre es intentar ser consciente y respetuoso, aunque haya veces en que sepas lo «correcto» que se puede hacer, pero por diversas razones simplemente no es posible o no funciona con suficiente rapidez. En esas ocasiones, creo de verdad que hacerlo lo mejor posible, sea como fuere, está bien: siempre que sea el 30 % o menos, y que te perdones cuando ocurra. Entonces, cuando no funciones como padre de la forma que deseas, sigue adelante; no tires la toalla ni pienses que lo has echado a perder: yo podría también abandonar esta disciplina suave. Tu mejor desempeño —las veces en las que lo hiciste «correctamente– es lo bastante bueno: las veces en que contaste hasta diez y respondiste con comprensión y entendimiento; las ocasiones en que conectaste y que al final lo sentiste. Hay veces que importan más que otras. Y, si son la mayoría, es suficientemente bueno: suficientemente bueno para criar al individuo que deseas: uno que intente hacerlo lo mejor, pero que entienda y acepte las ocasiones –y a sí mismo– en que no puede.

De hecho, las ocasiones que conforman el 30 % suelen ser más valiosas que el resto. Hay veces en que nos abren los ojos: nos muestran qué debemos trabajar o nuestro interior: nuestros puntos desencadenantes, cómo afrontamos nuestro temperamento y nuestra ira, las áreas en que necesitamos concentrarnos más con nuestros hijos y cómo convertir una situación mala en algo positivo que podemos utilizar como experiencia de aprendizaje para nuestros hijos, y para pedirles perdón. También nos muestran dónde y cómo no cuidamos de nosotros mismos ni de nuestras propias necesidades lo suficiente. Si tu 30 % empieza a aumentar, es una señal segura de que necesitas apoyo y un espacio donde respirar. Esto podría significar que precisas espacio físico, o que puede que necesites ayuda; tal vez precises a alguien para hablar o, a veces, simplemente necesitas perdonarte a ti mismo. Sea lo que fuere lo que necesitas, tiene prioridad. Nadie puede cuidar de alguien o de algo de forma efectiva si necesita cuidados.

Por tanto, empezando por mañana, lleva mentalmente un cálculo de tus porcentajes. Es probable que la mayor parte de los días tu proporción parezca ser algo como 90/10, pero también habrá días 50/50, e incluso 40/60. Estos días, en lugar de atacar a tu valía y tu autoestima, considéralos un síntoma de que necesitas tomar un descanso: celebra los días de 70, 80 y 90. Deja que desarrollen tu confianza y la creencia en ti mismo. Eres suficientemente bueno.

Afrontar las opiniones y los consejos no deseados

¿Alguna vez te han dado consejos sobre cómo criar a los hijos que iban contra tus creencias? ¡A mí sí, sin duda!

Gran parte de los consejos que oímos a otros sobre nuestros hijos y nuestra labor con ellos tienen buena intención. Sin embargo, cuando los recibes puede resultar difícil ver algo de positividad en esos comentarios:

Deberías ignorar sus rabietas; eso le mostrará que no le está viendo nadie, así que parará.

Si me hablara así, la encerraría en su habitación el resto del día.

Debes ser más firme con ellos. Un rápido golpe en la mano me funcionaba cuando mis hijos se portaban mal.

Ignóralo cuando haga algo desagradable y elógialo cuando sea bueno; de esa forma obtendrá una recompensa por ser bueno, pero no por ser desobediente.

Las críticas de todo tipo son difíciles de soportar, pero lo relativo a la forma en que criamos a nuestros hijos seguramente sea la más difícil de recibir. Esto se debe no sólo a que hay un ataque a ti y a tus capacidades, sino que también se critican la conducta y la personalidad de tu hijo. Y eso duele. Comprender la motivación subyacente a las críticas siempre es la mejor forma de manejarlas. Examinemos esto más detenidamente.

En primer lugar, los consejos tienen buena intención porque hay personas que se preocupan por ti. Puede ser verdaderamente difícil ver sufrir a los amigos o a la familia. ¿Cómo te sentirías si tu hermana siempre pareciera que está cansada y demacrada? Te preocuparías, ¿no es verdad? Y si pensaras que puedes indicar claramente la razón subyacente, así como una posible solución, ¿no sentirías la tentación de discutirlo con ellos? Ésta es la situación en la que se encuentran muchos amigos y miembros de la familia, cuando critican a los más cercanos y más queridos. Sus consejos tal vez resulten inútiles, y quizás pienses que te están debilitando, pero la motivación de lo que dicen es totalmente altruista. Se preocupan por ti y no soportan verte sufrir. En este caso, debes ayudar a tus amigos y familiares a entender tus propias decisiones y explicarles por qué sus soluciones no son para ti. Asegúrate de que les haces saber todo lo que valoras su preocupación y agradéceles su consideración.

La segunda razón para los consejos y las críticas no deseados es por qué otros no entienden tus decisiones, especialmente la generación de los ancianos. Tu abuela tal vez no valore por qué permites repetidamente que tu hijo tenga rabietas; en su época, a los niños se les habría dado un cachete en el trasero, lo cual habría fijado su conducta por su propio bien, de forma que crecieran para ser adultos educados y respetuosos. Ella puede temer que, si no te pones duro, tu hijo será cualquier cosa excepto educado. La mejor respuesta en este caso es explicar con detenimiento tu razonamiento, utilizando artículos, libros y cosas similares para apoyar tu posición, especialmente si son publicaciones de temas relacionados con la persona en cuestión.

La tercera razón de las críticas es hacer las cosas de forma distinta al modo en que te criaron. Esto probablemente proceda de tus padres en particular. Puede que te hayan dado un cachete o que te hayan enviado a tu habitación por la misma conducta que te incita a dar un abrazo a tu hijo y preguntarle cómo se siente. Es posible que tu madre te recomiende que hagas lo que ella te hacía a ti, diciendo que tú te has criado bien. El hecho de que hayas elegido un camino distinto ella puede percibirlo como una crítica a cómo te educó. Cuando respondas, intenta entender que puede ser difícil para los padres saber que la manera en que criaron a sus hijos ha demostrado estar por debajo de lo óptimo, o incluso ser peligroso. Intenta explicar tus decisiones utilizando palabras sensatas y cuidadosamente elegidas, haciéndoles saber cómo ha cambiado el conocimiento científico. Diles que tus elecciones no tienen como objetivo reflejar una desaprobación de cómo actuaron ellos. Ser padre es una tarea llena de decisiones muy personales, y éstas son tuyas.

La última razón subyacente a las críticas es la menos frecuente, pero puede ser, con mucho, la más difícil de manejar. Las personas que entran dentro de esta categoría que ofrecieron consejos y críticas suelen ser quienes, de algún modo, sufrieron daños profundos, y cubrieron ese daño con rencor. Es más fácil para ellos atacar a otros que tratar sus propios defectos. Lo triste es que estas personas raramente cambian, si es que lo hacen alguna vez.

En términos de una respuesta, en la mayor parte de los casos es simplemente mejor aceptar que las críticas no son sobre ti o tu familia. Dice mucho más sobre la persona que lanza las críticas que sobre ti. Lo mejor que puedes hacer es sonreír e ignorar el comentario, o simplemente decir: «Gracias por tus consejos, los tendré en cuenta» y seguir adelante. En el peor de los casos podría ser sensato romper los vínculos, si es posible, o, si no, ver a esa persona en cuestión lo mínimo posible.

• Cuestionar tu enfoque sobre la disciplina •

A veces, recibir críticas de otros, especialmente de personas cercanas, puede hacer que nos cuestionemos nuestra labor como padres. Si los resultados tardan en aparecer, o si nos consideramos incapaces para superar o averiguar qué hacer, podemos ser muy vulnerables. Mientras escribo este libro, pregunté a algunos padres qué hacían si algo o alguien les hacía dudar de su enfoque de la disciplina suave.

A continuación, algunas de sus respuestas:

Me pongo en el lugar de mi hija y me pregunto cómo querría y esperaría ser tratada. Siempre llego a la misma conclusión: nunca se puede ser demasiado amable o respetuoso.

Asisto a grupos de enseñanza de pedagogía en las redes sociales y pido confirmación o consejos.

Veo que, cuando doy un paso atrás, pienso en todas las cosas buenas que hemos logrado hasta ahora e intento reconectar con mis instintos que respaldan esta forma de crianza de los hijos. En lo relativo a los consejos de otros, intento no excitarme, les agradezco sus amables pensamientos e ideas (después de todo, sólo intentan ayudar), pero los rechazo o ignoro educadamente. Hablando todo con mi marido, reafirmamos la manera en que queremos hacer las cosas y por qué.

Vuelvo a mi filosofía central y pienso: «¿Ayudaría XYZ? Además, ¿está mi hijo sano o contento? ¿Cómo se está desarrollando en general, en lugar de ver cómo ha ido la última semana?».

Me pregunto a mí misma: ¿preferiría que mi hijo fuera más como X [quien da el consejo]? La respuesta normalmente es no, lo que significa que estoy contenta haciendo lo que estoy haciendo.

Me acuerdo de los éxitos que hemos tenido al criar a nuestros hijos suavemente, pasando algún tiempo con quienes son parecidos, ya sea de manera virtual o en la realidad, y recuerdo las pruebas para este modo en que queremos educar a nuestros hijos.

Me pregunto por qué hacemos de padres de la forma en que lo hacemos y cuáles son nuestros objetivos a largo plazo para nuestra hija. Y no me importa lo que digan los demás, ya que su estilo de criar a los hijos es diferente y no quiero hacerlo de esa otra forma. Quiero criar a mi hija de nuestra manera, que es la que nos funciona.

A veces, cuando las cosas se ponen difíciles, me pregunto si estoy haciendo todo mal. Después miro a mis hijos, les veo experimentar una profunda emoción e intento sentir lo que ellos sienten. Es sólo cuando permito que llegue a mi corazón cuando acepto que, aunque las cosas no vayan bien, al final aprenderé de ellos mucho de lo que les enseñaré.

Creo que se trata de creencias, un sentimiento, un instinto de que estoy haciendo lo correcto, no pensando demasiado en ello, simplemente dejándome guiar por lo que creo que es correcto y confiando en eso. Eso no significa que no tenga dudas a veces. Es difícil, con tantos consejos sobre cómo criar a los hijos, pero me siento capaz de separarme de todo ello y hacer sólo lo que me parezca que tiene sentido para mi hija pequeña. En realidad sí creo que lo estoy haciendo bien con ella.

Pienso en el tipo de persona que quiero que sean mis hijos cuando sean mayores y cómo quiero que recuerden su infancia. Me digo a mí mismo que intento ser el mejor padre posible.

Intento pensar a largo lazo y recuerdo que las soluciones rápidas para evitar ciertas conductas no tratan la raíz del problema. Pienso en cómo nos disciplinaron a mi hermano y a mí cuando éramos niños (muchos castigos, cachetes e insultos), y recuerdo lo desagradable que era, y los efectos negativos duraderos que tenía en nuestra relación con nuestros padres y con nuestra propia confianza. No quiero repetir eso mismo con mi hijo.

Cuando me cuestiono mis métodos para criar a mis hijos, también intento dar un paso atrás y valorar si el problema soy yo o mi hijo. En su mayor parte, es mío y ayuda tomarse algo de tiempo para pensar sobre lo que quiero, qué quiere mi hijo y cómo podemos llegar a un acuerdo. Intento ser sincera conmigo misma y respondo a la pregunta: «¿Es esto realmente importante o sólo nos estamos poniendo tercos?».

• Cómo hacer que tu pareja adopte la disciplina suave •

Lo ideal es que el estilo de criar a los hijos sea algo que todos los adultos hablan con sus parejas antes de tener hijos. Además de la investigación sobre los planes para el nacimiento y los productos del bebé, creo que expresar las opiniones sobre la educación de los niños es vital antes de que llegue el primer bebé. Demasiadas parejas sólo son conscientes de que tienen opiniones opuestas sobre la crianza de los hijos varios meses o años después. Por tanto, además de escribir un plan sobre el nacimiento, los futuros padres también deberían escribir un plan sobre la educación de los hijos, pensando en situaciones muy comunes, y cómo pueden responder a ellas. A mí me encanta en especial cuando una pareja en que la mujer está embarazada asiste a una de mis charlas o seminarios sobre disciplina suave.

Pero ¿qué sucede si las diferentes creencias sobre la educación de los hijos sólo aparecen más adelante? En primer lugar, tienes que reconocer los sentimientos de tu pareja e intentar entender de dónde proceden. A menudo, si alguien ha sido criado de cierta manera (y dice: «nunca me hizo ningún daño»), para el otro miembro de la pareja decir que le gustaría hacer las cosas de forma distinta es una especie de insulto para su familia política. Reconocer esto es un primer paso muy importante. A continuación, pregúntale a tu pareja (sin juzgar) por qué se siente de la forma en que lo hace y cómo trataría ciertas situaciones. Asimismo, pregúntale si conoce alguna investigación para apoyar sus ideas.

Cuando hayas escuchado por completo a tu pareja, explícale cómo te sientes tú, por qué te sientes de ese modo y ofrécele un breve resumen de cualquier investigación que respalde tu opinión. Piensa en los medios de comunicación que le gustan. ¿Lee blogs, artículos de revista o libros, o prefiere los vídeos o los *podcasts*? Tal vez lo haría mejor con un aprendizaje «en persona», como por ejemplo asistir a seminarios. Ten cuidado con las palabras que usas. No utilices lenguaje acusatorio: «Eres realmente severo cuando gritas», o «Cuando hiciste eso la asustó de verdad». En su lugar utiliza frases con «yo» y aclara tus emociones: «Me siento incómodo cuando le gritas a ella», por ejemplo.

El paso siguiente es intentar llegar a un acuerdo sobre las diminutas fases del bebé, en lugar de todo de golpe. Tal vez tu pareja esté de acuerdo en cambiar ligeramente su lenguaje y abandone la palabra «desobediente» o algo parecido, durante una o dos semanas. Eso es suficiente para empezar. No intentes hacer mucho demasiado pronto. La siguiente decisión podría ser intentar detener las amenazas de castigos, y en su lugar utilizar un lenguaje empático. La belleza de la disciplina suave es que los resultados son bastante obvios. Pueden ser lentos (a veces frustrantes), pero habrá un momento de «ruptura» que hará que tu pareja piense: «Guau, eso ha funcionado». Trata un problema cada vez, y mantente abierto (sin acusar ni juzgar) durante la conversación.

También puede ser realmente útil reunirse con otras personas que aplican la disciplina del mismo modo que tú, en especial del mismo sexo que tu pareja. El seguimiento de roles es muy poderoso, y a menudo muchos de nosotros carecemos de él en lo relativo a la educación de los hijos.

Estoy convencida de que muchas personas que dicen que nunca pierden los nervios con sus hijos están mintiendo, ideando ilusiones o simplemente no han sido padres durante mucho tiempo. Todos los padres «los pierden» en algún momento con sus hijos, incluida yo.

Personalmente, he considerado más difícil mantenerme fría conforme mis hijos crecían. El primer momento en que se me subió la sangre a la cabeza no tuvo lugar hasta el fin de los años en que el niño gatea. Desde entonces, han sido más normales de lo que me importaría admitir. Así es la vida. Nadie es perfecto. Como he dicho, no hay nada malo con la ira: es una emoción humana normal y en realidad es muy útil en algunas ocasiones. El problema es la forma en que la tratamos, especialmente delante de nuestros hijos.

Por qué se enfadan los padres

Creo que es importante empezar diciendo que algo puede excitar incluso a la persona más tranquila en algún momento de su vida. Sin embargo, en muchos casos, la ira, en especial la que nos hace actuar de una manera en que por lo general nunca actuaríamos, puede evitarse si comprendemos nuestros desencadenantes. Todo lo que sigue desempeña una función en nuestros niveles de ira: algunos pueden evitarse y otros pueden trabajarse, o bien nosotros mismos o con la ayuda de un profesional:

- Crecer en un hogar donde la violencia verbal o física es lo normal.
- Agotamiento físico (incluyendo una alimentación inadecuada y deficiencias).
- Agotamiento mental.
- Falta de apoyo de la familia, especialmente las parejas.
- Preocupaciones económicas.
- Estrés por cuidar de ancianos o familiares enfermos.
- Problemas laborales.

- Falta de tiempo para nosotros mismos, especialmente tiempo para relajarse y «respirar».
- Problemas con los amigos o en las relaciones sentimentales.

En mi propio caso, la ira es mi temperamento por defecto debido a la educación que recibí. Mis padres eran maravillosos y yo los quería de verdad, pero mi madre era una gritona. Como es normal, creí siendo también una gritona, y tengo que trabajar de verdad para evitar que sea mi respuesta inicial a cualquier problema con mis propios hijos. Mis otros grandes desencadenantes de la ira son el estrés laboral (por trabajar demasiado o por absorber demasiadas emociones de mis clientes) y no cuidarme adecuadamente en términos de alimentación y tiempo de relajación.

Como con todas las cosas, prevenir es mejor que curar en lo que a la ira se refiere. Ahora sé, después de muchos años observando mis propios sentimientos y la forma de criar a mis hijos, cuándo necesito tomarme un tiempo de descanso. Puedo reconocer los primeros síntomas de advertencia; sé cuándo me he descuidado y normalmente puedo programar una recarga de emergencia antes de perder los nervios. Dedico una cantidad de dinero cada mes para cuidarme, que utilizo para pagar una clase semanal de pilates y un masaje mensual y una sesión de reflexología. Este nivel de autocuidados puede estar fuera del alcance de algunas personas, pero yo lo considero un gasto más de la casa: me permite estar bien y poder cuidar de la casa y de los niños. Sí, significa que renuncio a ropa nueva y no tengo demasiada vida social, pero no puedo ejercer mi labor de madre sin todo ello. Si tú no tienes dinero de sobra para cuidarte, entonces invierte tiempo en su lugar: un largo paseo, un baño con velas, una llamada telefónica a algún viejo amigo, pasar algún tiempo meditando…

Afrontar «en el momento»

Practicar concienciación es mi salvación. No me refiero a la concienciación en términos de escuchar CD de relajación cada día, aunque eso está bien. Me refiero a vivir «en el momento»: ser consciente de lo que ocurre dentro de mí y observar de verdad mis sentimientos. Esto me ayuda a detenerme antes de responder. A menudo, la ira, como respuesta a las acciones de nuestros hijos, es injusta o arbitraria, sin duda en el nivel en que la liberamos. Mi amigo PEPER me echa una mano cuando tengo verdaderos problemas en estas situaciones:

- P = Pausa: no reaccionar inmediatamente.
- E = Empatizar: intentar entender cómo es, o era, tu hijo, sus sentimientos y su punto de vista.
- P = Pensar: pensar sobre las distintas formas en que puedes responder y el aprendizaje que tendría lugar como resultado.
- E = Exhalar: hacer una respiración profunda, espirar, relajar tus hombros y pensar que la ira sale de tu cuerpo.
- R = Responder: es el momento de responder a tu hijo, no antes.

Hay también otros muchos consejos de afrontamiento. La lista es infinita, pero éstos son algunos de mis favoritos:

- Llevar cinco bandas rojas en la muñeca derecha. Cada vez que ignoras tu ira cuando respondes a tu hijo, mueve una banda a tu mano izquierda. Tu objetivo es mover las cinco bandas a la mano izquierda al final del día.
- Cierra los ojos e imagínate en tu lugar favorito: una playa, un bosque, una montaña. Hazlo durante uno o dos minutos, cuando más necesites un poco de paz.
- Imagínate a alguien que siempre parece estar tranquilo y calmado. Imagínate entrar en su cuerpo y llevarlo en forma de traje. Siente la calma que transmite y deja que la paz empape todo tu cuerpo. Piensa sobre cómo responder mejor a las situaciones que desencadenan tu ira.
- Llama a un amigo o establece una buena discusión en algún grupo de Internet dedicado a esto: uno que utilicen personas con una mentalidad parecida a la tuya.
- Tómate un «tiempo libre» de padre. Si todo lo demás falla, asegúrate de que tu hijo esté seguro en un espacio a prueba de niños y ve a otra habitación para calmarte durante un par de minutos.

¿Qué debo hacer si pierdo los nervios?

Habrá veces en que no puedas controlar tu temperamento. Cuando esto ocurra, acéptalo, perdónate y sigue adelante. Todo el mundo tiene días malos. No te rindas, no eres un mal padre. Abandonar la disciplina suave por un día malo es como ensuciar tus zapatos nuevos en un charco con barro, y después rodar encima de él y cubrirte de barro porque «has fallado». No lo has hecho. Puedes limpiar los zapatos y mantenerlos limpios mañana. Pero aprende de lo que ha ocurrido; no dejes que se desperdicie. Identifica tus puntos desencadenantes y lo que podrías haber hecho de forma distinta en cada momento. Y, tal vez lo más importante, tómate algún tiempo para calmarte y después pedir perdón a tu hijo. Los niños son más resilientes de lo que pensamos. Si son mayores, es un buen momento para decirles que no hay problema en sentirse enfadado, pero que ser violento con la voz o con el cuerpo no lo es. Diles que cometiste un error, que intentarás hacerlo mejor la próxima vez. Si estás hecho polvo y no tienes demasiada paciencia, pídeles a tus hijos que te ayuden. Diles que te sientes muy nervioso hoy y que valorarías su ayuda para mantener la calma. ¡Te sorprenderás de tu respuesta!

• Estrategias de padres reales para afrontar la ira •

Pedí a algunos padres sus recomendaciones para tratar la ira en respuesta a la conducta de sus hijos. Como podrás ver, cada respuesta es hermosamente única, la razón por la que no doy una serie de instrucciones para seguir. Debes descubrir lo que funciona en tu casa, porque habrá algo que funcione, igual que ocurre con estos padres:

Cuando estoy a punto de perder los nervios, me tomo un rato libre: doy un paseo, voy a la cocina o al jardín y respiro profundamente.

Intento cambiar mi estado de ánimo haciendo algo que nos haga reír, normalmente haciendo cosquillas o poniendo música y bailando a lo loco. Oír sus risas me hace sentir bien al instante.

Cuando mi hijo desencadena sentimientos incómodos en mí, lo miro bien. He crecido mucho interiormente tratando estos sentimientos. No es tarea de mi hijo ayudarme a crecer, pero tengo que pasar por momentos incómodos para convertirme en la madre que quiero ser. Criar a los hijos es una experiencia que te hace ser humilde.

Digo «te quiero» (¡como si me lo recordara a mí mismo!) cuando las cosas se ponen difíciles. Me ayuda a estar «presente» y no sólo a reaccionar y concentrarme en mis propias necesidades en ese momento.

Intento dar marcha atrás durante un segundo y decirme que hay una razón para esa conducta –está agotado, sobreestimulado, aburrido o quiere algo de atención–, y hago todo lo mejor para tratar con ella adecuadamente. Decirme a mí mismo que él no me está haciéndolo pasar mal, sino que lo está pasando mal, ayuda a veces.

Por supuesto, de vez en cuando llega tu momento, y puedes venirte abajo. Pero no hay problema en admitir que lo has hecho mal: haz saber a tu hijo que tus emociones eran demasiado grandes para manejarlas y pídele perdón. No puedes hacer todo bien todo el tiempo. Creo que es importante que tu hijo vea que eres tan falible como él, y que aprenda a tratar los errores.

El 10 % de las ocasiones pierdo los nervios y me convierto en Mamá Gritona. El 90 % del tiempo me detengo, salgo de la habitación, examino mis pensamientos e intento averiguar cuál es el problema.

Intento dejar la escena y respirar (¡mi hija casi nunca me deja salir!). Trato de preguntarme por qué. ¿Por qué reacciono de esta manera? ¿Por qué actúa ella de este modo?

Si me siento un poco exasperado, me pongo las botas y salgo a ver los pollos.

A veces me dirijo a una habitación y cierro la puerta si me siento frustrado. Pero no he hecho eso desde hace mucho tiempo. Ahora he logrado entender que hay una razón para toda conducta inapropiada, por lo que el reto consiste en intentar solucionar el problema. Es como un reto personal para encontrar una solución rápida al problema de mi hijo.

Si me enfado con excesiva frecuencia, me aseguro de reservar algo de tiempo para mí y duermo un poco.

Respiro profundamente y me recuerdo quién de nosotros dos aún no cuenta con la habilidad para manejar grandes emociones, y después me concentro y todo gira en torno a mí.

Cuando mi hija lloriquea y se vuelve súper sensible ante el más ligero cambio de tono, me arrodillo, le digo que la quiero y le doy un abrazo. Ella normalmente necesita ese abrazo. Después escucho atentamente la (para ella) cosa tan importante, y me doy cuenta de que siempre hay una razón para que reaccione como lo hace. A menudo, también llamo a mi marido al trabajo y me quejo, y él siempre tiene algo positivo que decir que me reafirma y me calma. Cuando él está en casa también coge al niño que me está poniendo nerviosa, y paso unos minutos sentada en nuestra habitación tranquilizándome. Nunca supe que «ir a tu habitación» podría ser algo que me gustaría oír.

• Qué hacer los días en que sientes que vas a rendirte •

Como con la mayor parte de las cosas de la vida, a menudo la decisión correcta no es la más fácil. Como probablemente ya sabrás, no hay soluciones rápidas para los problemas de la conducta; al menos ninguno que no suponga un gran coste a largo plazo. La disciplina suave exige mucho de ti como padre. Es un trabajo duro y a menudo incesante. En mis días malos tengo un pensamiento recurrente: ya no quiero ser un adulto. Esos días tengo fantasías sobre cómo sería volver a ser de nuevo un niño y concentrarme en lo fácil que era en comparación con ser padre.

Por suerte, estos días son pocos y se van distanciando cada vez más: sin duda son menos conforme mis hijos crecen, por lo que estoy un poco más relajada y siento más confianza en lo que hago. Lo mismo es aplicable a ti también. Mientras tanto, no te limites a fantasear con este «día libre»: tómatelo. Pasa algún tiempo lejos de tus hijos, durante tanto tiempo –y lo más lejos– como puedas manejar emocional, económica y prácticamente. Esto te concederá energías renovadas y determinación para continuar por el camino suave. Tomarte algún tiempo para cuidarte no es un lujo, es una necesidad si quieres seguir este camino de crianza de los hijos. No puedes sacar líquido de una taza vacía; no puedes disciplinar suavemente a tu hijo si tú no estás lo bastante disciplinado para cuidar de ti mismo. Los momentos en los que te gustaría rendirte son advertencias de que necesitas mirar a tu interior, no a tu exterior.

Cuando siento que estoy a punto de tirar la toalla, me pregunto a mí misma por qué. Con mucha frecuencia, la respuesta será la autoduda del hecho de que tengo miedo de que lo que haga esté mal. Este temor es interesante; trabajar con él para manejarlo supone cambiar el juego. Tienes dos opciones, que nos recuerdan, una vez más, el modo de lucha o huida:

MIEDO: Afrontar todo y levantarte

o

MIEDO: Olvidar todo y correr.

Sin embargo, en esta ocasión la lucha es interna, y el único enemigo es tu propia mentalidad fija. ¿Elegirás afrontarla y levantarte, estimulado por el conocimiento de que sabes que lo puedes hacer mejor, para ti y para tu hijo? ¿O elegirás salir corriendo y abandonar la idea de la disciplina suave, a pesar de todo lo que sabes sobre sus beneficios y los riesgos de la disciplina convencional? Espero que, después de leer este libro, te sientas inspirado para hacer lo primero.

Capítulo 15

TU VIAJE HACIA
LA DISCIPLINA SUAVE

Para finalizar, me gustaría ofrecer un pequeño resumen de lo que hemos tratado antes de que comiences tu propio viaje. Al inicio de este libro consideramos el verdadero significado de la disciplina y cómo difiere significativamente de lo que la mayoría cree que es, es decir, castigo. La disciplina real –o suave– consiste en enseñar y aprender, y el padre y el hijo asumen su propio papel. Es triste que tengamos la necesidad de inventar una nueva terminología –disciplina suave– para describir lo que sólo debería ser disciplina, pero muchas personas en la sociedad actual se sienten confusas sobre su verdadero significado. El término «disciplina suave» ayuda de algún modo a diferenciarla de la opinión que tiene la mayoría.

Una de las preguntas más comunes que me hacen los padres de niños pequeños es: «¿A qué edad debemos comenzar con la disciplina?». La respuesta es obvia por lo comentado hasta ahora (espero): nunca es demasiado pronto para empezar. Por tanto, desde el mismo día en que nace tu hijo, ya lo estás disciplinando. Tú, como padre, eres el profesor más importante que tu hijo tendrá nunca; eres y seguirás siendo la mayor influencia en su vida y en el desarrollo de su personalidad. Esto puede parecer una tarea intimidatoria, pero te ofrece la oportunidad más maravillosa de promover el desarrollo de un individuo empático, confiado, independiente, respetuoso y feliz; y Dios sabe que el mundo necesita más de estas personas. Y la tarea no es tan abrumadora como parece al principio. Sólo necesitas hacer tres cosas: respetar, entender y guiar. Respeta y entiende los sentimientos y puntos de vista de tu hijo, así como sus habilidades actuales, y guíale con amabilidad para hacerlo todo mejor. Cuando piensas así en ello, en realidad es bastante sencillo.

Si lees este libro y eres padre de un adolescente, nunca es demasiado tarde. Aún tienes muchas oportunidades de cambiar la forma en que te comunicas con él y el modo en que él es. Si duda, algunos de los que leéis este libro podríais incluso coger inspiración de él como forma para mejorar también tus relaciones de adulto.

Cuando examinamos la disciplina como una forma de enseñanza y aprendizaje, vimos por qué es importante entender lo que quieres enseñar a tu hijo y cómo lo harás. La disciplina siempre debe ser consciente. Demasiados padres aplican disciplina porque es lo que se espera de ellos, y hacen caso a las opiniones de otros, o de testigos. Pero, como profesor de tu hijo, tú eres el único que debe decidir cuándo y cómo aplicar disciplina. Recuerda siempre esto. La idea de ser un buen profesor es vital. Tú eres el mejor y más influyente modelo que tu hijo tendrá jamás. Con esto en mente, piensa en las cualidades de un buen profesor e intenta encarnarlas (*véase* página 101). Volvamos a los puntos principales que no ayudan a ser buenos profesores y a aplicar disciplina de forma justa y eficaz:

- Permanecer tranquilo.
- Expectativas adecuadas.
- Afinidad con tu hijo.
- Conectar y reprimir las emociones.
- Explicar y dar ejemplo.

Para tener unas expectativas adecuadas, debemos entender cómo se desarrolla el cerebro del niño y, (algo que es importante) las diferencias cognitivas más características entre los adultos y los niños, al menos hasta que sean adolescentes o mayores. Los niños pequeños tienen problemas con la empatía y la teoría de la mente, o con entender que otros se sienten de forma distinta a ellos. También consideran difícil el pensamiento crítico, lógico, abstracto e hipotético, además de, tal vez lo más significativo, el control de los impulsos. Los adultos tienen la capacidad de los filtros sociales necesarios para regular su conducta de un modo que el niño (de cualquier edad) no puede.

Y por eso es por lo que muchos métodos de la disciplina convencional son ineficaces: porque requieren un nivel de comprensión y de pensamiento que no son usuales en un niño pequeño. Es importante recordar esto y no simplemente castigar al niño por tener el cerebro de un niño.

A continuación, mientras examinábamos las causas de muchas conductas diferentes e indeseables comúnmente exhibidas por los niños, aprendimos a preguntarnos tres cuestiones importantes: ¿Por qué?, ¿cómo?, ¿qué? ¿Por qué se comporta de esta forma el niño? ¿Hay algo que haya desencadenado su conducta? ¿Es normal en términos de desarrollo? ¿Cómo se siente? ¿Actúa de esta forma porque se siente mal? ¿Qué esperas enseñarle al niño cuando lo disciplines?

En lo relativo al «¿por qué?», busca la razón subyacente de la conducta. Si no lo haces, te estarás limitando a aliviar, y la causa permanecerá, convirtiendo la disciplina en ineficaz. Y el «¿cómo?»: gran parte de la conducta indeseable surge de un sentimiento incómodo en el niño, por ejemplo tristeza, ansiedad, miedo, ira, pena o algo similar. Debes intentar entender cómo se siente tu hijo para poder ayudarle y que valore cómo le hace sentir tu disciplina. Si le hace sentir peor, es probable que su conducta también empeore. Y el «¿qué?»: si no sabes cuál es el propósito de tu disciplina, entonces no hagas nada. Tu disciplina sólo es eficaz cuando tienes un objetivo en mente, porque sólo entonces podrás decidir el enfoque necesario para tratarla.

Tratamos la idea de ser «suficientemente bueno». Ningún padre es perfecto y todos cometemos errores. Esos errores también son valiosos: así es como aprendemos a ser mejores profesores. Cuando pongas en práctica lo que has aprendido en este libro cometerás errores, igual que yo, y no hay problema en ello. Intentar alcanzar un 70/30 es un objetivo más realista que la perfección al 100 %.

Mantener una mentalidad de crecimiento y la creencia de que puedes disciplinar a tu hijo de forma eficaz y suave, incluso en tus peores días, también es importante. Puede que tengas problemas al comienzo, pero todo maestro fue alguna vez principiante: tan sólo necesitas seguir intentándolo y ser constante. Tengo fe en que puedas hacerlo.

Por último, examinamos los demonios parentales y cómo nuestra propia conducta puede acabar incluso con los mejores planes de disciplina. Vimos que es vital trabajar nuestras propias emociones, incluyendo hacer las paces con nuestra propia educación. Y también vimos por qué cuidar de nuestras necesidades también es esencial: es una necesidad, no un lujo; es una pieza esencial del rompecabezas de la disciplina suave. También recomendé aceptar el consejo de mi buen amigo PEPER siempre que tengas problemas con tus sentimientos y necesites ayuda para responder a tu hijo «en el momento:

- **P** = Pausa: no reacciones inmediatamente.
- **E** = Empatizar: intenta entender cómo es, o era, tu hijo, sus sentimientos y su punto de vista.
- **P** = Pensar: pensar sobre las distintas formas en que puedes responder y el aprendizaje que tendría lugar como resultado.
- **E** = Exhalar: haz una respiración profunda, espira, relaja tus hombros e imagínate que la ira sale de tu cuerpo.
- **R** = Responder: ahora es el momento de responder a tu hijo, no antes.

La disciplina suave, en mi opinión, es la forma más eficaz para criar niños felices, confiados, independientes, educados, cooperativos y exitosos. Mediante la experiencia personal y profesional he visto los efectos asombrosos de un cambio a un enfoque más comprensivo y consciente. He visto a niños enfadados convertirse en niños tranquilos, introspectivos y confiados. He visto florecer las relaciones entre hermanos después de un comienzo inestable y unas relaciones frágiles y desconectadas. La disciplina suave tal vez no sea una solución rápida, pero funciona, no sólo durante unas semanas o unos meses, sino para siempre. Sin duda, cambia la vida, tanto del hijo como de los padres.

Entonces, ¿estás preparado para afrontar todo y superarlo? Aquí tienes todo lo que necesitas para aplicar con éxito, a tu hijo, la disciplina suave; ahora sólo tienes que confiar en ti mismo lo suficiente como para creer que puedes hacerlo.

MÁS LECTURAS,
AYUDA Y RECURSOS

El libro de la disciplina suave en Facebook
   www.facebook.com/GentleDisciplineBook/
Sarah Ockwell-Smith en Facebook
   www.facebook.com/sarahockwellsmithauthor/
Sarah Ockwell-Smith en Twitter
   www.twitter.com/TheBabyExpert
Página web y blog de Sarah Ockwell-Smith
   www.sarahockwell-smith.com
Boletín semanal de Sarah Ockwell-Smith
   http://bit.ly/1QOiOyF
Página web de la disciplina suave
   www.gentleparenting.co.uk

Organizaciones de ayuda

Fundación del Procesamiento Sensorial
   www.spdfoundation.net/
Fundación Nacional para el Sueño
   www.sleepfoundation.org
La Sociedad Autista Nacional
   www.autism.org.uk/

Sociedad PDA
www.pdasociety.org.uk/
Asociación del trastorno de déficit de atención
www.add.org/

Libros para niños

Libros para manejar la ira

HUEBNER, D. y MATTHEWS, B.: *What to Do When Your Temper Flares.* EDS Publications, 2007. [Disponible en castellano: *Qué puedo hacer cuando estallo por cualquier cosa.* Tea, 2008].

MOSES, B. y GORDON, M.: *I Feel Angry (Your Emotions).* Wayland, nueva edición, 1994.

MUNDY, M.: *Mad Isn't Bad: A Child's Book About Anger.* Abbey Press, 2006.

PUDNEY, W. y WHITEHOUSE, E.: *There's a Volcano in my Tummy.* New Society Publishers, 1998.

Libros para la autoestima

PLUMMER, D. y HARPER, A.: *Helping Children to Build Self Esteem.* Jessica Kingsley Publishers, 2007.

RICHARDS, N. y HAGUE, J.: *Being Me and Loving It.* Jessica Kingsley Publishers, 2016.

SUTHERLAND, M.; HANCOCK, N. y ARMSTRONG, N.: *Helping Children with Low Esteem: A Guidebook.* Speechmark Publishing, 2003.

Libros sobre los nuevos hermanos

COLE, J.; y KIGHTLEY, R.: *I'm a Big Sister,* Harper Festival, 2010.

—: *I'm a Big Brother.* Harper Festival, 2010.

Comunicación entre madre e hija

JACOBS, M. y JACOBS, S.: *Just Between Us: A No-Stress, No-Rules Journal for Girls and Their Moms.* Chronicle Books, 2010.

Grabaciones en audio para aumentar la autoestima

«Relax Kids, Help develop self-esteem and confidence», disponible en
    CD en www.relaxkids.com

Sugerencias de juegos cooperativos

«Race to the Treasure!» por Peaceable Kingdom. Disponible en Ama-
    zon.co.uk y .com.

«Hoot Owl Hoot!», por Peaceable Kingdom. Disponible en Amazon.
    co.uk y .com.

«Lost Puppies», por Peaceable Kingdom. Disponible en Amazon.
    co.uk y .com.

«Mermaid Island», por Peaceable Kingdom. Disponible en Amazon.
    co.uk y .com.

ACERCA DE LA AUTORA

Sarah Ockwell-Smith es madre de cuatro hijos. Tiene un grado en Psicología y trabajó durante varios años en el sector de la investigación y el desarrollo farmacéutico. Después del nacimiento de su primer hijo, Sarah se formó como profesora prenatal y comadrona durante el parto y posnatal. También ha recibido formación en Hipnoterapia y Psicoterapia, y es miembro de la Sociedad Británica para el Sueño. Sarah está especializada en métodos suaves para los padres y es cofundadora de la página web GentleParenting (www.gentleparenting.co. uk). También escribe un blog con consejos para los padres (www. sarahockwell-smith.com). Es autora de otros cinco libros para padres: *BabyCalm*, *ToddlerCalm*, *The Gentle Sleep Book*, *The Gentle Parenting Book* y *Why Your Baby's Sleep Matters*. Suele escribir para revistas y periódicos, y se le suele consultar como experta en el tema de la educación de los hijos en televisiones y radios de alcance nacional.

AGRADECIMIENTOS

Me gustaría mostrar mi enorme agradecimiento a los padres que me permitieron publicar sus preguntas y comentarios en este libro, y también a quienes respondieron a mis numerosas preguntas sobre qué incluir. Espero haber escrito el libro que necesitabais.

Como siempre, tengo una deuda con mis hijos por enseñarme y mostrarme lo que hago mal como madre, así como, a veces, lo que hago bien. Espero que, conforme realicemos nuestro camino juntos, consideréis que he hecho más cosas buenas que malas.

Por último, gracias a ti, lector, por decidir leer mi libro. Espero que disfrutes con él.

ÍNDICE ANALÍTICO

ÍNDICE